四書證疑

〔清〕李允升 撰　趙陽　涂謝權 點校

鄉黨句解

〔清〕王宗嶽 著　趙陽　涂謝權 點校

齊魯書社
·濟南·

圖書在版編目（CIP）數據

四書證疑 / (清) 李允升撰 ; 趙陽, 涂謝權點校. 鄉黨句解 / (清) 王宗嶽著 ; 趙陽, 涂謝權點校. 濟南 : 齊魯書社, 2024. 10. -- ISBN 978-7-5333-5041-3

Ⅰ. B222.15；B222.25

中國國家版本館CIP數據核字第20240CA741號

責任編輯　張　涵
裝幀設計　亓旭欣

四書證疑　〔清〕李允升 撰　趙陽 涂謝權 點校
鄉黨句解　〔清〕王宗嶽 著　趙陽 涂謝權 點校
SISHU ZHENGYI　XIANGDANG JUJIE

主管單位　山東出版傳媒股份有限公司
出版發行　齊魯書社
社　　址　濟南市市中區舜耕路517號
郵　　編　250003
網　　址　www.qlss.com.cn
電子郵箱　qilupress@126.com
營銷中心　（0531）82098521　82098519　82098517
印　　刷　日照日報印務中心
開　　本　880mm × 1230mm　1/32
印　　張　11.25
插　　頁　1
字　　數　200千
版　　次　2024年10月第1版
印　　次　2024年10月第1次印刷
標準書號　ISBN 978-7-5333-5041-3
定　　價　68.00圓

目　録

四書證疑

鄉黨句解

四書證疑

〔清〕李允升　撰
趙　陽　涂謝權　點校

整理説明

《四書證疑》八卷，清人李允升撰。

李允升，字晋階，號藹蹊，登州府文登縣（今山東省威海市文登區）人。李允升幼時飽讀詩書，制藝日精，乾隆壬子(1792)與族人李鴻祖同中舉人，時人贊爲“二李”。嘉慶辛酉(1801)以會試探花爲恩科貢士，并於四月殿試中進列三甲第百二十名，以進士名授國子監學正，後改任濟南府教授。允升任教授時，善培賢造士，接引後學。濟南劉登桂幼時因家貧欲輟學業，允升聞悉，遂召其入署中，給予糧米，并教課業。登桂自垂髫從藹蹊學，時侍講席之側，與同硯諸友較之，從學最久。後登桂中舉人，且其子孫多擢科甲，對此培植之情，劉氏念念不忘。

學貴善終，尤貴不蓄疑，然爲學之人，明知義有難安，囿於名家之言而隱忍遷就者，自古却不勝枚舉。允升亦嘗謂聖人之言，炳若日星，其大端不越彝倫、日用、身心、家國之間，顯示天下後世規範，非有難知，而學者不讀古人書，奉一講章爲圭臬，冥然不復有疑，其靈穎者間有疑而無所證，亦相與俯仰隨俗而不敢言。由是時勢，允升治學，雖嗜古頗深，却不墨守章句；雖善博采衆家之長，却於爰取諸家之説時，擇善而從之，不盡從一家之言，且常第析先儒之説，又多有所發明，後學言其“每爲解説經訓，無不貫徹古今，灼然於是非之界而得其本真”（《詩義旁通》序）。其一本經術，生平著述最夥，如《經義摘略》《易簡堂詩稿》《論語補遺》等，而其精力所萃，尤在《詩義旁通》《四書證疑》二書。

《四書證疑》八卷，卷一至卷四爲《論語》證疑，卷五《大學》證疑，卷六《中庸》證疑，卷七至卷八爲《孟子》證疑。允升所謂證疑者，非考核典故、辨析字句之謂，謂因疑以求通，而歸於有實用也。其論不苟附會，不輕立异，不自托正宗，與清時山東諸多考訂四書之作頗有不同。

有清一代，四書之學頗盛，《新集四書注解群書提要》中共收相關著述近六百種，而山東籍文人所著雖不及二十種，却獨有其地域特點。[①] 整體來看，山東學人於四書之論，多尊朱熹之説，尤其《四書章句集注》更被奉爲圭臬，如蓬萊楊廷芝《四書尊朱會通》、高密李詒經《四書蠹簡》等均是如此。李允升《四書證疑》亦尊朱説，多以朱語證其疑處，且多嘆其爲“不刊之論”。然於朱説不當之時，允升仍秉獨立求實之言。

如《孟子》“學問之道無他，求其放心而已矣”節，朱子《集注》言：“學問之事……然其道則在於求其放心而已。蓋能如是，則志氣清明，義理昭著，而可以上達；不然則昏昧放逸，雖曰從事於學，而終不能有所發明矣。”[②] 允升就此論之，言朱

---

① 上述關於四書著述之數據，引自柏秀葉、王芙蓉：《清代山東“四書學”特色綜論》，《山東理工大學學報（社會科學版）》2018 年第 6 期。

② 朱熹：《四書章句集注》，中華書局 1983 年版，第 334 頁。

子所述，謂“求放心”爲學問之本，猶言心静則讀書有得也。然若朱子所謂“能如是”指能學問，則後文“從事於學”句欠順矣。後允升又引李文貞公“求放心”實爲“養其仁義之心”之論，言“蓋放心者，即前文喪其良心、失其本心、求其放心，即復其仁義之心”，“所以汲汲於學問者，非有他也，特以此求復其仁義之本心而已矣”。

又如《孟子》“夫子之設科也，往者不追，來者不拒”一句，《集注》曰：“夫子設置科條以待學者，苟以向道之心而來，則受之耳，雖夫子亦不能保其往也。門人取其言，有合於聖賢之指，故記之。”① 允升引趙岐《孟子章句》言，“夫子之設科”乃爲“夫我設教授之科”，又引孫奭《孟子注疏》“夫我之設科以教人，蓋以予與子形相近而訛寫”。同時指出，南宋時已有誤本，朱子亦用其本，偶未檢耳。由此二例，可觀藹蹊先生“尊古而不泥古”之風也。

允升引前人舊説爲數不少，然亦不爲引而引，實又有所發明。如釋《論語》“爲政以德”章，前引包咸之注：“猶北辰之不移而衆星共之。”允升析曰：“既曰爲政，非無爲也。政皆本於德，有爲如無爲也。‘居所’訓不移，非不動也。動而於其所，故曰不移也。且北辰居所以正四時，實有宰制群動之義。爲政以德，則本仁以育萬物，本義以正萬民，本中和以制禮、樂，亦實有宰制，非漠然無爲也。‘所’字重於‘居’字，惟居其所，自能統馭衆星，惟有德，故能感化天下。‘居所’譬以德，猶無輗軏譬無信，非以‘居所’譬無爲也。古之帝王，執

① 朱熹：《四書章句集注》，第372頁。

中而安天下，原非清净無爲，自後世好言黄老、談元妙，而天下事日廢矣。”其論頗妥帖，時人劉寶楠贊“李説足以發明此注之意”①。

李允升《四書證疑》一書，一至四卷《論語》、卷五《大學》、卷六《中庸》皆有時任督學使者辛從益之叙。而學使任滿赴都門時，《孟子》一卷未及繕寫，遂由學子劉登桂爲之序。該書證四書之疑，并不備舉經文，亦非逐篇解説，僅舉四書中一章、一節乃至一句，以爲有可疑者，則援義而證。其證《論語》諸條，多引何晏、邢昺《論語注疏》，皇侃《論語義疏》及朱子《集注》，證《大學》《中庸》與《孟子》則無常引，而屢見如李光地、趙佑、閻若璩、張甄陶等清時學者之論。

是書現存有清嘉慶刻本，北京大學圖書館、山東省圖書館有藏；道光甲申（1824）易簡堂刻本，遼寧省圖書館、山東圖書館、山東博物館及中國國家圖書館②有藏。《東北地方文獻聯合目録》《館藏山左著述》《續修四庫全書總目提要》著録；《山東文獻集成》影印。③

此本據山東省圖書館館藏道光甲申易簡堂刻本整理，本次整理點校，原書中的旧字形原則上改爲新字形，异體字、俗體字除必要的保留外，儘量改爲標準繁體字。對原書中明顯的錯别字，則進行了審慎的校改。限於水平和精力，本書在點校整理中不免錯訛之處，懇請廣大讀者批評指正。

---

① 劉寶楠：《論語正義》，中華書局 1990 年版，第 39 頁。

② 中國國家圖書館館藏網絡目録，言《四書證疑》作者爲清人李九升，誤。

③ 參見徐泳：《山東通志藝文志訂補》（卷四），山東人民出版社 2016 年版，第 439～440 頁。

凡　例[1]

——是編以證疑名，但取素所疑者質之，故不逐篇解說，且有單舉一節一句者，經文既不備載，則《集注》亦可不録。

——注疏固不及朱子《集注》之粹，然其義亦有不可没者，兹於《論語》用注疏頗多，因列其説於前，於《學》《庸》《孟子》頗少，但於各條中偶及之。

——講家自蒙引條辨諸書，多所發揮，其精義具載。周聘侯《精言》、王巳山《大全》中，人所熟習，無庸更贅。惟於前人所未及采者，間用其説以取證，亦拾疑補缺之意云。

——説四書者，自元、明以來無慮百數十家，僻處一隅概未有聞惟我朝如李文貞公。諸前輩間采其説，卷帙粗成，又見王菊潭《四書求是》，裒集頗多，摘數條益之，固陋之誚所不敢辭。

——古人賞奇析疑，半屬同志。桓譚云："凡人貴遠而賤近。"此爲俗人言耳，實則人無古今，惟善是取，省會中

① 原書凡例在《〈論語〉證疑叙》之后，《論語》卷之一之前，为便於讀者理解，將其調至《〈論語〉證疑叙》之前。

往來過從，每遇談言微中者，謹識之不忘，竊自附於集思廣益之意。

——生平所疑者，多在義理元渺之處，欲求諸切近，寡聞渺見，未能博考典籍，惟於《學》《庸》《孟子》中有最要之典，謹輯其略以附於後。

——學人多存門户之見，尊程、朱者鄙王、陸，宗王、陸者詆程、朱，執此笑彼，幾成風氣。竊觀先儒之書，二程本不相侔，朱子异於程子者，《論語》已百數十條，《或問》《語類》亦多與《集注》不同。聖賢言語，無所不包，各抒所見，自可殊塗同歸。且古人原留不盡，以待後人搜討也。故不敢專執一家之言，庶幾虛心以求其是焉。

——古人云，文以足言。語録出於浮圖，彼以佛經非中國文字，故以俗語繹之。學者讀聖賢書，習帖括業，何事爲此打諢耶？兹特出以淺顯，不必用怎、麼、這、個等字，然亦恐辭不能達，多有熟俗支蔓之處，閲者能指其失而教之，則幸甚矣。

——聖賢立言，各有實義。實義透則虛神自得。若不究實義，而徒摹虛神，向焉、哉、乎、也等字索解，此人人共有之語氣，何足盡聖賢奥旨？兹特於實義可疑者，爲之辨晰。至虛字語氣，人所共知，一切當頭棒喝、弦外餘音等語，具可無庸。

——講義不盡爲時文而設，即時文所不敢用，亦存其説，以俟就正。至有舉何題，當用何法，此等豈可殫述？雖談文所宜，非講書所重，且一知半解，但於人所易忽者，補其罅漏，尤不暇爲此瑣瑣也。

校對姓氏

濟南張維鉞華平　濟陽高積階麟臺
海陽李繼曾鵠林　歷城申依仁樂山
歷城劉登桂西岩　淄川畢廷璘玉田
單縣盧　崑詵圃　單縣劉崧之西泉
曹州劉丕之巨岑　館陶王與芝彦采
東昌趙壽棠蔭南　肥城尹鴻諭曉亭
茌平秦明倫敬敷　德平朱夢奎拱辰
德平信會來輔之　禹城聶汝澄瞻蓬
東昌欒以紳景泰　邱縣袁萬里渤南
肥城尹肇宸季良　歷城賈説霖雨卿
肥城尹式俊希英　歷城李興普恩廷
歷城王德容體涵　濟南茅汝孜虞範
濟南張大進書田　恩縣劉德輝岐峯
歷城趙　翰西園　長清汪存典徽庵
長清石丹榮戟門　歷城祝壽康堯封
運學李春林仙根　運學陳正墀位南
濟陽高善循謹亭　福山蕭銘綬受章
滎城陳秉義東堂　滎城陳秉儉壬堂
滎城陳秉智杏堂　文登邢　灝曜彤

子婿王佩琳玉泉
男　　淳琳敦麓　編次

《論語》證疑叙（辛從益叙）

聖賢之道，備於四書，而《論語》爲尤粹，盖諸賢親炙。孔聖記其言動者，其爲書本顯易，而注家往往晦之。唐以前，多遵何氏《集解》，至伊、洛之説出，宋學大盛，而莫精於朱子。自明以四書題取士，義必宗朱，於是學者翕然無异喙矣。然當朱子時，張南軒爲《論語解》十卷，朱子摘其瑕疵一百一十八條，張從而改者僅二十三，餘悉仍其舊，朱子亦不之争。至“父在觀其志”章，朱子與反覆辯論二百餘言，後作《集注》，仍從張説。而鄭汝諧①《論語意原》二卷，説頗與朱异，朱子亦稱其有好處，可見朱子舍己從人，且不以异己爲嫌。學者奈何執一家言以自域也。

我朝修《四庫全書》，爲《論語》説者，自注、疏及《朱子章句》外，凡有可采，悉著於録，所以推廣義藴，開示學者，至詳備也。夫學貴善終，尤貴不蓄疑，明知義有難安，而隱忍遷就，以徇時尚，是謂自欺。今觀濟南學博李君此書，凡學者

① 原書脱“諧”字，據《欽定四庫全書總目》補。鄭汝諧，字舜舉，號東谷，處州人，宋紹興二十七年（1157）進士。著有《論語意原》二卷、《東谷易翼傳》二卷等。

所疑，悉爲疏證，或從古注，或申朱説，或參取時賢，并出自心稽，不苟附會，不輕立异，其考核多典切，其體貼經文多直截了當，無支蔓。至於論聖、仁、道德、性命諸旨，皆就日用倫常，實理實事言之，不爲虚無，惝恍高妙幽遠之談。雖於時解不盡合，而有益經訓，抑李君豈好爲辯哉？心不肯蓄疑，且欲與天下共去其疑，以求其實尔。夫學求信心，期不背於聖人之道而已。經生爲科舉計，斤斤守一家言，乃至群疑滿腹而不顧，安得更有觀書卓犖如李君者，與求孔門真旨也？嘉慶己卯長夏，督學使者辛從益書於濟南試院。

《論語》卷之一

文登李允升藹蹊訂

《論語》

"子曰學而時習之"章

先王以《詩》《書》《禮》《樂》造士，曰"學，效也，覺悟也"，乃所以求知求能也。《國語》"晝而講貫，夜而計過無憾"，時時習也；《學記》"藏焉修焉，息焉游焉"，以時習也。包注："同門曰朋。"以同學言，不專言教，要之賞奇晰疑，傳道解惑，義亦可兼。《易》"朋友講習"，《書》"惟斅學半"，至於"不知不慍"，則所云確乎其不可拔，窮居不損，大行不加者，充然自足之候矣。此章蓋爲學者勸，亦循循善誘之意。言天下多可悅可樂之事，抑知學而有得，於己之亦可悅。《學而》能同乎？人之亦可樂乎？君子者，公卿大夫之稱，抑知學足乎？已無待乎？外之亦爲君子乎？夫學所以復性也。説者得其性之本，然樂者證其性之同。然君子之不慍，則尤所性存焉。朱子所謂"去其外誘之私，而充其本然之善"者，於此得之。三層遞下，尤重末節，自古名臣，或以始進貽譏，甚至投牒上書，賢者不免，故不患莫知，聖人屢言之，必如此而後可以觀吾學之成。

“有子曰其爲人也孝弟”章

此言治世之學也。君子以位言，與《孟子》“道在爾”章同意，天下生民之患，莫大於犯亂，而苟其人孝弟，則無慮此，此古今之大凡也。君子觀於此，而知治天下者，不可不務其本矣，一切法令，皆其末也。教之以孝弟而睦、姻、任、恤，其道四達而不悖，故曰孝弟爲仁之本。《孝經》“教民親愛，莫先於孝，教民禮順，莫先於弟”，即此意也。躬行孝弟，即道之以德；以孝弟制爲品節，即齊之以禮。

“子曰巧言令色”章

爲色，取仁者言也。巧令之徒，能使人目爲仁人，而不知其中少誠實惻怛之意，必非緩急可恃之人，故特揭之以爲用人交友者戒。《書》與孔壬并稱，《仲尼燕居》謂“給奪慈仁”，曾子謂“堂堂乎難與爲仁”，皆此意也。知此，則知木訥之所以近仁。今第以存心爲仁，謂心在言色爲非仁，彼觀察人之言色者，又謂何也？

“曾子曰吾日三省吾身”章

何注：“言凡所傳之事，得無素不講習而傳之。”

三者人所易忽，爲人謀不同於自謀。五倫惟朋友易泛注以傳爲教人，乃“孰先傳焉”之傳。傳於人者，或不習於已。若孔子所傳，曾子豈尚有不習者而待省耶？程子亦云：“不習而傳於人。”

“子曰道千乘之國”章

包氏“方里爲井，井十爲乘”，則八十家出車一乘；馬氏“井十爲通，通十爲乘”，則八百家出車一乘；葉氏“一百四十四家出車一乘”，又與諸説不同。蓋八十家出車一乘，平時備辦之數也；一百四十四家出車一乘，田獵練習之數也；八百家出車一乘，則用兵調發之數也。或曰：春秋時大國多數圻矣。子路明云“攝乎大國之間”，則千乘非大國也。蓋道千乘者，必有以固其國本，而後可以有爲。時使，則《左氏》“龍見而畢務，火見而致用，水昏正而栽，日至而畢”是也。不僅農隙講武，亦不及征伐，征伐不俟時。

“子曰弟子”章

邢疏：“有閒暇餘力，則可以學先王之遺文，若徒學其文而不能行上事，則爲言非行僞也。”

士先德行而後文藝，爲弟子者，務循循於孝弟、謹信、愛衆、親仁之間，以養其德器。至行此而有餘力，則以學文可也。行之不修，而徒汲汲於文，失其本矣。《集注》程子云“不修其職而先文，非爲己之學”，尹氏云“知所先後”，皆與邢疏同。文即書籍。孔子時無“六經”之名，後世則除《周禮》“六藝”外，皆以“六經”爲“六藝”。弟子對先生言，非必童子。

“子夏曰賢賢易色”章

邢疏：“爲子事父母，未能不匱，但竭力服勞。臣事君，未能將順匡救，但致盡忠節，不愛其身。與朋友，不能切磋琢磨，但言約而每有信。雖曰未嘗從師學問，然學亦不是過。”

據此皆低一層説，今以爲造極，則末二句不接矣。《小雅》首《鹿鳴》，賢賢也，故先言之，曰“未學”，亦非有人議論。漢唐以來，實有未嘗學問而能敦實行者，學校中自負名流，而至性不及閭巷者衆矣。子夏特爲若輩下針砭，亦務本之論也。

“子曰君子不重則不威”章

何注：“孔曰：‘固，蔽也。’鄭曰：‘主，親也。’”邢疏：“當學先王之道，以致博聞强識，則不固蔽也。”

或重首句，以敬爲主，或重忠信，以誠爲主，皆曲説也。或曰：君子以位言，正衣冠，尊瞻視，儼然人望而畏之，故不重則不威。仕而優則學，恐其固也。忠信以人言，有位者易驕，故當親近忠信之人，而無與不如己者友。爲人上者惡聞過，故曰“勿憚改”。後“法語”章連下“主忠信”三句，皆爲時君言也。

“曾子曰慎終追遠”章

與“君子篤於親”章似同而實异。國家厚於親，故必有特恩，使民間傳爲美談。若天子諸侯之葬，卿大夫董其事，無不盡禮者。宗廟祭祀，誠敬之心，尤非民所得見，此乃教民以慎終追遠也。蓋人能慎終，則孝父母；人能追遠，則敬祖宗。由是而睦、姻、仁、恤，風俗日厚矣，亦務本之意也。謝上蔡亦云：爲之棺椁衣衾，爲之春秋祭祀，豈以强民哉？觀此，即所重民食喪祭之意。牟盧坡同此説。

“子禽問於子貢曰”章

子禽意重在“與”，故加“抑”字。“温良”句，言非與之，乃得之也。“與”則人爲政，“得”則我爲政，此爲正對。下“又即求言之則餘”意，五者以德言，不專以容言。温者，色之和；良者，心之善；恭者，貌之莊；儉者，用不侈。讓則事事與人無争，且其序不可紊。和氣者，易於深曲而又良；坦易者，易於簡率而又恭；莊嚴者，易於繁縟而又儉，至讓則尤禮之貫於始終者也。列國卿大夫，習見夫子如是之德而樂告之，非邦君驟見夫子而即告之也。蓋五者中和之德，見於接人處事之間，剛直之士，才華之流，皆所不能也。深求者以爲此未足以盡聖人，而第渾言氣象，以見其神妙不測耳。

“子曰父在觀其志”章

《集注》最確。道爲虚位，如墨子以薄爲道之道。人有過奢、過儉、過寬、過嚴之類，皆所當改。然驟更則顯其父之失，以漸則久而相忘，故遲之三年之後。古之人君三年不言，正此意。如例以莊子之孝，不能必其父皆獻子，又安能置三年於無有，而渾言其久乎？至以兩“其”字指其父者，尤非。

“有子曰禮之用”章

邢疏：“此章言禮樂爲用相須乃美。‘和爲貴’者，和，謂樂也。樂主和同，故謂樂爲和。夫禮勝則離，謂所居不和也，故禮貴用和，使不至於離也。”

以和言禮，此有子之特見也。禮節樂和，而此言行禮貴於和，則禮之中有樂意焉。以當時行禮者多失之拘苦，故云然。然矯時俗之弊，而并以杜放達之漸，有子之言所以似聖人也。《集注》“從容不迫”爲“和”字，真諦出於自然，乃前一層，非“和”字本面。今多以《曲禮》“有禮則安”詮此，則誤矣。《中庸》“發而皆中節，謂之和”，與此章“節”字略别，而意實相通。禮不外吉、凶、軍、賓、嘉，所以飾喜怒哀樂者也。喜怒哀樂之中節爲“和”，“和”與“節”同條而共貫者也，故《中庸》首章實爲禮樂之本云。

“子貢曰貧而無諂”章

何注：“孔曰‘能貧而樂道，富而好禮者，能自切磋琢磨’，‘往告之以貧而樂道，來答以切磋琢磨’。”邢疏：“《詩》美武公之德也。治骨曰切，象曰磋，玉曰琢，石曰磨，道其學而成也。”

“斯”字或謂指義理無窮，上無此語，或謂指可也，未若尤無文理。孔注以“斯”字指樂與好禮言，邢疏本《爾雅》切、磋、琢、磨四項，平説與金、錫、圭、璧一例，非切而又磋，琢而又磨也。《詩》美武公之學，子貢引之，以爲樂與好禮之所由來。切磋，學也；琢磨，自修也。無諂無驕，質美者可能。而樂與好禮，則須有學修之功。往來不一義，既灌而往，往爲後，由周而來，來爲前。蘇子由云：“吾第舉其成功而言之，而賜遂知其所由來。”確論也。今謂不指貧富，泛言學問，遂以往來爲無定，樂與好禮亦非住處，墮入禪機矣。不知處貧富者，聖賢之實學也。

“子曰爲政以德”章

何注：“包曰：‘猶北辰之不移而衆星共之。’”邢疏：“案：《爾雅·釋天》云：‘北極謂之北辰。’郭璞曰：‘北極，天之中，以正四時。’然則極，中也；辰，時也。以其居天之中，故曰北極；以正四時，故曰北辰。”

既曰爲政，非無爲也。政皆本於德，有爲如無爲也。“居所”訓不移，非不動也。動而於其所，故曰不移也。且北辰居所以正四時，實有宰制群動之義。爲政以德，則本仁以育萬物，本義以正萬民，本中和以制禮、樂，亦實有宰制，非漠然無爲也。“所”字重於“居”字，惟居其所，自能統馭衆星，惟有德，故能感化天下。“居所”譬以德，猶無輗軏譬無信，非以“居所”譬無爲也。古之帝王，執中而安天下，原非清净無爲，自後世好言黄老、談元妙，而天下事日廢矣。

“子曰詩三百”章

“三百”中有刺淫之詩，而無淫人自作之詩。其刺淫者無論已，其疑爲自敘者，無如《桑中》《溱洧》，而不知其皆刺淫也。《桑中》“上宫”“淇上”言昭昭耳目之前而不耻也，“孟姜”“孟庸”“孟弋”言赫赫世族之家而有此也。三云“我猶”“我馬維騏”“我征聿至”，皆用代也。《溱洧》之詩，言“士女”者三，果誰自敘乎？“落花踏盡游何處，笑入胡姬酒肆中”，非青蓮自謂也。“君家住何處，妾住在横塘”，非崔灝自謂也，於“三百”乎何疑？推而言之，《王風》終於《邱中有麻》，賢人隱也，以是知周之不復興；《陳風》終於《澤陂》，傷賢者之亡也，以是知陳之必亡。蓋《詩》言美人，不必婦人，“碩大且儼”，尤非美色，其人，民之望也。其人亡國不能存矣，是以至於“涕泗滂沱”耳。夫使以淫亂之人作爲詩歌，俾千百世傳誦不厭，何以教人無邪乎？太史公以爲，《國風》好色而不淫，《小雅》怨誹而不亂，二語可以括無邪之大旨矣。

周時詩教甚重，必有師承，如《柏舟》之爲衛頃公，《木瓜》之美齊桓，《甫田》之刺齊襄，《蒹葭》之刺秦，不用《周禮》，非可臆度。後世以《詩》中未言其人而不之信，安得盡如“叔於田”“齊子歸止”之言其人乎？如《序》說之以《小雅》三十餘篇皆刺幽王，誠未敢信爲必然，要其去古未遠，所得於傳授者則已多矣。子言“鄭聲淫”，非鄭詩淫。《樂》記桑間、濮上之音，與《鄭》《衛》分言，俱於《詩》無涉也。乃無端而以刺淫之詩爲淫人自作之詩，且以好賢之什、憂國憤時之章，等於狹斜、媟嫚之語，至使後世騁才之士作爲淫辭艷曲，自托於三百篇之遺，其爲人心風俗之害，誠匪細故，而於聖人“思無邪”之旨，亦復大相剌謬矣。

“子曰吾十有五”章

謂生知不待學，謂聖人别有學，皆非也。《詩》《書》《禮》《樂》，古帝王由身心以及家國、天下者，皆在於是。多聞多見，好古敏求，無非是也。不惑、知天命、耳順，皆非止言知聖學。知行不分立者，秉禮守義，物莫能奪。不惑則所謂非禮之禮，非義之義，大人弗爲，遇所當爲，毅然爲之，無所疑懼。孟子所謂四十不動心，董子所謂力行而不惑者，此也。楊龜山以“窮通”言天命，恐有未盡。今以經考之，《易》

“順天休命”“樂天知命”一也，“窮理盡性，以至於命”，亦承上立卦生爻，而以定其吉凶爲至命。《詩》“維天之命，於穆不已”，前人以“寒暑往來”“天行健”實之，滇南李復齊謂“知天地之化育”是也。蓋知此則可以事天，可以立命，而第以爲窮萬物之理，則後世末學矣。耳順與知言參看，而所存尤神。人之情僞，無不一聞其言而了然於中，所以不逆億而自先覺，以斷天下之疑，以應天下之變，無不可者。或以聞滄浪之歌爲徵，此豈定在六十以後耶？徐邈云：“知天命，謂合吉凶善惡，而皆本之於定命。”此正天下至誠參贊位育之實境，并非事物所以然之謂。

“子游問孝”章

何注：“包曰：‘犬以守禦，馬以代勞，皆能養人者。’”

泛論今之孝者，非斥子游，且子游習禮，禮無不敬。古注以犬馬爲養人，深合“能”字意，謂不敬，則人子無别於犬馬，非養親無别於養犬馬也。《坊記》：“小人皆能養其親。君子不敬，何以辨？”《檀弓》仲尼曰：“敝帷不弃，爲埋馬也；敝蓋不弃，爲埋狗也。”注：狗馬皆有力於人。唐馬周疏云：“臣少失父母，犬馬之養，已無所施。”蓋亦本此。

“子夏問孝”章

注意本明，人自誤會言事親唯色爲難耳。如云服勞奉養，則豈獨父母爲然哉？弟子服先生之勞，有酒食則以供先生之饌。以事先生者事父母，何足爲孝乎？與“至於犬馬”語勢相類。朱子從古注，以先生爲父兄，本非父母。或云：先生，先生也，不訓父兄；弟子，弟子也，對先生而言，不同子弟。此夫子現身説法，尤爲直截。

“子曰學而不思”章

《少儀》云：衣服在身而不知其名爲罔。罔，猶愚也。學者載籍極博，而不能論世知人，按時度勢，或議古人而失之誣，或行古法而病於迂，皆不思之甚者也。借古人爲口實，以《周禮》亂天下，可謂非罔乎？多見闕殆，以殆不可行也。老、莊爲虚無淡泊之言，思周八荒，而蔑《詩》《書》，弃《禮》《樂》，卒懸而無薄。又或高言静悟，日求精微，而卒入於幽渺不可知之域。故其説率不可行，是亦殆而已矣。第不思之弊，人或知之，而不學之弊，人未必知也，故下論有無益不如學之説。

“子曰攻乎异端”章

何注：“善道有統，故殊塗而同歸。异端不同歸也。”邢疏：“异端，謂諸子百家之書也。”正經是善道也，皆以忠孝仁義爲本，是有統也。四術爲教，是殊塗也，皆以去邪歸正，是同歸也，异端則不同歸。

孟子闢楊、墨以爲邪説，而不名异端。後世楊、墨、佛、老并稱异端，而孔子時無其人，雖有老聃，亦衹言禮。疏謂諸子百家之流，則异端不必皆邪説，以其紛然不歸於一，故曰异端。《漢書·藝文志》三十六家，如醫卜之類，豈盡無用？而非修身治世之大道。恐專治則騖於末而失其本，故有害也。“子夏”章何注以小道爲异端。《公羊傳》“斷斷無他技”，鄭注：

“他技，异端也。”

“子曰由誨女知之乎”章

勇者急於求知，未必强所不知以爲知。夫子恐其求知而有未詳審也，故誨之以反求諸心，務使知與不知各得其實。如今人讀書，須辨何者能曉，何者不能曉，則有真曉也。若略觀大意，以爲吾皆知之，而其不及致詳者多矣。

“子張學干禄”章

或云：爲學而有干禄之心，聖人於諸弟子曰，屑屑然伺其心乎？或云：當時别有應世之學，爲利禄之階，子張既學於夫子，而又舍所學乎？《詩》云“干禄豈弟”“干禄百福”，孟子以干禄與正行對，蓋學期有用，故《史記》作“問干禄”，程子謂顔閔則無此問，學猶問也。夫子因其問而教以修己，若如時説，則宜力言干禄之不可矣。特舉言行者，以言行君子之樞機，樞機之發，榮辱之主，故《繫辭》以釋好爵爾。靡國家言揚事舉，但令士君子言坊行表，朝廷不患無人，天下賴以長治矣。若必諱言禄，將使天下學者皆退，然無仕進之志乎？聖人未嘗以此教人也。

“哀公問曰何爲則民服”章

以舉錯爲用舍，誤也。《禮記》言“舉而措之者再”，《繫辭》“苟錯諸地而可矣”，“舉而措之天下之民”，“諸”字猶之“於”字。《秦始皇本紀》“舉錯必當，莫不如畫”，《漢書·匡衡傳》“舉錯動作，物遵其儀”，俱無用舍意。蓋錯訓置，猶以物置諸其上，後人於置上加一“廢”字，而本義失矣。且枉原非四凶比，聖人治天下，庶頑讒説，猶欲并生，若盡逐而誅之，枉者非遠去即死耳，安能使枉者直乎？所謂舉直錯諸枉，乃舉直而置諸枉之上，故能使枉者化爲直也。此聖人陶成天下之妙用，古帝王所以造就人材，偕天下於道者以此。使武侯爲相，而曹孟德任庶司，亦且樂效其能，而不肆其奸矣。此舜、湯之有天下，所以但言舉皋陶、伊尹，而不言錯某某也。此章則言一反覆間，而民之服不服判然矣，亦轉移之妙用耳，非盡人而誅之也。

“子曰人而無信”章

不言輪、輻、軫，蓋[①]而特言輗、軏，蓋輗以駕牛，軏以駕馬，車與牛馬之相接在此，猶人言爲信，人與人之相接亦在此也。《考工記》“鬲長六尺”，鬲，謂轅端厭牛領者，即輗也，與小車之衡用相似，而實不同。鬲則直駕牛領，而衡則所以縛軛，鬲即軛也。謂轅端持衡爲輗者，誤。《考工記》“輈人爲輈”，《詩》“五楘梁輈”。輈，車轅也。轅端上曲鈎衡以駕馬。衡，横木也。衡之兩端有軛，兩服馬夾轅，以軛拘之。蓋衡下有軛，以曲木爲之，以其扼馬領，故曰軛，而軏，其异名也。謂軏爲轅端上曲鈎衡者，亦非。其上曲者即輈頸，軏在衡之下，蓋輗以厄牛領，軏以厄馬領，故又同名軛。解此，則知取喻輗、軏者，正以其厄牛與馬之領也。又《考工記》“大車崇三柯”，三尺曰柯，羊車二柯，有參分柯之一，柏車二柯，皆駕馬之車，皆謂大車，不惟平地任載之車也。羊訓善，非以羊駕也，曹寅

① “蓋”疑爲衍文。

谷辨甚詳，今撮其要。

“子張問十世”章

謂問運祚盛衰者，非也。當時無讖緯之學，子張正問十世制度之大凡耳。馬融以禮爲三綱五常，損益謂文質三統。然綱常之不易，不但言因。白文明云禮，禮居五常之一，文質則殷、周遞增，不得言損，三統更無損益。自古聖人以禮治天下，所以維持綱常者。自《虞書》修五禮，不外吉、凶、軍、賓、嘉，後世因之不改，而損益即存乎其中，故曰所損益，言禮之中有損益也。如巡狩則五載易爲十二朝，天子則四朝易爲六年，皆爲損。喪則旁期以下，諸侯絶，大夫降，亦爲損。餘可類推，所益尤不待言。又此章言因革者亦誤。損益所以善其因無革也，言三代之禮，循之則治，失之則亂，可執此以律萬世之天下矣。始皇弃禮任法，立致滅亡，漢以後之得失，皆可準此以斷。

“孔子謂季氏”章

凡聖人未明言其人者。《書》曰：子謂八佾舞於庭，合下二句，皆夫子之言，非記事也。“庭”字與下節“堂”字同意，忍當主容忍，魯以相忍爲國，此則必不可忍也。魯昭公二十五年，禘於襄公，萬者二人，其衆萬於季氏，意始自平子，相沿以及桓子，而孔子始仕魯，故言此以正其僭，與墮都出甲等。若不在其位，則不謀其政，必不爲無益之談。如東漢名流，裁量公卿，終以買禍也。八佾當從服虔説，每佾八人，六佾則四十八人，故或以左氏二人爲八人之訛。

三家者以《雍》徹

《詩》序：雍，禘太祖也。注：太祖爲文王。或云禘帝嚳祀后稷，則誤。《詩》中明云烈考文母，成王賜周公以天子之禮樂，謂用四代之服器官，此特典，非僭也。考《竹書紀年》，平王時，魯惠公使宰讓請郊廟之禮，王使史角如魯諭止之。魯之僭當自惠公始矣。

“子曰君子無所争”章

謂有君子之學養，而後能揖讓如此，豈未及君子者揖讓有缺乎？不知此論射，非論君子也。君子淺看，無所争者，君子之道，而射則不能無争。先王於是制爲射禮，使自升而下而飲，始終俱以揖讓行之，是其争依然君子之風，而無淩競之習，俾天下俯仰揖讓於其間，而自有以化其囂然不靖之氣。先王所以造就人材之妙，即一射可見焉。蓋此章前後多言禮樂揖讓，而治天下者，禮樂之謂也。以故諸侯之射也，必先行燕禮；卿大夫、士之射也，必先行鄉飲酒之禮。射者，男子之事，因而飾之以禮樂，德行立，則無暴亂之萌，皆此意也。邢疏亦云：此章言射禮有君子之風，而未暢其旨。觀射義亦有此章，益瞭然矣。“揖讓而升下”爲一句，猶言升降也。《少儀》：“君子升下則授綏。”

“子夏問曰巧笑倩兮”章

何注：“鄭曰：‘繪，畫文也。凡繪畫，先布衆色，然後以素分布其間，以成其文，喻美女雖有倩盼美質，亦須禮以成之。’孔曰：‘子言繪事後素，子夏聞而解，知以素喻禮，故曰禮後乎。’”

子夏深於《詩》，何至誤解？《詩》《禮》本忠信，何待子夏而後悟？蓋失繪事後素之本義，遂令前後俱失。古人袞衣作會，本非素色，布五采者，先青黄赤黑而後用白，故謂後素，即今畫工亦然。《考工記》：“凡繪畫之事，後素功。”先鄭、後鄭皆如此解，其注《周禮》引《論語》者即此義。今“於素”上加“於”字，便失其義。以素爲素地，因以《詩》“素”字爲倩盼美質，然未聞有以美色爲素者。其所云禮以成之，則以素爲禮，未聞其義。疑古夫人之服，褘衣、揄狄、鞠衣、袒衣、褖衣，皆非華縟。《詩》：“其之展也。”展即袒，箋云：展衣宜白，此以禮見於君及賓客之盛服也，於素尤近，蓋禮服不尚華而尚素，故以素爲禮。《詩》本言服飾，故繪事後素，即以衣之作會明之。子夏疑素本非絢，而問其義，非誤解《詩》也。子告以繪之成於素，則知絢之成於素矣。其衆色之布，猶倩盼也。衆色以素而成章，猶倩盼以素而爲絢也。《詩》本以素爲禮，故子夏悟及禮後。禮後者，非以禮爲可緩也。天下事必範以禮，而後截然整齊，猶衆色加以素而後秩然分明也。此非尋常會悟，故特嘉之。後世因禮器有白受采，遂以詁此章，而本義失矣。

辛筠谷先生云，此章“禮”字對儀而言。《左傳》是儀也，不可謂禮。時尚繁文，謂儀即是禮矣，不知欲還其天秩天敘之本，然尚須約之以禮，猶繪畫者，衆采已施之後，必加素功也。乃尚繁文者，既昧禮之本，而子成、子桑高簡之徒，又欲脱略禮節，故子夏因解素在絢後句而悟及之。倩盼，美質也；加采，飾絢也。絢必加素而采乃著，猶儀文必復於禮，而後彬彬可觀。

儀本禮生，而求儀之無弊，仍須以禮正之，以禮節之。人但知禮在儀先，不知儀後須約之以禮。此子夏因《詩》創悟，并孔子亦未經道及，故嘉以起予。

“子曰夏禮吾能言之”章

重“吾能言”“吾能徵”，見聖聖相契於千百年之久，有確然可信者，非咨嗟太息，徒歸罪杞、宋也。蓋世人徒求其迹，而聖人相信以道求其迹，則文獻之外無可據，信以道，則即禹湯之所留遺、周公之所損益，自能因偏以識其全，因略以得其詳，不必考之文獻，而可以心領神會矣。人情溺於所見，不能通於所不見，必欲問夏、殷於杞、宋，求杞、宋於文獻，文獻所不傳，遂無徵而不信。夫時代既遥，則文獻日缺，此古今之常，何足深論？惟此前後同揆，聖與聖有如相告語者，必不可没，曰“足則能徵”，自信之深也。不然，文獻既不足矣，又安能望其更足乎？近見國初蔣超此章，文即此意。

“子曰《關雎》”章

《關雎》，《詩》説已誤，而此章又與《詩》無涉。今謂文王求淑女，果其聘定，何待於求？若猶未聘，可云寤寐求之乎？或謂思其德，亦迂儒之見。文王未見其人，何以知天下之女之德無加於是人者，而思之若此？且思之至於輾轉反側，適足爲天下後世之好色者藉口，而謂可用之閨門鄉黨以化天下乎？或謂此宫人之詞，非文王有此事。夫既無其事，而宫人可漫爲其詞，以譜爲聲歌乎？《葛覃》《卷耳》皆太姒作，而序詩者乃以宫人之詞居首，禮亦未協。惟序以《關雎》爲後妃之德者得之，謂太姒樂得淑女以佐己，此即不妒忌之證，足以見其德，非以窈窕爲德也。求之，友之，樂之，皆言太姒。《卷耳》章又當主左氏官人之説，以見後妃之志。如以《關雎》《卷耳》爲男女相思之詩，此又何人不能，而謂足以爲教乎？獨此章所言哀樂，則又有説。蓋前後多言禮樂，而此尤與《關雎》之亂參看。儀禮、鄉飲、鄉射、燕禮，皆有合樂。《周南》《關雎》《葛覃》《卷耳》《召南》《鵲巢》《采蘋》《采蘩》是也。以其統於《關雎》，故但言《關雎》，而諸詩該。其言哀樂，當以聲音節奏言。淫訓過，非淫於色，猶淫雨，淫刑，淫於游、於田，皆言過其節。喜怒哀樂，發而中節謂之和，過於樂則淫，過於哀則傷，樂之將終也。合樂，《周南》《關雎》《葛覃》《卷耳》，《召南》《鵲巢》《采蘋》《采蘩》，堂上堂下俱作，此時抑揚唱嘆，鼓舞洋溢，有哀有樂，非前此升歌三終、笙奏三終、間歌三終之比。而不淫不傷，各中其節，則所謂樂者，中聲之所止也。"師摯"章言其盛，此則言其和，惟其和，是以盛。《集注》亦有審其音句。

"哀公問社於宰我"章

《白虎通》："《論語》云：'魯哀公問主於宰我。宰我對曰：夏后氏以松，松者，所以自竦動。殷人以柏，柏者，所以自迫促。周人以栗，栗者，所以自戰栗。'"主以木爲之者，木有終始，又與人相似也。程子猶云："社本主字，文誤也。"意後人因祭加示，因袿①改社，而古義遂失。至《白虎通》引《尚

① 言後人因祭爲"主"字加意符"示"，以表與祭相關。

書·逸篇》，又有大社唯松，東社唯柏，南社唯梓，北社唯槐，西社唯栗，則言社之有樹，與此章無涉。蓋宰我固以實對，言祭之當敬。民即人也，對鬼神言，則君亦爲民，非臆説也。下節亦非斥責宰我，木主已成，不可更，故曰成事、遂事。夫子責宰我不得爲諫，方聞其言，何爲既往？《北魏·劉芳傳》："日有變，以朱絲爲繩，以繞係樹三匝。"社有垣無屋，樹其中以木，此《白虎通》"大社惟松"之説。周彦云："《白虎通》前説爲主，廟有主，社亦有主。後説爲木，封人所掌是也。兩不相襲。"《曾子問》"七廟無虛主"，《大司徒》"樹之田主"，一證廟主，一證社主，若社之所宜木，各國不同，不得云周人以栗。

臧琳《雜記·魯論語》作"問主於宰我"。

"子曰管仲之器"章

太史公謂"桓公既賢，而不勉之至王，乃稱霸"，非也。霸，伯也，分天下以爲左右，曰二伯。周、召分陜，郇伯勞之，先王之制也，故桓、文之伯，皆有策命。周德雖衰，天命未改，齊安得王？謂所行非王道則可矣。蓋仲之相桓也，知有齊而已，不知有周也。假尊周以强齊，爲一國之私，而非爲天下之公，且置晋獻於不問，救江黄而不終，更非能有遠志也，以爲能强齊斯已耳。若孔子爲東周，則必輔其君，尊天子以安天下。《孟子》曰："天下之民舉安。"知此可以知器小之説矣。不儉不知禮，亦器小易盈之端，謂於器小無關者，非。

三歸，當據《史記·禮書》"管仲之家，兼備三歸"。包注："三歸，娶三姓女也。"《漢書·地理志》："身在陪臣而娶三歸。"師古注："三歸，三姓之女。"築臺所費有幾，三娶則各有宫室，各有妾媵，一切供給，歲歲如此，所縻多矣。此言内府之費，不攝言外廷之費，故對言之。

反坫，當據《爾雅》“垝謂之坫”，以堂隅言。《逸周書》：“乃立五宫，太廟、宗宫、考宫、路寢、明堂，咸有四阿、反坫。”注云：反坫，外向室也。蓋諸侯相見，各有卿大夫從，宜有地以處之，向外，取其便也。與上塞門一例，皆言宫室之僭。

“子語魯太師樂曰”章

樂之可知者，音節也。言理言器皆迂。翕如非止備具，凡樂無不備，始作時尚未備也。擊賁鼓以壹衆音，擊鎛鐘以宣衆音，擊柷以起樂。至人聲動，琴瑟作，有特鐘、特磬之節，編鐘、編磬之應。時八音雖未備，而作者齊一，故謂之翕。且其聲聚而不散，斂而未舒，如坤之静翕而未動闢也。蓋始作，即《書》所謂“戛擊鳴球、搏拊、琴瑟以咏”。嗣是太師令奏鼓朄，衆管乃作，小師擊應鼙，八音齊作，即所謂下管鼗鼓，笙鏞以間，則從之也。純者，和也，亦兼不雜意，剛柔輕重相濟曰和。又雅樂無曲音，如宫則八音皆宫，商則八音皆商，不以他音雜之，故謂之不雜。所謂八音克諧，皦則宫商角徵羽前後皆分明不紊。所謂八風從律而不奸，繹則往來絶續之交，皆綿綿無間斷也。所謂小大相成，終始相生。

“儀封人”章

當時以得位期夫子者多，多則不書；以爲得位而卒不驗，不驗亦不書。夫子之爲萬世師，定於封人一言，此封人之特識也，故不可以不書。無道即世衰道微，作《春秋》，木鐸之大者，其言天，非第謂天意如此。古者奮木鐸以令兆民，振木鐸於朝天子諸侯，皆有木鐸以傳令，豈天獨無木鐸以代天立言乎？聖人者，上而爲君相，則其事行，下而爲師儒，則其説長。春秋時，孔子之不能爲君相决矣。天將使夫子明天道以教萬世之天下，是即天之木鐸也。其所以用夫子者甚大，奚止徇於道路而已。不云金鐸而云木鐸者，武事振金鐸，文事振木鐸，前人已言之。

“子謂韶盡美矣”章

此夫子論《韶》《武》非論舜、武也。季札觀文王之樂，曰：“美哉！猶有憾。”文以至德而有憾，大勳未集，時爲之也。舜，地平天成，萬世永賴，厥功茂矣；武則永清大定，而多方未靖，時爲之也，故其樂未盡善。孔子曰：“湯武革命，順乎天而應乎人。”征誅以有天下，自黄帝迄高辛皆然，何獨爲湯、武累？張惕庵云：“此論樂非辨聖優劣，爲以樂養德者擇之是也。”

“子曰里仁爲美”章

當從《孟子》所引，以仁爲安宅，非言擇鄰也。焉得仁？焉得儉？以有疑其爲仁爲儉者。若擇里而不處仁，則冒昧已極，誰復以爲知？而云焉得乎不處仁，即所謂擇乎《中庸》而不能期月守者。張衡《思元賦》：“匪仁里其焉宅兮，匪仁迹其焉追。”以里與迹對，俱屬借喻。《莊子》“靈公奪而里之”，謂奪而居之。據此，當即以里爲居。惟潘岳《閒居賦序》“此里仁所以爲美，孟母所以三徙”，則似以上句相形，言里猶以仁爲美，况擇所以自處而不於仁，焉得爲知乎？

“子曰不仁者不可以久處約”章

以仁者、知者分安勉，恐難爲不仁者言，此聖人爲不仁者警也。人而不仁，至約樂無一可處，天壤間幾無位置，斯人之區不安實甚矣，又何所利焉？彼仁者心無私累，故動心合宜，但見其不愧不怍，無入不自得也，則安仁也。知者明於義理，自順乎人情，但見其無怨無惡，攸往咸宜也，則利仁也。以視不仁之無一可處何如耶？安者安適，利者順利，能處約樂，即在其中。蓋所謂仁，即指待人處事，不徇一己之私，而協乎人心之公。今專言性命之理，而謂仁者與之爲一，知者孜孜以求，究不知是何物也。

“子曰富與貴”章

論仁當自此章始。仁以無私爲本，私何在？富貴貧賤其大端也。蓋自貪富貴，厭貧賤，而一切損人利己、寡廉鮮耻之念之事，皆由此出。能不以富貴貧賤動其心，乃能爲所當爲，此顔子之庶在屢空，而簞瓢不改其樂，即爲顔子之仁也。克己復禮在此，不欲勿施在此，由其大以及其細，則凡一介之不輕取與，簞豆之必辨禮義，皆以此。孔子不主彌子瑕，絶糧而不愠，亦以此。故終食不違，造次顛沛於是，皆由此而致其精。孟子存心養性，即存其惻隱、羞惡、辭讓、是非之心，以養其仁義禮智之性。萬鐘不辨禮義而受，以爲失其本心，則審富貴而安貧賤，即爲存其心。孟子言仁必言義，孔子言仁而義在其中矣。

“子曰我未見好仁者”章

此言誠意也。無以尚，即如好好色；不使加，即如惡惡臭。人皆知仁可好、不仁可惡，而能誠其意者鮮，故曰未見也。下文又言其不難。天下事用力而不能得者多矣，然苟用其力於仁以爲善去惡，所謂求則得之，安有力不足者？而何好仁、惡不仁者之未見也？或天下亦有好仁、惡不仁其人者矣，而卒無如其未之見，何也？此又語不迫切、不絶望之意。通章不足十句，神迴氣合，末句仍承首句言之。

“子曰士志於道”章

道者，何本於心，達於事，施於家國、天下而垂於後世，合《大學》之道、《中庸》五達道而以孟子之言仁義括之。故曰不願人之膏粱文綉，耻恶衣惡食者口不言富貴而心已累於貧賤，謀一身之安，何知天下未足與議言，不惟不能求其行道也。即與之議焉而已格格不入矣，蓋知道爲何如。士之所任爲何事，則知耻惡衣惡食之不足以有爲。今衹以内外輕重道邊趣味爲説，使學者即以讀書作文當之矣。

“子曰君子之於天下也”章

古注：天下以人言，是也。然以適爲厚，以莫爲薄，言無擇於富厚與窮薄，則不可從。竊以吾誰適從之適，本指人言。古文莫與漠通，淡漠不相親也，比則比卦之比。親也，從也，言君子於天下之人不必預設成見，謂所主爲誰所疏遠，爲誰惟義所當從，則與之親耳。東漢潁川荀爽、賈彪雖俱知名而不相能，李燮并交二子情無適莫。世稱其平《白虎通》君之於臣，無適無莫，義之與比賞一善，而衆臣勸罰一惡，而衆臣懼文獻，考漢兵制，郡國去京師甚遠，民情無所適莫，故以之衛宫城。皆可爲證。

“子曰參乎吾道一以貫之”章

邢疏：貫，統也。言我所行之道，惟用一理以統天下萬世之理也。疏語渾含，嘗即其意推之，道者，由身心以及家國天下者也。一者何，忠恕也。一以貫者何，忠恕而天下之理得矣。《大學》治國言恕平天下，言忠信而求慊也，戒辟也，誠求也，絜矩也，皆是物也。故一言忠恕而修身以及家國天下之道统於此矣。然未足以盡此章之義，此言下學即所以上達也。聖人恐門人以聖道爲高遠不可及，故呼曾子而告之，謂吾道無遠邇高卑，特一以貫之一而非有二也，以曾子素知之故可为知者道。非曾子素不知而忽若發蒙也，而門人果疑焉，而曾子即以素所學之忠恕告焉。學者但由忠恕而進之，不患不至於聖人也，朱子解有始有卒謂始終，本末一以貫之者此也。今謂忠爲一，恕爲貫，忠爲體，恕爲用，曾子不知體之一，則豈曾子能恕而不能忠乎？蓋無妄者，聖人之誠，念念忠事事忠從之，可以至於誠矣。無私者，聖人之仁，念念恕事事恕從之，可以至於仁矣。聖人合下便自然所謂有始有卒，學者亦可由是而幾於聖。

聖人不過忠恕之至，修齊治平，莫要於此。且書本一以貫之，而人乃言以一貫之，聖人曰吾道，曾子曰夫子之道。而人必以爲天地萬物之道，其言愈大愈精而愈遠終歸於無，何有之鄉，又或謂一對萬而言乃萬殊一本之説，謂聖人以一心應萬事，誰非以一心應萬事者，聖人以一心之善應萬事而澤被天下，桀紂亦以一心之惡應萬事而毒流生民。譬之木，佳果養人，千枝萬葉，皆此一樹。即能毒人者亦然，此乃天地之氣化耳。豈聖人所謂吾道乎。儒者談道多門，然一貫爲聖學之要。鬼神爲體樂之原，而皆求諸幽深之域，世有宿儒亦衹汨没於講章，以迂腐爲根柢而返之於心亦渺不自知其何謂也。李復齋云：一貫之旨，曾子明實之以忠恕而已矣，言此外無二道乃一貫正解也。本注：一理渾然泛應各當形容聖人應物之妙，衹可作“從心不逾”節解，與一貫原無干涉，從切實處體會，掃去一切元虚之見，則知聖人之所以爲聖人者，無不可以幾及也。

“子使漆雕開仕”章

邢疏：“吾於斯仕進之道未能信，言未能究習也[①]。孔子見其不汲汲於榮禄，知其志道深。”

凡言“斯”，俱指上下文。此“斯”字指上“仕”字，非空言理。今人好談天德王道，多涉廓大，實則春秋時權在世卿，聖門諸弟子誰能大用者？子之使仕，不過一官一邑，開所謂“斯”，亦指一官一邑。仕無大小，期於能信。若三子果達，藝皆有可信，開固自以爲未及也，子故嘉其誠。

“子曰道不行”章

末之也已，何必公山氏之之？則子路久有憤時嫉俗之心。“從我其由”，謂可以同志也。子路聞之，以爲實獲我心。好勇，

① 原文为：“吾於斯仕進之道未能究習。”今據《論語注疏》補。

亦果决之意，非謂其能赴海也。“裁”，謂量其輕重，言救世之念重，則潔身之義輕也。邢雲濤能見及此，存之。

“孟武伯問子路仁乎”章

程子門人於此章有以“三子願乎其外，不足爲仁”者。朱子駁之曰：“治賦、爲宰與賓客言，皆有國者所不可少之事。雖當隆盛之世，豈能無一事於此，而直以從容風議爲高哉？且謂元祐議論多墮於一偏，不足救當時之弊。”此至論也。今謂此章重論仁，與其才正，不與其仁其實。此章衹重論才，以其問仁，故答以不知其仁，而意之所重固在才也。

“子曰吾未見剛者”章

剛毅可以近仁，《書》“剛而無虐，剛而塞”，《易》“剛而不中且有咎”，以剛非純德，人所易言，故夫子曰“未見”。若以爲極至之詣，則未見無味矣。慾與欲不同，耳目口鼻之欲，本不能無慾，則所謂見利而動。

“子貢曰我不欲人之加諸我也”章

“無加諸人”即“勿施於人”。子貢口語，非手書也。蓋恕本大難，能恕即能仁，故曰：“强恕而行，求仁莫近。”夫子恐子貢易言之，故云“非爾所及”，言能見及，未必能行也。至子貢第曰“吾欲”云云爾，不惟不以仁自居，豈遽以恕自許。

“子貢曰夫子之文章”章

凡見於議論、書於簡册者，皆文章，由其辭得其意，故曰

“可聞”。聞與見不同，謂動静語默，莫非妙道，亦後世渺論也。性與天道，明有言字，言之而不能喻，故不可得聞，非不言也。性自重人之性，而物性亦該，故盡人性亦以盡物性。天道則凡盈虚、消長、否泰、剥復皆是，所謂知天地之化育也。或曰：“仲尼没後，子貢嘆之。”

“子謂子産”章

聖人於子産，蓋深許之，而又深惜之。四者可以治天下無難，而鄭以弱小之國，不能大有爲，故可惜也。子産之治鄭與武侯埒，而勢又不及蜀，管仲特登高而呼耳。後世或謂其不能格君心之非，然歷相四君，未聞有過。或謂其禮樂未興，周之禮樂興於何時，而以責鄭耶？得毋如昌黎所云“好議論”者耶？昌黎《不毁鄉校頌》云：“維是子産，執政之式。維其不遇，化止一國。誠率是道，相天下君。”辛筠谷云：“子産王佐才，其道德已高出管仲上，絀於勢耳。”

“子曰晏平仲善與人交”章

交與友不同，尊容嘉矜皆交也。人非必同德，以齊，則欒、鮑、崔、慶皆是也。敬則賢者可以同心，不肖可以相保。晏子以世臣之胄，處危亂之時，所全多矣。嘗與景公言“禮可以爲國”，故知敬可以全交也。且其言禮，以君令臣，共父慈子孝爲本，與孔子之言，若合符節，而景公不能用也。景公不能用晏子，而謂晏子沮用孔子，誣矣。晏子與景公言禮，而其沮孔子也，謂不能究其禮，抑又謬矣。太史公以交游莫救，遂謂聖人與晏子交，而晏子沮之，借傳聞以抒其憤，何足據乎？

“子曰臧文仲居蔡”章

邢疏：蔡，國君之守龜[1]，而文仲居之，言其僭也。山節藻梲，天子廟飾，而文仲僭爲之[2]，故言其奢侈。

居蔡僭諸侯，山節藻梲僭天子，本兩事也。何如其知？猶管氏不知禮之意。今以爲一事，而遂有蔡喜山藻之説。蔡一枯骨，即今龜版，何知愛山與藻？且《禮記》稱管仲“山節藻梲，周公之廟山節藻梲”，此又誰愛山與藻耶？

“子張問曰今尹子文”章

“未知其心”與“焉得”語勢不貫，或以爲知仁相成，未有不知而能仁者。子文以楚之强，當成王在位數十年之間，使其知翼戴周室，親昵諸夏之義，禁暴戢兵，天下被其澤。知不及此，而輔其君以蠶食姬姓，角勝中原，泓之勝，江黄之滅，城濮之敗，爲害滋甚。惟其不知，是以不仁。至不知子玉之不能，而舉以敗國，無諭已。觀管仲之不以兵車爲仁，則知於蒍矣。陳須無君，昏不匡，知杼之惡而不能防，無异於不知，不旋踵而復國，且語其子以百車之木，是亦知利不知義者也。自私而不以濟人，安所得仁乎？

臧琳《雜記·魯論語》：“未智，焉得仁？”

“子曰甯武子”章

文公時，甯莊子執政。成公返國後，武子輔政，請改祀命，

① 原文“龜”字漫漶不清，今據《論語注疏》補。
② 原文“之”字漫漶不清，今據《論語注疏》補。

不拜《湛露》《彤弓》，正色立朝，所謂有道則知也。其始襄牛之出，元咺之訟，則爲無道。武子皆以愚處之，人但見其知之過人，不知其愚之尤大過人也。蓋惟其渾然不露圭角，有如愚人，故能使强鄰不忌，群臣不疑，得以職納槖饘，貨醫薄酖，免君於難，此其所全甚大。若第云捐軀，則士榮，莊子未嘗逃難，且遇難而避，不足言知。所谓知者，是非昭晰，锋芒易露，甚且慷慨犯難，無裨國是，此無道時所以用知不如用愚也。所以保身濟君者，全在其愚。論者徒謂不计成敗，以之愧厲末俗則有餘，以言經世之道則不足。

“子在陳曰”章

语氣中無傳道意。其時從夫子者，豈無可傳，而必俟魯之狂乎？夫子欲治世不得，而因思魯之狂。何取於狂？取其志之大志。何以大？大其以古人自命。以古人自命，則不以世故攖心，故簡。簡則疑於脱略無文，而何以斐然成章？蓋以古人爲必可及，則超然於世俗之外，而所成者大。物大然後可觀，故成章。有章故可裁，裁者，裁之以《禮》而已。

左邱明

杜預謂“邱明受經於仲尼”，班固謂“定哀之間，魯君子左邱明作《左傳》三十篇”。有鄧著者，謂此爲左邱姓，而傳《春秋》者爲左氏，不知何據。或又以《左傳》爲“巧言令色”。夫言之無文，行而不遠，况叙事之體，本宜詳贍，縱有失實，亦因傳聞异詞而斥爲巧令，過矣。且其論事，多以聖言爲斷，非親承聖教，何以能是？蓋自魏、晋以後，士競浮華，其後又矯枉過正，而以作文爲害道，遂有此說，蓋持平之難也。

“颜淵季路侍”章

“施”古與“弛”通，下論“施其親”，訓遺弃。《坊記》：“君子弛其親之過而敬其美。”弛，弃忘也。疑伐善爲伐己之善，施勞爲弛人之勞，人情於己之善則矜之，於人之勞則忘之。故颜子云然。子路與共無憾，亦即一端以見全體。具此胸懷，豈有私累？所謂仁以爲己任也。

“子曰已矣乎”章

謂未見改過之人，聖門豈無其人？“已矣乎”，言世終不我用也。蓋以當時人君從而不改，説而不繹，雖知過而不能自訟，知其不能用也。《楚詞》：“已矣哉，國無人兮，莫我知兮。”皆三已之已也。

《論語》卷之二

文登李允升藹蹊訂

《論語》

“子曰雍也可使南面”章

“南面”，非但天子莅官治事無不南面，凡臨民皆是。下文因子言而遂記仲弓平日之言，以爲可使南面之證，與子路無宿諾同意。“居敬而行簡”，意自重居敬，“臨”字承“敬”字，其所以臨者，自有政教在，非衹端拱寂處之謂。愚夫愚婦一能勝予，敬在人；兢兢業業，一日二日萬幾，敬在事，而主之者心，故曰居敬。非居敬一時，行簡又一時。自心之無所怠忽而言，則爲居敬；自人之無所煩苦而言，則爲行簡。或以爲心中無物，則老莊之學正所謂居簡者。後世人主空談理學，卒以廢事者，往往坐此。

“哀公問弟子孰爲好學”章

學也者，從事《詩》《書》《禮》《樂》之中，以修其身而應務者也。故其功在博文約禮，而大端不外喜、怒、哀、樂，視聽言動之間。《大學》重言好惡，正心首舉忿懥，此聖學之要。山澤損君子以懲忿窒慾，風雷益君子以遷善改過，皆言學也。不遷怒，即發皆中節，過即視聽言動之失中。不貳過，則復禮矣。遷怒，若謂怒此而及彼，則已妄疑即惡而不知其美者。怒於甲不移於乙，甲乙可以事言。貳之訓甚多，無直訓二者。《易》"貳用缶"訓益，知其不善而復行，是益之過矣。

"子華使於齊"章

"與之釜""與之庾""與之粟五秉""與之粟九百""與爾鄰里鄉黨"，專言與也。不當與者，雖請不與，與之且以爲非當與者，辭亦必與，且令廣所與。古之時，諸侯惟大國三卿命於天子，其大夫則皆自用家宰。漢唐時，大臣猶自置僚屬，原思爲夫子宰，與之粟九百，夫子自與之也。夫子爲魯大夫，其家宰皆自用之，粟之多寡亦自酌之。即使家宰之粟本有常數，而夫子以己所餘者多與之，正周急之意。不然九百既爲常禄，雖非夫子，何能不與？而思又安得而辭乎？記者因記夫子之不與子華，恐人疑爲吝，又記原思之事，以見夫子之於當與者必與，且多與未嘗吝也。辭與，請對，不與，與對，衹"周急不繼富"一語，而本章前後之意已明，千古用財之羲已盡，而論者乃求精義於貧富之外。

"子謂仲弓曰"章

"曰"字，蓋夫子與仲弓論用人之道，非與公冶長、南容等一例也。犁，耕具。犁牛，耕牛。故《史記》"以爲父賤"。何注："犁，雜文。"故又以爲行不善，則踵而益甚矣。仲弓爲季氏宰，有用人之責，故與言用人不拘其類，所以舉賢才也。若仲弓則已見用矣，誰欲勿用者？王充《論衡》云：“鯀惡禹聖，叟頑舜神。伯牛寢疾，仲弓潔全。顔路庸固，回傑超倫。”此以伯牛爲仲弓父，未知王充何本。《論衡》爲蔡伯喈所寶，當非無稽也。今考冉氏從學聖門者多人，而四科居其三，疑冉氏魯之望族，而仲弓尤爲世德相承與。今乃以爲對子譏父，適足爲後世輕薄者藉口。

“子曰回也其心三月不違仁”章

仁即在心，其心至公而無私，則爲仁，其心偶然有私則爲違仁。故朱子云“非有兩物而相依”也。若分内外賓主，則心與仁爲二物矣。心之仁，如耳目之聰明，無内外也。曰不違，曰至，特聖人形容之詞，故朱子云“深體而默識於意言之表”，然不求其不違者何在，則又據心齋坐忘之説，索諸空虛之域矣。上論言心者二，惟“從心所欲不逾矩”，及此章矩，法度也，即禮也。禮不外視聽言動，人己相接之間，不遷怒，不貳過，皆不違仁之大端。《大學》言好惡，《中庸》言喜怒哀樂，皆以其心與天下萬物相見也。或疑三月則終有違仁時乎？曰：吾人能於一日之間，湛然無私者有幾？《易》曰“不遠復”，復則不能無違可知。古注“或一日，或一月，則月勝日”，今云“日一至，月一至，則日勝月”。要亦約略言之，或數日，或旬日，或半月，或一月，參差不等，以日月括之耳。

“子曰賢哉回也”章

論此章者，皆以其爲顔子而深求之，必謂“其”字有所指，

"彼其憂"，"其"字何指乎？蓋天下一切營營之私，皆起於憂貧之一念。若能貧而樂，則無畔援，無歆羡，正己而不求於人，仁在是矣。若問何樂，則曰"樂道"，謂不樂貧，亦非樂道，皆禪教也。

"冉求曰非不説子之道"章

子之道，何道也？所以修其身而治人之道也。得其道者居仁由義，必不肯爲苟且隨俗之計。冉有豈不知此，而畏難自阻？故曰："力不足聚斂而用田賦。"所由來矣。中道而廢者，其始遵道而行，其後迫於時勢之艱，而守之不固者也。畫則豫知其難，而苟焉以徇人耳。

"子謂子夏曰"章

子夏篤信，不應馳騖於名利。聖人之學，修身治世，不貴多能。故君子儒務其遠者大者，道德仁義之學也；小人儒囿於一技一能，名物象數之學也。當與"大受小知"章參看。小道可觀，致遠恐泥，子夏正得此意矣。

"子曰不有祝鮀之佞"章

"而有"字意似專爲佞言，謂美者人所共悦。然使無佞而有美，亦不足以悦人矣。蓋美不可學而佞可學。故天下紛紛皆習於佞，而好尚乃至於此。

"子曰誰能出不由户"章

户與門不同。《詩》"築室百堵，西南其户"，言寢室也。

《易》“不出户庭”，由户及庭也。《禮器》“室事交乎户”，皆室之户也。若大門在外，逾垣而避，亦不由門矣。古者外爲門，内爲户，大小不同，出則必先由户，而後可歷堂下階以及於門。蓋有由内及外，由近及遠之象。人之於道也亦然。視聽言動，一身之事，子臣弟友，一己之責。由己以及人，由身以及家國天下，遠之近，風之自，遵斯道也。非是，則一舉足而已失之。

“子曰質勝文則野”章

質非忠信誠慤之謂，忠信誠慤，何嫌有餘？如恭敬者，幣之未將，不得以恭敬爲質。其將幣時，或樸陋則爲質勝，或華侈則爲文勝。譬之作文，意在筆先，非質也。用筆淡樸則爲質，濃艷則爲文。濃淡合度，則爲文質得中矣。

“子曰人之生也直”章

直，即“直道而行”之直。罔，即“罔以非道”之罔。直者，是是非非，罔則顛倒是非。朱子所謂“以非爲是”者甚明。

“子曰中人以上”章

今謂語上爲道德性命，不語上則曰“洒掃應對”。夫聖人所言，何一非道德？其言洒掃應對者有幾？如言仁而極之“天下歸仁，邦家無怨”“能行五者於天下”，以及“修己以安百姓”“有至德要道以治天下”之類，其規模宏遠，非餘人所及，故曰語上。繫《易》明天道，亦實言人事，非空談元渺以爲上也。如子張、子路輩，皆中人以上，非獨顔曾。此專言語上之可不可，不必云中人以下祇可語下也。

“樊遲問知”章

對鬼神言，則人爲民。鬼神指義所當祭者，與非其鬼异先難。《集注》“事之所難”甚明。大抵人生當爲之事，或過難而不爲，或爲之而幸其有得，皆私意也。遲本問仁時説，又以求仁爲難，以得仁爲獲。且求仁不宜計及得仁，將以夷、齊之求仁得仁爲非耶？將使爲臣子者不知有忠孝，乃爲仁耶？爲人臣不避艱險，而絶無邀功之念，即爲純臣，即爲仁矣。隨身所處，無不皆然。而談理者，必以欲净理純爲獲，遂墮入禪機矣。

“子曰知者樂水”章

邢疏：“初言仁知之性，次言仁知之用，三言仁知之功也。”

此聖人曲形知仁之妙，謂知仁之心不可名言也。試言其心之所樂，知者不惑其心，觸之斯通，樂在水；仁者無私，其心卓然不易，樂在山。由其心以觀其用，知者於事毫無凝滯，則爲動，仁者於事無所營擾，則爲静。動則物莫能困，故樂；静則物莫能戕，故壽。至此而知與仁之所得多矣。言其心如此，故其用如此，而效又如此也。今則以動静爲上下樞紐矣。

“子曰齊一變”章

此亦語平意側。言魯爲齊弱久矣，不知齊一變僅可至於魯，魯一變即可至於道也。魯何憚而不一變哉？子曰：“君君，臣臣，父父，子子。”晏平仲曰：“惟禮可以已亂。”正其本，所以變齊。方策具在，人存政舉，舉其廢，所以變魯。蓋禮以安上全下，先王之道莫善於此，齊雖强而禮已亡，魯秉《周禮》，《周禮》所以本也。

“子曰觚不觚”章

何注：“馬曰：‘觚，禮器，一升曰爵，二升曰觚。觚哉觚哉，言非觚也，以喻爲政不得其道則不成。’”邢疏：“觚，寡也，飲酒當少。”

非辨觚也。言不觚之不可爲觚，顯然易見也。天下之名存而實亡者，皆此類矣。可無憬然乎？邢疏以觚爲“寡”，則子所嘆“不觚”，乃言縱飲。或云製有棱，欲其持廉隅，勿亂於酒音，從孤欲無群飲，注以喻爲政。蓋承上“至道”而言。先王之道，禮樂法度猶有存者，而不能循名以核實，故多廢墜不舉，此至道之所以難也。而謂聖人第斤斤於名物之間，抑末矣。

“宰我問曰仁者雖告之曰”章

救人，原無從井之説，謂仁者不得不如此，則呆甚。《竇東皐稿》自記云：“此當與‘有美玉’章參看，子貢意欲行道，宰我意恐失身。”説甚是。蓋二子善爲説詞，故俱設喻而意各不同。子貢因夫子周流而不求合，故欲其稍屈，猶盡少貶焉之意。宰我以世不用而猶周流，恐近於徇人。故設言人雖溺，可從井救之乎？“其”字，“也”字，與《左傳》“其俘之也，其愛之也”語氣相近，言不應如此，非不得不如此。子謂何至於此，是特逝耳，非陷也，未嘗枉己徇人也。可欺不可罔，猶“磨而不磷，涅而不緇”之義。

“子曰君子博學於文”章

先王以《詩》《書》《禮》《樂》造士，曰“四術”。至孔子繫《易》、修《春秋》，而有六藝。然所雅言，則《詩》《書》執禮，蓋教人莫切於此，文即《詩》《書》所載之類，禮即執禮之禮，如以孝弟言，則“烝又克諧”見於《書》《蓼莪》《常棣》，咏於《詩》，而温凊定省、奉几授杖之儀，一切依禮以行之，其他類然。蓋見於文者雖博，不過講明大義，言道當如此。或苦無迹可尋，惟以禮則三千三百循循於其中，實有所據，而不同泛濫，故曰約。觀《禮記》《儀禮》所載，皆有定式，今第即其所得爲者爲之，約而可行也，或謂禮在文中，三千三百皆博學事，約祇是“修己以敬，非禮勿動”而已，其不入於空寂者幾希。

“子見南子”章

南子非夫人，故不書“衛夫人南子”。然靈公則以爲夫人矣，故以見小君之禮見之。夫見小君之禮，豈子路不知？不知則示以禮耳，何矢焉？蓋方是時，衛靈之權在南子一言，而逐公孫戍矣，逐世子蒯聵矣，艷妻煽處，莫此爲甚。以羈旅之人而修禮於絺帷，恐有因南子以干衛靈之嫌，故子路不悦也。於彌子則却之，於南子則見之，人其謂吾子何？此子路之意，非可以理折也，故矢之以明其心，謂非有所希冀也。若其淫亂，則於孔子何與？而子路又何事於不悦也哉？或曰：“南子，南蒯也，奔齊。子於齊見之。”存參。

“子曰中庸之爲德也”章

以《中庸》爲精微，則“至”字少味，而末句亦不相應。蓋世所驚爲絶人之德者，非至德也。但令子臣弟友各盡其孝弟忠信之實，是乃至德矣。故曰：“本立而道生，人人親親長長而天下平。”不務此而他求，非好隱怪則騖功利，民之所以鮮也，其所關於治亂安危之機者大矣。

“子貢曰如有博施於民”章

何注云“何止事於仁”，語最分明。言仁則必有事於仁，若博施濟衆，何得云“方有事於仁”乎？即從事於斯之事，立達正有事於仁也。今以立人達人爲心體，遂重兩“欲”字，然曰己欲立，己欲達，非曰欲立人，欲達人也。立人達人，各有區處，在鄉、在國、在朝，隨地隨分，俱可自盡，非空有此心而已。蓋仁者無私，故無人己之隔。己欲立而即有以立人，己欲達而即有以達人，所謂飲之食之，教之誨之，但爲力之所及，即爲惠之所周。欲子貢反而求諸切實之地，如日求博施濟衆，勢且以落落大志馳情六合，而目前所可立可達者反置之，則終身無爲仁之日矣。“能近取譬”，言無俟遠求，第近而取譬於己，一人之心即千萬人之心，此方己用之不窮也，即俗語所謂“將心比自心”者。

“子曰述而不作”章

上二句無“我”字，乃言老彭如此，非孔子自言也。或據闕里孔彪碑文有云：“述而不作，彭祖賦詩。”則此句本老彭之詩。詩《薇》亦作“止”，作讀則古反，與下暮，故爲韵。此當與“古”字爲韵。二句皆彭祖詩，孔子誦其詩而云然。以其壽，故稱老彭，猶聃之稱老聃，以老與彭爲二人者，非。

“子曰默而識之”章

識，讀如字，謂知其義。聖人屢以不厭倦自任，何又云不能有？“有”字即“躬行君子未之有得”之“有”。《孟子》所云“有諸己之謂信”，言我亦嘗默而識之，以究其義，亦嘗學而不厭，以致其功，亦嘗誨人不倦，以廣其教。試返而求之於我果何所有哉？謂皇皇然有求而未得也。

“子曰德之不修”章

四者人見爲無負，而自問則有歉。“德”即“九德咸事”之“德”，在性情行事。“學”即“博學於文”之“學”，如《詩》《書》《禮》《樂》。修者，懲忿窒慾之事，所謂琢磨。講者，反復辨難之功，所謂切磋。下二句所謂“見善則遷，有過則改”，疏云“聞義事，當徙意從之”，是聞人有義事，與德屬己不同。徙訓從，與下“改”字對，不善較過尤微。四者皆身内事，以是爲憂，則外此窮通得喪不足介意矣。

“子之燕居”章

牟陌人云：“申，《説文》象七月金初成體，義取約束。”然則申申言其收束，夭夭言其和舒與？踧踖與？與語勢略同。《漢書》亦以申申爲整飭。自馬融以二句爲和舒，後遂分容色。

“子曰甚矣吾衰也”章

傷道不行也。夢周公與爲東周，一意身衰不能有爲，爲天下計，非爲一身計也。有謂孔子不忘魯者，非周公治天下，未嘗治魯。管仲知有齊而不知有天下，故曰“器小”。

“子曰志於道”章

道即《大學》之道。德者得於己，仁則及於物，德在於身，所謂“躬行有得”也。《書》言九德，皆實有可指。仁則立人、達人及一言一事之有濟於人皆是。朱子作《仁説》曰：“在天地則坱然生物之心，在人則温然愛人利物之心。”此不刊之論。

“子曰自行束脩以上”章

皇侃《論語義疏》①《唐六典》皆以束脩爲十束脯之資。《後漢書·伏湛傳》：“自行束脩，訖無毁玷。”② 注：自十五歲以上。據此乃言其人能受教之年也。或云即潔己以進之意，故曰束脩其身。

“子謂顔淵曰”章

“行非仕，藏非隱。”“行”謂以其道行於天下，“藏”謂收而藏之以傳於後。“有是夫”，謂有此可行可藏者也。若以行爲

① 原文脱“義”字。

② 原文爲《後漢·伏湛傳》，脱“書”字，且言“自行束脩，訖無玷闕”，今據《後漢書》(中華書局1965年版，第896頁）改之。

仕，或有用而不出者，舍之安能不藏？此與下子路非一時語，古注誤。

“子路曰子行三軍”章

與上章行藏兩不相干，各爲一章。子路自問行軍所與之人，“暴虎馮河”，亦非指子路，知方非徒恃勇，可使治賦，豈有勇無謀？或謂行軍之問，比率爾氣象更粗。子言“可以即戎”，國之大事，何不可問。而乃以爲有暴虎馮河氣象耶？自古驕者必敗，故先之以懼，乃能用謀。然謀夫孔多，是用不集，故又必有成。所謂“惟斷乃成”，則亦惟子路之果可以庶幾焉。墮費墮郈，惟子路爲能用命耳。

子之所慎齊戰疾

齊以事神，民命次之，己身又次之。且齊尤人所易忽，而列於戰之上。明則有禮樂，幽則有鬼神，記者於此有深意焉。“食不厭精”至“不多食”，皆謹齋之事。費、郈之墮，夾谷之會，皆先事而有備，饋藥不受，亦防患於未然。不輕用兵，不妄用藥，尤慎戰疾之大端也。

“子在齊聞韶”章

“三月”上加“學之”，《史記》有之，《論語》何獨遺之？聖人客於齊，安能以齊之伶工日日奏樂而至三月？謂秋之合聲以三月，又安能日日往聽之？安必齊之能行，此古禮乎？韓文公謂魯有韶舞，無韶音，至齊乃聞韶音。“三月”，“音”字之訛。程子亦主此說。據此，則聞所未聞，不覺穆然神往，至忘肉味也。

“冉有曰夫子爲衛君乎”章

以輒爲悖逆，則子貢不待問。又律以夷、齊之仁，尤拟不於倫。衛君，靈之嫡孫，又有君夫人之命，原非篡弑。故以冉有、子貢而猶有疑。然伯夷爲長子，其視嫡孫何如也？叔齊有父命，其視君夫人之命何如也？知夷齊之愛親敬兄爲仁，則知衛君之忘其親爲不仁。當是時，大臣既已立輒，必不利蒯聵之入，故援齊師以禦晋，未嘗宣言於其國也。蒯聵居戚十餘年無恙也。蓋律以流俗之常情，則衛輒不爲無名，而衡以仁人之用心，則衛輒不堪自問。故直窮其怨，不怨而後可。紀雲溟曰："諾，非謂衛君可爲，言所疑甚是，吾亦將問之。"張惕庵云："晋定誅求無厭，衛靈首叛之，從齊景公伐晋。晋趙鞅伐衛，盟鄟澤，復有挼手之辱，衛遂與晋絶。魯哀公二年，衛君薨，趙鞅納蒯聵入於戚，劫蒯聵爲質，將滅衛以報夙憤也。公子郢知其故，不肯立，衛人惟有立輒，可以内安蒯聵，而外拒趙鞅，國人多爲之。三年春。齊景公使國夏與衛石曼姑圍戚，亦藉嫡孫當立之説。柴立其中，俾南子不敢出而戕蒯聵，蒯聵亦不得入而害南子，故衛人謚輒曰孝公。以恒情論之，相忍可以爲國，大義何必深求？若以伯夷、叔齊之事律之，輒無所逃罪矣。謂其據國拒父，則事迹實不相符，所少者夷、齊一讓耳。

“子曰飯疏食”章

謂顔子僅能不改其樂，聖人則樂在其中，皆曲説也。此章“我”字，乃天下公共之我，猶《孟子》“我得志弗爲”爲説大人者言，非自謂也，言人勿以富貴爲可樂也。疏食可飯則飯，水可飲則飲，曲肱而枕，俯仰自得，此中自有可樂矣，所謂求在我者也。若不義而富且貴，如浮雲之過太虛，變幻無常，何加於我之毫末哉？或曰“曲肱而枕”連下文讀，正形容其樂，謂隨意爲之。要之，上三句不得説成苦況。

“子曰加我數年”章

邢疏：“《正義》曰：‘加我數年，方至五十，謂四十七時也。’”

以五十爲卒，於“以”字未協，或以爲大衍之數五十，此筮易之法，未足盡學《易》之道也。觀疏謂“四十七時”，意孔氏有家乘，非可臆度。故程子謂：“更加我數年，至五十以學《易》。”聖人何爲晚年學《易》？當時《春秋》爲國史，《周易》爲占書，皆太史掌之，學者所不習。韓宣子至魯始得見，非《詩》《書》比。孔子不見用，乃退而贊《易》、修《春秋》，合《詩》《書》《禮》《樂》爲六藝云。

“子所雅言”章

何注：“孔曰：‘雅言，正言也。’鄭曰：‘讀先王典法，必正言其音，然後義全。’故不可有所諱。禮不誦，故曰執。”

“雅”訓正，正言其音。即不用方言，可使人人共曉也。然惟正言故，可常言，則義亦可兼。雅言者，非但講《詩》、講《書》、説《禮》也。凡平時議論，非證以《詩》，即證以《書》，或辨《禮》之是非。觸處旁通，歷歷可想，人多忽之。故首句“所”字使人思之，下皆“也”字實指之。若第云以《詩》《書》《禮》教人，乃先王造士之常法，非誨人不倦之深心。

“子曰二三子以我爲隱乎”章

弟子但求聖教於言，故以爲隱。子則欲其求之於行，故曰“吾無行而不與。”二三子所行，固有事實，非但作止語默。

“子以四教”章

既云四教，自宜分説，不得以忠信爲一，亦不得分體用。《論語》言忠者屢矣，“與人忠”“忠誨”“忠告”，皆非空言心體，不得謂幾已動而事未形也。蓋忠則處事無僞，信則待人不欺，故交稽於古，行體諸身，忠與信，則及乎天下之事與人矣。

“子曰聖人吾不得而見之矣”章

兩“子曰”係兩時語，記者以語勢相類而并記之。注疏以爲一章，後人仍之，遂以“子曰”爲衍文矣。惟注謂“疾世無明君者”，得之。聖人德盛化神，君子則德可長人，才可濟時。

善人者，以善心行善政，有恒，則可與爲善也。必無妄而後有恒，“亡而爲有”三句，皆當時人君夸詐之習。

弋不射宿

《周禮·夏官·司弓矢》：“矰矢、茀矢，用諸弋。”蓋射飛鳥爲弋，故曰“如彼飛蟲，時亦弋獲”。憶幼時聞寧海譚文鵬先生云：“宿，止也。”蓋本《説文》，言射飛不射止也。若昏夜則安能射於百步之外乎？矰矢者，矰，高也，謂結繩於矢，向上而射者。茀矢亦似之。二者皆可以射飛鳥，以前重後微輕，其行能高也。

“子曰蓋有不知而作之者”章

何注：“包曰：‘時人有穿鑿妄作篇籍者，故云然。’”

“作”即作述之作，若云不知而作事，則挾私妄作，亦不待聖人自明。其無著作家如老、莊、申、韓，各執一偏，史才若馬遷①，且不免有誤，不知而作者多矣。多聞多見，所以折衷考訂，説夏禮，學殷禮，學於識大識小，皆此事也。故定禮樂，修《春秋》，多得之周游之後。“知”即上“知”字。知由聞見而得，故曰次。

“互鄉難與言”章

“與其進”三句，先斷其事，直指童子。“人潔己”三句，次申其義，追論平日。“人”字泛言，指平日所見之人。與“何爲其然也”語勢相類，及觀注疏尤明。惟注以“往”爲“去”，後疏以爲“往日”。

“子曰仁遠乎哉”章

欲仁仁至，非空洞無物境象。蓋元者善之長，本無不包。如放肆者一念知敬，則敬即仁；刻薄者一念知恕，則恕即仁。不孝不弟者，一旦痛自悔悟，便爲孝子悌弟，即爲仁。至如周處，本爲鄉人所惡，一旦覺悟，便成善士，亦此義也。今謂欲仁之念即是仁，初無功夫，然欲處即是要做。王巳山引《小心齋劄記》謂“是要人去做”，此言得之。

---

① 原文漫漶不清，據上下文意，疑爲“遷”，言史才如司馬遷尚且有誤。

“子曰文莫吾猶人也”章

非直云“有文無行”也。蓋行道而有得，本自兩層。躬行者俯焉曰有，孳孳從事於其中，而反而求之於己，未見其實有所得也。如修倫紀而未能盡孝弟之量，用禮樂而未能建中和之極，正惟曰“日躬行以求有得”，而益覺其未之有得，聖人實有歉然不自滿者。《吕氏》莫之爲言，猶曰得不也。賈斗樞云：“楊子《方言》‘莫，强也’，凡勞而相勉謂之莫。”

“子曰若聖與仁”章

聖謂大而化。大者，充實光輝，暢於四肢，發於事業是也。化則不見而章，不動而變，無爲而成也。夫子繫《易》，言聖人者三十有奇，多開物成務之事，所謂盡性以盡人物之性，仁則立人達人，克復歸仁。蓋聖與仁，大抵皆成己成物之事，盛德大業，非可易能。故子不敢居，而以爲特於所當爲者爲之不厭，於求教者誨之不倦，未能如聖仁之成己成物，所全甚大也。蓋爲者盡己，誨者及人也。若謂以聖仁之道爲之於己，則以聖仁自居矣。“謂之”字宜承上文，則“誨女知之，一以貫之”，何所承乎？

“子曰泰伯其可謂至德也已矣”章

大王遷岐之日，以一隅而與天下争衡，勢固不能。《魯頌》“翦商”，“翦”，古訓“動”。《左傳》“泰伯不從”，承上“大王之昭”，謂其當立不立耳。使大王有志圖商，而伯欲存商，正當默默以待，從容嗣位，忠貞自矢，上以存商祚，下以掩父過，何乃置身局外，使其弟窺竊神器耶？凡物必己所有而與人曰讓。天下，商之天下也。泰伯何所據以讓乎？謂泰伯可以有天下，豈文之德遠遜泰伯乎？爲大王者，其長子可有天下，而乃迂而傳諸其孫乎？使商立微子而不立紂，雖百武王，何從而得天下？而謂泰伯之時，逆計其可以有天下而讓之，則益誕矣。然其云天下者何？立言之體也，謂大王爲基王迹矣。況孔子時，周有天下五百餘年，以孔子而論周之軼事，不謂之天下，謂之何哉？自傳位季歷，文、武因以有天下。在當日衹是讓國，後日追論，則謂之讓天下耳。且此時讓周之名，亦可不立。泰伯與季歷皆周也，大王崎嶇戎馬以圖存，不過欲傳其孫以光先業，非有并吞八荒之心也。泰伯欲讓弟以順父之心，而恐其不受，故偕仲雍而逃，使季歷不得不立，父無廢長之嫌，弟無奪兄之過，而甘自處於不才，藹然孝友之心，而不自居於孝友之名，此謂至德而已矣。

“曾子曰以能問於不能”章

顏子幾於聖，其好問，即大舜善與人同之意。帝王所以詢事考言，大臣所以集思廣益者，皆由於此。“犯而不校”，程子謂“即以大事小樂天之意”是也。合而言之，所謂仁矣。或云此曾子言孔子，故下言“從事於斯”，謂顏子學孔子也。

“曾子曰可以托六尺之孤”章

二可以一不可，皆即其素所蓄積見之，非必待實有是事而後知其然也。托孤寄命，言所任之重，非必皆危難。臨大節，古注謂：“安國家、定社稷則不可奪，”亦非但以死塞責也。曾子之意，言學貴有用，能如此則可以爲君子矣。若優游坐談，而以文采風流相尚，烏足貴乎？李安溪以上章謂顔子，此章謂子路，存參。李文姬以父李固遇難，以其弟燮付王成曰："今委君以六尺之孤，此則不必有國者。"

"曾子曰士不可以不宏毅"章

學者但謀一身一家，而漠然於天下之事，惟其不宏；急功近名，而不能成終身之業，惟其不毅。仁者立人達人，不爲一已之私，而爲天下之公，故其任重；用則措諸世，舍則傳於後，故其道遠。伊尹躬耕以覺世自任，范文正公"先天下之憂而憂，後天下之樂而樂"，以斯人爲歸，皆仁也。

"子曰三年學"章

謂"三年則學成致用，可以得穀"，古人所學何事，三年便可得穀乎？或據《學記》"中年考校"之説，以爲相距三年，然七年小成，九年大成，不聞三年可出仕也。蓋三年非言其久，乃言其暫。言人之爲學，其心易紛，方其學之時，而心已至於穀矣。但求三年中，心專於學而不念及於穀者，便不易得，況敢言多乎。非贊辭，乃嘆辭也。

"子曰篤信好學"章

以道爲主，而本於學，言世有能守而不得其道者，惟不學之故。若能篤信好學，則必守死而又善其道矣。"危邦不入，亂邦不居"，惟有審幾觀變之學，乃有明哲保身之道。故天下有道則可見，若天下無道則可隱矣。蓋邦有道而貧賤，固爲可耻；

邦無道而富貴，亦爲可耻。此所以見與隱各善其道也。古來有志之士，死生不易其節，卒以不審於出處之道而罹禍灾者，豈少也哉？

“子曰不在其位”章

此因上章而類記之。上言“無道則隱”，無道則富貴可耻，故又及此，以見明哲保身之義，亦所以善其道也。朱子引胡氏論東漢杜密之事，以明此章之旨。宋步武云：“明之東林，被禍最慘，名高速謗，氣盛招尤，皆昧於不謀其政之義者也。”

“子曰師摯之始”章

夫子正《樂》，師摯在官，略一措置而已著明效，此人存政舉之一驗也。令吾子得所藉手，革弊興廢，皆可旋至而立有效矣。豈惟樂之洋洋已乎？言此以志慨也。《關雎》兼《葛覃》《卷耳》《鵲巢》《采蘩》《采蘋》而言，古者燕饗歌詩，皆以明倫，《鹿鳴》以尊賢，《四牡》《皇華》以教忠，《南陔》《白華》以教孝，《棠棣》言兄弟，《伐木》及朋友，至合樂則以《關雎》見化始閨門，造端乎夫婦也。舊説以亂爲治，朱子因古賦卒爲亂，遂以爲《樂》之終，而其義始明。

“子曰學如不及”章

疏云：“此章勸學也。言學自外入，至熟乃可長久，故勸學①汲汲如不及，猶恐失之也，何况怠惰而不汲汲者乎?”着一“况”字，便醒出“猶”字精神。此勸戒語，非稱贊語。惟云“學自外入”不甚妥。《集注》既如有所不及矣，而其心猶悚然，惟恐其或失之，明以上句言功，下句言心，語有頓跌，斷非平對。又云“警學者”，即邢疏勸學之意，外注不得放過，亦此意也。今謂不分功與心，而“猶恐”二字正描寫“如”字之神，則兩句混同，求深而得晦矣。

“子曰大哉堯之爲君也”章

李文貞謂無能名是不可以一善，名不可以一端，舉非淵微神妙之謂。下節即申上意，非謂德不可名業則可見作兩截話頭。此論甚披雲霧。竊以此章總言堯之大，衹言爲君，不必加“德”字。自首句至“則之”，總言其大，是虚冒，下俱申之，言蕩蕩乎被四表，格上下，如天之無不覆幬，雖欲稱之而不能悉數，故天下之民莫能名焉。“巍巍乎釐”工熙績，如乾道之變化，性命各正。此其有成功也。焕乎禮樂法度如日月之照臨，光景常新，可想見其有文章。君道莫大於此，不必别求微妙。

“舜有臣五人”章

時説謂“唐虞相際，乃能盛於周”，然“於”字不能訓較，蓋唐虞之後，僅見於周，故以爲難，而盛中不足，益見其難也。《漢書》屢用“於斯爲盛”句，皆言至此而盛，無云較此更盛者。至婦人之“婦”，斷屬訛字。子固不能臣母，天子亦豈得臣

① 原文脱“言學自外入，至熟乃可長久，故勤學”。今據《論語注疏》補。

皇后？或曰蔡伯喈石經《論語》作“有殷人焉”，以爲膠鬲。張瞻麓以爲辛甲大夫初事殷，諫紂不聽，歸周。古籀文“殷”與“婦”近，故訛，是否存參。才難非生才之難，有才而見用於世之難耳。周之九人，以周與殷分之故。然周願與殷合，不願與殷分也。不觀其三分有二，而猶以服事殷乎？此金嘉魚之説。

“達巷黨人曰”章

《賢良策》：“此無异於達巷黨人，不學而自知。”孟康注：“人，項橐也。”《戰國策》：“甘羅曰：‘項橐生七歲，爲孔子師。’”或其人年少，未必果七歲。其爲孔子師别無考。或即以此章孔子聞其言而教門弟子，可謂師與？馮少墟云：“子爲父御，弟爲師御，亦寓教孝教弟之意，故子爲門弟子言之。”

“子曰麻冕禮也”章

古有冕、有弁、有冠，而冕爲尊。《白虎通》：“麻冕，周宗廟之冠。麻者，女紅之始，示不忘本也。”古注以爲緇布冠，或以其上元。故亦曰緇布冠，非《士冠禮》之緇布冠也。純即紂，古“緇”與“紂”通，“紂”又误爲“純”。或谓純，黑繒也。古者編髮覆以繒，則繒疑絲之粗者，故曰儉。

拜下之禮，見於《覲禮》者三：“王受玉，侯氏北面再拜稽首，擯延之升，升成拜。”“請事後，王勞之，再拜稽首，擯延之升，升成拜。”“賜車服，太史述命，侯氏北面再拜稽首，升成拜。”此不辭而升成拜也。見於《燕禮》者三：“主人取大夫所媵觶酬賓，賓降，西階下，再拜稽首。”“公命小臣辭，賓升成拜。及卒觶，賓下拜，小臣辭，賓升，再拜稽首。”“降奠，升酌，下拜，小臣辭，賓升，再拜稽首。”此辭之而後升拜者也。其他受賜受命視此矣。

“大宰問於子貢曰”章

大宰直以多能爲聖，子貢謂多能不足盡聖。夫子謂多能絶無關於聖，又證以“牢之”，言見子之不重多能，不自今日始也。“將”字緊承“縱”字，言將來直不可限所謂縱也。若訓“殆”字，則成疑詞，訓“大”尤滯。“固”字直貫下“也”字爲一氣，不與“又”字對，言聖不盡多能，而夫子之聖則又多能，此天之縱之而聖不在此也。或曰“天縱之”爲句，大宰知我，非許大宰爲知，若云大宰知我，所以多能之故乎？以吾少也賤，故多習此鄙瑣之事，實非君子之所貴，何可言聖？見多能絶無與於聖也。子貢以爲聖之餘，夫子則直以爲非聖之事。德成而上，藝成而下。牢不曰多能而曰藝，隱然有君子不可小知而可大受之意。其曰“不試”，亦以見夫子道不行於時，而僅以藝自見，爲可嘆也。庸庸如大宰，烏足以知此？若第以此爲證，則贅。

滋陽劉巨川云：“大宰或以爲陳，或以爲吴，然羽父請殺桓公，以求大宰。”則魯固有大宰也。

“顔淵喟然嘆曰”章

以首節爲始時所見，“是謂顔子誤用功也”“是謂聖人待其迷而後指之也”四句劈空而下，曲形聖道高妙，“即欲從末由神理”下乃追溯夫子之教我如此，我之用功如此，而欲從末由乃如此也。卓爾説成，恍若有見，仍是窈置。古注訓卓絶，與下“末由”一意。然講家必謂顔子意中實有景象，非後人所知也。吾邑徐雨峯先生《鑽之彌堅文》自記云：“將首節看作求道之難，遂與次節分先後，竟似顔子誤用工夫，得聖教之博約，方知路徑。”亦思聖人教人，入門即有教法，豈有坐視其東塗西摸，走頭無路，而後授以文禮秘訣乎？真先得我心也。

“子疾病子路使門人爲臣”章

子路之尊夫子，原非無謂，夫子之教則更進。司寇本有家臣，去魯原非黜職，例以後世自屬可用，夫子自不屑用耳。後人以此力詆子路，而以爲“用智自私”，則過矣。

“子貢曰有美玉於斯”章

子貢以夫子周流四方，似藏而不韞匵者，而又不肯少貶，則沽而不求賈也。故言藏則宜韞匵，入山恐不深，入林恐不密也。若沽則宜求善賈，委蛇所以濟世也。“沽之哉”，言不宜韞；“待賈”，言不宜求也。非韞非求，轍環道路，而實不可以苟合。

“子欲居九夷”章

當時九夷亦有君長，或但知九夷之陋，而不知諸夏之奢靡僭亂，反不如九夷之陋之猶可化也。王陽明《何陋軒記》云：“諸夏之盛，其典章禮樂，歷聖修而傳之，夷不能有也，則謂之陋固宜。於後蔑道德而專法令，搜抉鈎摯之術窮，而狡匿譎詐，無所不至，渾樸盡矣！夷之民，方若未琢之璞，未繩之木，雖粗礪頑梗，而椎斧尚有施也，安可以陋之？斯孔子所爲欲居也與？”此論深得。惟所云“狡匿譎詐”，則明時之弊，春秋時尚不至此，而奢靡僭亂，則爲聖人所甚嫉耳。

“子曰吾自衛反魯”章

《漢書·禮樂志》：“王官失業，雅頌相錯。”知正樂亦先王治世大法，因失業而相錯，知樂正則雅、頌自得所。《鄭注》云：“道衰樂廢，孔子還正之，故雅、頌各得其所。”亦言樂正則雅、頌得所，非以《詩》得所爲樂正。《史記》：“孔子於定十四年去魯，至哀十一年，則歷十三年始反魯。”考訂多矣。意周禮在魯，而衛爲康叔之國，亦典禮所在與？正樂固正其僭亂，亦正其音節。正其僭，如天子享元侯、兩君相見之類。正其音，則或燕享，或祭祀，詩各不同，以及各有其地，各有其事與人，義無不該。然後世衹言其略，無由考其詳矣。

“子曰出則事公卿”章

言我於出則亦事公卿，我於入則亦事父兄，遇喪事亦不敢不勉，遇飲酒亦不肯爲所困矣。此皆循循禮法之事耳，反而求之於我，果何所有哉？若聖人自謙，何至不能事公卿父兄，廢喪事而困於酒乎？且“不敢”二字。語氣可想。

“子在川上曰”章

逝即水之逝。如斯，指下“不舍晝夜”，猶“仁人固如是乎”，“如是”指下二句。蓋逝訓往，不訓來，言往而不反。《易》有間斷，竟如此其不舍晝夜，毫無間斷，當亦嘆其有本之意，與《孟子》所言同，而語特渾含。朱子《觀瀾詞》云“觀川流之不息兮，悟有本之無窮”是也，東坡謂“逝者如斯而未嘗往”，不舍即未嘗往也。舍，止息也。

“子曰吾未見好德”章

此與“未見能見其過”章，皆爲諸侯言德者賢也，不好德則不能用賢矣。

“子曰譬如爲山”章

此由後而溯前，爲止者警也。言今之將成，而止者我也，向之覆一簣而進者，亦我也，同此一人。今之易而難，反不若前之難而易者，何也。

“子曰衣敝緼袍”章

方聞此語，何以知終身誦之？疑子路因夫子之言，遂服膺此語，議論常及之，故曰終身誦之。夫子即所誦而進之，記者遂合前後并記之，如“可使南面”章，“子華使齊”章，皆非一時語也。又此當與“無諂”章參看。“不忮不求”與“無驕諂”，皆天資高明者，加學修之功，則樂與好禮矣，顏子所以不改其樂也，空言進道，則無着。

“子曰歲寒”章

何注：“大寒之歲，衆木皆死，然後知松柏小凋傷；若平歲，則衆木亦有不死者，故須歲寒而後别之。”

以冬月爲歲寒，不聞以夏月爲歲暑也。觀何注，則“歲”字意甚明，“後”字亦非“不”字。聖人固是勉人周於德，然直以知爲見者，亦非。使不遇歲寒，固無知松柏者，且不寒而能知，亦無以爲松柏矣。不必感慨不平，而意自深遠。

“子曰可與共學”章

忠信之人可與共學矣。適道則擇乎《中庸》，立則不流、不倚、不變，權則時措之宜，執兩用中也。論權者必舉揖讓征誅以爲證，遂謂聖人不許人用權，豈人非聖人，將遇嫂溺而不援乎？蓋事無小大，莫不有權，揖讓征誅者，古今不數見之事。權者，人生一日不可無之學，故曰巽以行權。王墨莊云：“可與立，則不爲非義之事，而義之中尚有輕重，未必能稱量而得其平也。”至經權對舉，此已後人立言，古人無此語也。《易》所謂“通其變”，亦以理有變通，不可拘執，非後人所謂常變之變。

“唐棣之華”章

逸詩，非删也。凡《詩》《書》之散佚者曰逸，猶人之遺佚者曰逸。《左傳》所引逸詩多矣，或以其不善言思，故删。則《衛風》“豈不爾思，遠莫致之”，《鄭風》“豈不爾思，子不我即”，何獨不删？凡引《詩》，多取證，無直斥者，此正夫子言《詩》之思，言若其未之思也，夫何有於遠？其遠也，乃以思而知之也。古“以此與上”“可與共學”爲一章，疑上歷言未可與，而又引此以見所以未可與者，必思之而後知之。蓋不思則遠者且自謂不遠，而又烏知其未可與耶？知其遠，則得其所以不遠者矣。古注以偏反喻權，則其説不可從耳。

“孔子於鄉黨”章

白文無“貌”字，不得以言貌對舉。言居鄉不以言顯，在朝廟則知無不言。“恂恂”連下句讀。《漢書・李廣傳》：“李將軍恂恂如鄙人，口不能出辭。”亦以言言。孔氏自宋徙魯，族屬未蕃，父兄宗族舉其重者，萬二千五百人爲鄉，五百人爲黨。今之里居者，數里内皆鄉黨也。或謂宗廟之祭，奏假無言，每事問在未祭之前，不得云“便便”。此當爲爲擯相禮見賓於廟之事。

“朝與下大夫言”章

何注：“孔曰：‘侃侃，和樂之貌，誾誾，中正之貌。’”

“侃侃和樂，誾誾中正”，蓋於同寮則出以和樂，無所乖忤；於上官則出以中正，無所依違。許氏《説文》，“誾誾，和樂而諍”，又以兩層夾寫中正之義。今誤以侃侃爲剛直，遂於誾誾專言和説，而本義失。不知古“侃”與“衎”通。古詩“相見方侃侃，臨别又凄惻”，即衎衎之意。誾象言在門中，衆所共聞也。如時説，則今之見同寮而抗顔，遇上官而柔聲者，皆藉口學聖人矣。

“入公門”至“愉愉如也”

疏以此爲趨朝之禮容，竊疑人臣日日朝君，而但爲此屏氣不息之容，何以議國是？吾邑畢恬溪云：“此與下執圭爲一章，皆言聘禮。”今按《聘記》：“賓入門皇，升堂讓，下階，發氣，怡焉，再三舉足，又趨執圭，入門，鞠躬焉，如恐失之。及享，發氣焉，盈容；私覿，愉愉焉。入門主敬，升堂主慎。”正與此符。鄭康成注《聘記》，引《論語》“升堂鞠躬”至“趨進翼如也”爲證。《爾雅》：“兩階間謂之鄉，中庭之左右謂之位。”過位之位當即此。以位與堂近，故加敬。《聘禮》：“賓入門左，三揖，至於階，三讓，公升二等，賓升西楹西，東面，攝齊升堂。”疑即此時。公側襲受玉於中堂與東楹之間，疑即此堂。出即《儀禮》所謂“賓出”，降即《儀禮》所謂“賓降”至復位，則《儀禮》禮賓與私覿皆有之。《玉藻》“賓入不中門，不履閾”，亦言卿大夫來聘之事。或疑據此則執圭當在升堂下，不宜在復位後。然《聘禮》最繁，上數節言其所履之地，“執圭”以下乃特記所行之禮，此叙事之法也。蓋前既言爲擯之事，此即言行聘之事，若在朝則前已言之。阮芸臺云“《史記·孔子世家》作‘没階趨進’”，《儀禮·聘禮》注引《論語》同。《曲禮》“帷薄之外不趨”，《正義》《儀禮·士相見禮》，疏引并有“進”字。然則自兩漢以至唐初，皆作“没階趨進”。趨進者，趨前之謂也。“進”字不作“入”字解，舊有此字，非誤。

君子不以紺緅飾

《深衣》：“具父母大父母衣純以繢，具父母衣純以青，如孤子衣純以素，純袂緣、純邊、廣各寸半。”注：“純謂衣之緣，袂緣，緣袖口也。純邊，緣襟旁及下也。”據此，則緣即飾也。孔注云：“不以爲領袖緣，祇略言之，襟旁及下亦在其内。”江慎修云：“《考工記》：‘鐘氏染羽，三入爲纁，五入爲緅，七入爲緇。’”不言四入，鄭氏謂朱爲四入，紺亦四入。蓋以纁入赤汁則爲朱，不入赤而入黑汁則爲紺矣。更以紺入黑則爲緅，故五入爲緅。紺緅皆赤黑之間色，不以爲飾，謂其非正色也。飾必用正色，如《深衣》純以繢、以青、以素是也。周理衷謂："尊者俱存則多飾而以繢，不俱存則飾少而以青，俱亡則無飾而以素。紺緅則於義無所取，故不以非以色不正也。孔注'齋服''練服'俱誤。"

"當暑袗絺綌"節

《儀禮》疏云：冬衣裘，裘上有裼衣，裼衣上有上服。夏以絺綌，絺綌之上有上服。皮弁，祭服之等。春秋則衣袷褶，夾褶之上有上服。若平時衣裘衣葛，則不必有上服。故曰"袗絺綌不入公門，表裘不入公門"。《玉藻》鄭注言，袗絺綌、表裘，二者皆當表之乃出，謂上加表衣也。且引《論語》此節爲證。《論語》孔注亦以"必表"爲加上衣。蓋禮服必有加，平時不必加，孔子則必有加，即所謂表也。《詩》云："蒙彼縐絺，"謂以晨衣蒙於絺綌之上，非蒙以縐絺也。表即蒙也，其爲加於絺綌無疑。惟"出之"二字無着，疑有加衣而又使露絺綌如裘之裼，令見美也，下節亦言裘必有裼衣，不衣表裘也。

必有寢衣長一身有半狐貉之厚以居

以十尺之身，爲十五尺之衣，恐無此制。孔注以寢衣爲被，是也。或以上文言裘皆冬衣，則寢衣疑冬月所用。蓋寢必解衣，而有不解者，曰寢衣，可以禦寒。其長則準以一身而有其半，如三分有二文法。狐貉之厚以居，蓋席上所用。《孝經》"曾子避席，子曰居"。

吉月必朝服而朝齋必有明衣布

《玉藻》孔子曰："朝服而朝，卒朔然後服之。"言視朔宜服皮弁素積，不得遽用朝服，必待卒朔而後服朝服也。此言吉月視朔服皮弁，及卒朔而朝，則不得仍用皮弁，必服朝服而朝也。《儀禮》注："諸侯與其臣皮弁以視朔，朝服以日視朝。"古人服制，衮冕爲上，皮弁次之，朝服又次之。視朔則皮弁素積，緇帶素韠，視朝則元衣素裳，禮亞於視朔也。當時人趨簡，便有吉月視朔後即以視朔之服朝者，孔子必更之，以示不苟，皆在位之時，非致仕之日，故以此爲衣服之制。疏謂"恐廢視朔之禮，故於月朔必衣視朔之服而朝。"然考《儀禮》則視朔原非朝服，考《玉藻》，則孔子時原未嘗不視朔，以爲不視朔者，誤解"告朔之餼羊"章也。下文"齋必有明衣"，與上共爲衣服之制，當從何注。蓋齋必沐浴，浴竟，則著明衣以潔其體，以布爲之，示儉也。古人祭有明衣，明衣之上有中衣，中衣之上有袍繭。

朝服《儀禮·士冠禮》：筮於庿門，主人元冠朝服，緇帶素韠。注：元冠，委貌也。朝服者，十五升布衣而素裳也。衣不言色者，衣與冠同也。緇帶，黑繒帶也。素韠，白韋韠也。天子與其臣元冕以視朔，皮弁以日視朝。諸侯與其臣皮弁以視朔，朝服以日視朝。布八十縷爲一升。

皮弁服《儀禮·士冠禮》：皮弁服，素積，緇帶素韠。注：此與君視朔之服也。皮弁者，以白鹿皮爲冠，象上古也。積，猶辟也，以素爲裳，辟蹙其要中。皮弁之衣，亦用布十五升，其色象焉。疏：此視朔時君臣同服之服，卑於爵弁。《禮·玉藻》：諸侯皮弁以聽朔於大廟。注：皮弁，下天子也。疏：以天子用元冕，諸侯用皮弁，故云下天子也。

右二條滎邑陳秉義考

齋必變食居必遷坐食不厭精膾不厭細

邢疏：自“變食”至“不多食”，皆蒙齋文。齋者，孔子所慎。齋必嚴敬，不慎所食，恐致困病則失嚴敬心，故不食也。其凡常不必然。

祭固獻酒薦牲，齋者豈禁酒肉？不待取證於《周禮》之“王齋日三舉”，《國語》之“王即齋宫，淳濯饗醴”也。且酒肉較常時有加，既潔其志，又養其體也。故以下皆言變食之事。不厭者，疏云：飯與膾所尚精細也。今謂不必精細者，亦迂。蓋五穀本宜精，膾爲腥肉，不火化，不細切則易傷人。《集注》甚明，《内則》“切葱若薤，實諸醯以柔之”。

失飪不食

孔注：失飪，失生熟之節。《集注》：“飪，烹調生熟之節，”謂烹調有生熟之節也，非别有烹調之節。朱子條辨云：“庖人治六獸六禽宜熟，醢人治五齋七菹宜生，否則失飪。”

割不正不食

邢疏：“割，謂折解牲體，脊脅臂臑之屬。”

《禮·少儀》：“其禮，大牢則以牛左肩臂臑折九個，少牢則以羊左肩七個，特豕則以豕左肩五個。”此疏所謂禮有正數也。《儀禮·少牢饋食禮》：“心皆安下切上，午割勿没，舌皆切本末，牛割勿没，”此言切也，亦可互證，要皆非切肉方正之謂。

不得其醬不食

《内則》“濡鷄醢醬”“濡魚卵醬”“濡鱉醢醬”，此烹時所用。“魚膾芥醬，麋腥醢醬”，此食時所用。宜兼用此二義。或謂專言食時，乃誤解上“飪”字以爲烹調也。

市脯

邢疏：“脯非自作，不知何物之肉。”

據此知脯與肉不同，市肉非必不食，士大夫家豈得常宰殺？《周禮》：“腊人掌乾肉，凡田獸之脯腊膴胖之事。”注：脯去骨，腊帶骨，皆乾物也。蓋治脯之法，掌於腊人，與酒之監於大酋等，市則真僞難辨矣。

不撤薑食不多食

孔注：“撤，去也。齋禁葷物，薑辛而不臭，故不去。”

齋時禁葷，凡葱薤韭皆撤，惟不撤薑也。《玉藻》：“膳於君，有葷桃茢。”注：葷，薑及辛菜也。觀此，知薑亦葷，故又云“不多食”。

祭於公不宿肉節

此因齋後及祭也。何義門云：“祭之明日尚有繹，第一日無暇賜胙，第二日又不可以諸父昆弟與輝庖、翟閽同日，故必待第三日乃遍。”據此，則所得胙肉已在三日，故宿則出三日。下文釋上不宿肉之故，非又言家祭也，今特沿鄭注耳。

食不語寢不言雖疏食菜羹瓜祭必齋如也

邢疏：此一節論齋祭飲食居處之事也。孔注："疏食也，菜羹也，瓜也，三物雖薄，將食祭先之時亦必嚴敬。"

楊龜山云："飯稻粱則祭先農，菜羹瓜則祭先圃，不忘其所自也。"《玉藻》"瓜祭上環"，猶今五穀菜果瓜，嘗新必先獻也，但常則易忽，不致嚴敬耳。

席不正不坐

自此以下至"厩焚"，皆以尋常瑣事，人所易忽而言，故類記之。席不正不坐，疏兼及三重再重。南鄉北鄉，以西方爲上，東鄉西鄉，以南方爲上，猶割不正以禮言，非衹方正。且以敬賓客，非獨自處。或曰正，正之也，《曲禮》："主人跪正席。"

"鄉人飲酒"至"立於阼階"

飲酒之禮不一，此言鄉人，乃伏臘歲時燕飲爲歡，非賓興、習射、蜡祭等禮飲比也，故特示鄉人以敬老。鄉人儺，即季冬大儺，下及庶人，非季春國儺、仲秋天子儺比也，故特示鄉人以尊古禮。阼階，注云"廟之阼階"，故曰"鬼神依人"。

"問人於他邦"至"不敢嘗"

問猶遺也，有饋於人也。《曲禮》"凡以弓劍、苞苴、簞笥問人"是也。所使非僕隸，如子華使於齊之類，故拜送，非徒敬所問之人，亦以敬所使。此言饋人之禮未達不嘗，則受饋之禮。

“色斯舉矣”章

何注：“言山梁雌雉得其時，而人不得其時。子路以其時物，故共具之，非本意，不苟食，故三嗅而作。作，起也。”邢疏：“子路失指，以爲夫子云時哉，言是時物也，故取而共具之。孔子以非己本意，義不苟食。又不可逆子路之情，故三嗅其氣而起也。”

《埤雅》云：“雉飛若矢，一往而墮，崇不過丈，修不過三丈。”《左傳》“都城百雉”，《公羊傳》“五雉而城”，注皆謂長三丈，高一丈爲一雉，以雉之飛如此也。高飛曰舉，雉飛不能高而止甚疾，更不能翔。古未有謂鳥飛爲作者，前雖少必作變色而作，後舍瑟而作，此不應以雉飛爲作。嗅，訓以鼻噓氣，《莊子》“嗅之則使人狂酲”是也。共即《周禮》“共王膳羞”之共，若合手爲拱，則不得執。今多訓向謂以色向之，不知衆星共，《鄉射禮》“其而俟”，皆取環擁之意，一人不得言共，似仍以古注共具之説爲近。疑聖人以方有“時哉”之嘆，故不忍食其肉，又以子路之共不宜拒，故三嗅以見意，而遂作而不食也。嗅以三，猶書三宿、三祭、三咤，及《儀禮》三飯，三酳之類，其禮應爾。後世因《孟子》“聖之時”句，必以雌雉之時爲“聖之時”，則鑿矣。竊意夫子正以雉之不能遠舉，而爲人所食，故心焉傷之。記者推原其意而書之曰“色斯舉矣”云云，言鳥之遠害如此，而雉不能也。

《鄉黨》一篇皆言禮。自在鄉、在朝、在國，一切朝聘、齋祭、衣服、食飲、往來、交際之禮，詳言之矣。又自“君賜食”以下，約舉事君交友之事，以及仁民愛物之心。雷風必變，敬天之怒，亦恐灾及人物也；車中必慎，惠及僕禦也。至此章，則又見其生，不忍見其死，聞其聲，不忍食其肉之義，而因以嗅而不食爲禮也。故曰“亡於禮者之禮也，其動也中”。

《論語》卷之三

文登李允升藹蹊訂

《論語》

“子曰先進於禮樂”章

邢疏：“先進者，當襄、昭之世。後進者，當定、哀之世。”

先進非文、武。疏云“在襄、昭時”，蓋孔子猶及見之。且“進”訓仕進，皆指有位而能用禮樂者言，謂用兼治身治世，則“如”字贅。治身固斯須不去者，蓋指威儀聲容人所共見者，所謂五禮六樂，用之朝廷，用之邦國者也。此非有其權者不能。

“子曰從我於陳蔡者”章

《史記》叙春秋以前事，未免傳聞之誤。陳、蔡聽命於楚久矣，謂昭王聘而陳、蔡敢圍之乎？且被圍何事，而《孟子》僅云“無上下之交”乎？特以無周其乏者，故云厄，非畏於匡比。至“衛靈”章有陳無蔡，與此不同。絶糧更非被兵，皆不及門，固是思其人，然子固欲其筮仕四方，行道濟時，何事終其身依依門墻乎？記者序列其人，亦以見成德達才，一時嘉會，千古盛事。第以爲賢豪聚散之感，非其旨矣。皇氏別爲一章。

“子曰孝哉閔子騫”章

家中惟父母昆弟不可欺，安有父母昆弟信之而外人疑之者？《漢書·杜鄴傳》：“孔子善閔子騫守禮不苟，從親所行，無非理者，故無可間也。”此言父母昆弟所行皆是。《後漢書》范升云：“子以人不間於父母爲孝，臣以人不非其君上爲忠。”亦主諭親於道。觀此，則以閔子能使父母昆弟無失德，故人不得而非議之，與克諧、烝又同義，而處變意亦在其中，此其爲孝也大矣。“不”字與“無”字同稱，閔子騫，亦可奪①《春秋》稱字之例，不必以五字爲人言。

“南容三復白圭”章

朱子云：“非偶然三復，乃是日日如此，甚確。”若偶爾三復，烏足定其生平？《白圭》數句，詞特警切，非徒慎爾出話之謂。

“顔淵死”四章

《家語》《史記》載諸賢年齒多不符，原不足據。至有泥此謂顔淵先伯魚死，而以此章語爲假設之詞者，可發一噱。則知以游夏從陳蔡，年未及冠，皆误也。此亦書不可盡信之證。天喪子，痛之甚也，言道則腐，厚葬不可。非獨論貧富，亦以顔路尚在，則於義不可觀，不得“視猶子”句益明。

① 原文漫漶不清，似爲“奪”。意《春秋》多稱字，而言閔子騫，與《春秋》稱字慣例不符。

“季路問事鬼神”章

“子貢問士”章兩問，其次俱言“敢”，承上文也。“舞雩”章“敢問崇、辨”，以非其地也。如問仁問知，平舉者無“敢”字。此蓋承上文“事人可以事鬼”之説，遂疑生爲人，死爲鬼，死不同於生，則人不同於鬼，故特問死。因其意與夫子相左，故曰“敢問”。告以知生便知死，所謂思其居處，思其笑語，思其所嗜，皆知生也。即“事死如事生，事亡如事存”之義，可以知事鬼者之不外事人矣。

“閔子侍側”章

疏：“誾誾，中正之貌；行行，剛强之貌；侃侃，和樂之貌。”

古訓自確。“侃侃”古與“衎衎”通，三者較然分明。蓋閔子不剛不柔，行行過剛，侃侃近柔，三者迥不侔，時説以剛爲主，則又説夢矣。

“魯人爲長府”章

丹楹刻桷，譏侈也。新延廄、成中邱皆書，非時而用民力也。若勞民傷財，則凡有興作皆然。何獨長府？長府爲藏貨財之所，其爲之也，欲以聚貨物耳。此非有國者所急，更非魯之所宜急也。若《閟宫》《泮水》，豈得不爲？宋松礀云：“知其欲聚貨財，”恐正言之逆耳也。仍以勞民傷財言之，可以動聽。

“子曰回也其庶乎”章

與《繫辭》文法同，《繫辭》“有不善未嘗不知，未嘗復行”，乃所以庶幾也。此屢空，乃所以庶也。蓋人惟以貧富爲念，便不能克己復禮。其屢空也，即“簞瓢陋巷不改其樂”也，所以“三月不違仁”也。此中所關甚大，古今許多名流不能純粹者，皆由不能安貧之一念。曰“樂天知命”，曰“居易俟命”，皆此義也。故下言“賜不受命而貨殖”，惟末句轉一意以勵子貢，蓋聖門明敏之才，子貢、亞子、顔子，故嘗并衡之，何注大誤，邢疏爲近。

“子張問善人之道”章

迹不必皆可踐也。荀子云：“欲觀前聖之迹，則於其粲然者矣。”蓋指其典章明備而言。然泥其迹而不師其意，亦或宜於古而不宜於今，至有以周禮亂天下者，未必其盡善也。善人以善心行善政，不必規規然襲前人之迹。凡所創建，皆足以補救一時，但亦不能如聖人之本身徵民，建諸天地，考諸三王耳。漢、唐以來，賢明之主因時起事，得此意者有之，古注所謂少能創業也，特難語於可久可大耳。古以此與“論篤”爲一章，已屬牽混，而其解下章尤謬。自《集注》分章而義始明。

“子路問聞斯行諸”章

以聞爲聞道理，則孝弟忠信何待禀命父兄？《集注》“聞義”及古注賑窮救乏之事，皆實有所指，大抵出處不同，則其事各异。如爲國家宣力，爲朋友濟急，爲閭里解紛，無非義所當爲。范忠宣公不奉命而賑飢民，所謂聞斯行也。兼人亦非謂有兼人之才，才苟有餘。聖人豈反使之不足？蓋勇於作事。每慷慨好義，兼他人之事爲之，恐有越俎之失。故退之“子路有聞”章亦當準此。

“子畏於匡”章

《論語》記顏子語，惟“喟然嘆”及此章。前章語語奇妙，此章衹六字，而義藴甚多。曰“子在”，義固在子，不在回也。曰“何敢”，權又在己，不在人也。曰“何敢死”，則知徒死之非難。“子在不敢死”，則於子之不在可知。且未見而知其必在，則與聖人之自信有若符契，一語而面面俱到。

“子路使子羔爲費宰”章

心知其非，而以口給禦人，豈行行者所爲？蓋其意本如是，故直陳所見，是亦於其所不知不能闕如耳。子曰“惡”“佞”，正以其似而非也。夫佞亦子路所惡，警之以此，亦可以悚然矣。

子路之言，在當日爲非，在今日則是。古者學與仕爲一，今則學與仕爲二。古者以《詩》《書》《禮》《樂》造士，養其德性，即嫻於典故，出則舉而措之。今自操觚以來，習浮華之文，談迂腐之理，其於國家典章、天下利病茫如也。一旦出仕，不得不盡弃所學，於民社中别有肄習，孰非以仕學者？子路之言，幾成後世楷模矣。其尚有仁心者，亦或自誦讀中來，而當事者且以其書氣未退，斥不用，則學不惟無益，而適爲累也。於是刻薄之資，辨給之才，從事簿書錢穀之中，以成其强幹練達之名，爲上官所賞擢，貽害生民多矣。以視子羔孝友性成，足以化喪兄而不爲衰者，其爲不學而仕，又豈可同年語哉？然賢如子羔，聖人猶以未學爲慮，則以知仕之不易，而漆雕氏之學而未敢自信者，誠過人遠也。

“赤爾何如”節

此節未言禮樂也。時説亦祇言“儀文”，與上節言“化民”何涉？蓋“非曰能之”冒下，非承上。設未問求，先問赤，亦如此對。以宗廟會同爲二事，則“之事”如字贅。會同蓋在宗廟中，觀《儀禮》“廟受”，《覲禮》及《聘禮》設几筵，亦廟受是已。諸侯相見皆於廟中，而會同難嘖有煩言，故特舉其難。鄭氏以《周禮》會同皆爲壇，此又天子之禮，非當時諸侯之事。春秋時諸侯之會同久矣，非皆如鄭所云。相即相諸侯，猶上由求爲之，皆爲諸侯用也。其時安有天子與人諸侯者？“端章甫”言衣裳之會，非兵車也。“相”即所云“每門各有相”，惟上相入。又會夾谷孔子相，孫文子來聘，叔孫穆子相之類。睦鄰修好，所關甚鉅，未易勝任，即與賓客言之，意非祭時行禮有定式者比也。

“點爾何如”節

撰爲用世之具，言三子皆有撰，而點無撰，故不必言，非謂點之撰异乎三子之撰也。子以其不待用而自得，故與之，恐未及天理流行，一切闊論。或以三子局於一君一國之小，不及曾晳，夫子周流列國，原欲得君而事，豈閉户坐談，可以措天下於泰山之安乎？古人斷無十數人裸而浴者，韓昌黎以“浴”爲“沿”之訛，或謂上巳祓除。王菊潭云：“喟然嘆者，三子雖各有其志，而人不能知，不得自見於世，故因點之安其素者而發嘆也。”

“曰爲國以禮”三節

“爲國以禮”三句，本極了徹，而曾皙乃疑夫子哂其爲邦，且既言求爲邦，而又問赤非邦，何不聰慧乃爾？及玩注疏，乃知此三節皆孔子一人之言。自“爲國以禮”至末九句，一氣旋轉，從容抑揚，示以由之爲邦與求、赤同，特以言之不讓、與求、赤异，而後哂由之故可明。今以爲兩問兩答，不應無一“曰”字。李巨濤云：“宗廟會同，是諸侯所有事，相之者則卿大夫也。”古注疏願爲小相者，謙不敢爲上擯、上介之卿，願爲承擯、紹擯、次介、末介之大夫士耳。子言爲國，指從政言，聖人無以諸侯期其弟子者。且春秋時列國世守，天子無封建，諸侯無讓位，安所得一國而君之？

“顔淵問仁”節

“克己”之己，與“由己”之己，一也。《左傳》“不能自克”，自即己也。馬融以克己爲約身，孔安國以爲身能反禮，身即己也。故漢以來多言克躬、厲己、問仁，語各不同，記者特約之以爲問仁。顔子蓋問仁之所以通乎天下者，故與言人己相感之機。人特患不能自克，勿謂人不我服也。一旦能自復乎禮，天下莫不翕然從矣，所謂民之歸仁，猶水之就下也。可知人之歸仁由於克己，爲仁者惟反求諸己，非可求諸人也，故曰“其身正而天下歸之”。五句一氣直下，無轉語。一日猶云一旦，天下則隨身所處，言果能如此，則人心如此，如真心愛民，民自愛戴耳。或以一日爲用功，如紅爐點雪，豈顏子能一日而治天下耶？或以一日爲成功，謂己無不克，禮無不復，古來聖賢，自信爲克復者何日耶？以天下爲大，謂無人不許其仁，則君子之於天下，能行五者於天下，皆歷九州而相君耶？以由己爲人不能助，豈顏子有求助之意而云然耶？

“顏淵曰請問其目”節

朱子云：“孔子直以帝王之事許顏子，”名論不刊。蓋帝王有禮樂政刑，儒者有視聽言動。視聽言動者，己也，去其非禮，即爲克己復禮。由己及人，不離乎此。如此則所施各當，人人傾心矣。烏有叩虛索寂，而可以求仁乎哉？中和位育，本於喜怒哀樂，克復歸仁，在乎視聽言動。故天德即王道，謂有天德然後可語王道，猶説成兩事也。聖人論仁不一，惟顏、冉則語以天下歸仁，邦家無怨，仁之量於是乎極。故曰“中人以上，可以語上”。

“仲弓問仁”章

敬與恕相因，出門非一，無所見。使民已有臨民之事，“出入起居，罔有不欽，發號施令，罔有不臧”，已備於此。蓋惟以兢業爲心，覺愚夫愚婦一能勝予，自不咈人以從己之欲，而邦家之心歡欣流通，此人己所以無間也，仁也。故聖賢無離人而空言存心之學。謂爲仁非求無怨者，亦迂。惟君子爲能通天下之志，非此不足以言仁。能敬且恕，則亦以一心觀萬物之通，與克復歸仁一也。因問而答，不必瑣瑣然謂顏、冉不同，明言視聽言動，原非專言心法；明言出門使民，何必專求之未出門未使民之前？趙鹿泉《温故録》：禮有五經，賓祭居二焉，故特舉以驗敬之大端。而必言出門使民者，古者賓至必迎於門，公侯之賓則於門外。《周礼·大行人》《儀禮》《聘》《冠》《士昏》①《鄉飲酒》《士相見》皆重言賓，或迎於門内，或於門外，或於廟門。古之使人，以祭爲重，郊廟之祭，所使尤多，其自户、賓、視、史以及輝、庖、閽、翟之賤，必慎選而宿戒之。觀此，則出門言見賓，使民言承祭，皆有意義。

“司馬牛問仁”章

“仁者其言也訒”，此天下人品定衡。自古聰明才辨炫人耳目者，其人類皆無至誠惻怛之意，而忠孝節義之事，半出拙吶。如晋人尚清談，獨卞壺不爾，曰：“諸君子風流相尚，執鄙吝者，非壺而誰？”卒盡節於晋。蓋其忠君愛國之心，常欲有所爲而不能爲，何暇縱論快辯，争勝口舌間耶？周勃厚重少文，可任大事，殆亦此類，但首節未明言，及示以爲之難而瞭然矣。蓋其言非徒言也，將以爲之仁者，實惻然有不容已於天下之心。當其言之時，已慮夫爲之難，而何得率然直陳乎？惟有必爲之志，必深思其事之始終，而知其不易爲，此所以不易言也，此所以爲仁人也。

“司馬牛憂曰”章

“言兄弟耳，何以及生死富貴？”解者曰，人惟死生富貴限於天命，無可置力，人倫可以感格，能敬恭則四海且如兄弟，

① 原文脱“士”字。

何患骨肉之不親？理則然矣。然桓魋至欲殺孔子，其人殆不可化。謂告之以正，亦迂儒無可如何之談。韓笠山云："語以四海皆兄弟，欲其之他國以避亂也。但牛以公族而不能捨，故言死生有命，富貴在天，以破其係戀之私。"此説得之。蓋魋之惡，必當覆宗，使牛能早適他國，效微子之去，存先人之祀，庶幾不愆於義。厥後大亂既作，而後致邑與珪以適齊，又致邑以適吴，倉皇奔走，亦可悲已。意其始戀於富貴，未能見幾而作，爲子夏所料耶？適吴而反，猶有趙簡子、陳成子之召，亦足以見四海兄弟之説不誣。而論者猶以是疑子夏之"言，陋矣"。

"子張問明"章

不必言其明，第極言譖訴之巧而術不行，則明可知。以譖訴爲驗，乃得其實，徒云鑒空衡平，紙上談兵耳。自古庸人亦自謂鑒空衡平，而刑賞之乖，愛憎之偏，皆受顛倒於譖訴之人，而萬事瓦裂。明皇一朝而殺三子，其甚者也。知其所關甚鉅，則知所以爲遠，好學近乎知尊賢則不惑，左右近習，尤所宜慎。

"子貢問政"章

兵食足，而後民信，定論也。然下文何以去兵去食而有信，明係平列，故下言三者曰足，有使之足者，曰信之矣，有使之信者。後人因之"矣"字遂似添一"則"字矣。去非既有而去，猶言闕一。先非先去，先者，所重也。去兵則所先在食、信，去食則所先在信也。謂兩不得已爲設言者，亦非。古今實有如此時勢，非必邦家新造，新造多計出萬全。惟積弱之邦，廢弛已久，猝有變故，人心既涣，兵食尤缺，身當其任者，不能不審所宜先矣。二節俱可證以孟子之言：深耕易耨，食也；修孝弟忠信，信也。而制梃則尚無兵與民守之，至於效死弗去，效死則何論食，弗去則惟有信耳。聖人寥寥數語，括盡千古如許經濟。

“棘子成曰”章

邢疏：“君子、野人异者，質、文不同故也。今若文猶質，質猶文，便文質同者，則君子與鄙夫何以別乎？如虎豹之皮，去其毛文，以爲之[①]鞟，與犬羊之鞟同處，何以別虎豹與犬羊？”

子成所去之文，即聲明文物之文，所以辨等威者，非周末文勝之文，君子也。古以連上七字爲句，則與上節“君子”一例，與下“虎豹”二句意亦貫。今因“惜”字作抑揚。賈斗樞謂末節三“猶”字一意，末二句直接言天下有宜從文者，有宜從質者。如子之説，則文質相等，君子無以别於小人矣。子貢因子成欲盡去文，故答以文不可去。平允之論，非無輕重也。滋陽劉巨川亦云：“君子仍指上文，一氣直貫。”

“哀公問於有若曰”章

公因年饑而問，欲籌今歲之策，有子告以行徹乃爲來歲之謀，似所答非所問。李文貞謂：“徹者什一之名，年饑取二，租多不完，不如取一，則可以樂輸也。”張惕庵云：“古者什一而税，百里之内以供官，是近地之租，先供宗廟社稷粢盛之用，府吏胥徒役食廩餼之需，聘使饋餼芻禾之費，此皆刻需刻應，

① 原文脱“之”字，今據《論語注疏》補。

不可稍緩者。千里之外以爲御，是遠地之租到得遲，王之服御膳羞匪頒燕饗賜予之類，可遲可速，以此供之。至於國有大事，費俱出於民，如征伐捍禦，則有車乘、甲胄、芻糧，宫室城池，則有板幹工築。出境朝覲會同，君行師從，是二千五百人，卿行旅從，是五百人。扉屨、芻糧、車乘，一一皆民自備。行徹法少取於民，則民自富。一旦國有大事，靈臺靈沼，庶民子來，同澤同袍，踴躍而至。君即欲約己裕民，自甘不足，孰肯與君以不足者？加賦則多取，自然民貧，一時服御匪頒，非不焕然充裕，一旦有大事，追呼則民力不前，鞭扑則逃亡四出。此時君即欲倡豐亨《豫》大之説，作倉廩實、府庫充之狀，民孰與之？”此論最切實。

誠不以富亦衹以异

《詩》首章古注云：妻無罪見弃，故言我以二父敕命，就爾而居處爲室家，豈無禮而來乎？而惡我也。爾既不我畜養，今當復我邦族矣。其解末章二句云：不以禮爲室家，不足以得富，亦適以此自异於人道。《朱子集傳》云：民適异國，依其昏姻而不見收恤，言爾之不思舊姻而求新匹也。雖實不以彼之富而厭我之貧，亦衹以其新异於故耳。二説不同，俱言其始親終疏，愛憎無常也，是亦惑之甚也。蓋天子以愛惡無常爲惑，而咏詩以示警，意謂人情喜新厭舊，愛憎無常，其謬戾有如《詩》所云者，則辨之不可不早辨也。文法如不忮不求，深厲淺揭，俱無《詩》云字也。或謂子張何至此然？樊遲豈好鬭，而乃言一朝之忿，蓋辨惑則必及之。

“樊遲問仁”章

自知人以下至子夏之言，皆言知。而與愛人自相涵，未達自承知人舉直節，仍申知人，使枉者直言知人之效，故下云問知遲疑舉直何以化枉？非疑問知，何以言及此也？富哉非謂不止言知，乃謂包括古今許多耳。故下言帝王舉直之效，使當日祇問知，而夫子言及仁，亦不必疑。使當日未嘗問仁，亦不能不以舉直而化枉爲疑。且遲所疑，正以舉直而加於枉之上，便能使枉者直爲可疑。今人以舉錯爲用舍。遂謂疑在第二句矣。蓋直加於枉而能化枉，此等妙用未經人道，故驟聞而疑之。觀舜有天下節，神理可想，若謂夫子合言仁知，而遲乃忘却問仁，當不至此。《繫辭》錯諸地，舉而措之天下之民，與此舉錯同義，於上論已辨之。此夫子因遲之未達而申之曰：“知人者，非必盡人而知之也。”但舉所謂直者加於枉之上，自能使枉者胥化而爲直矣。惟舉錯非用舍，故枉者亦得成全。子夏亦祇言舉而不言錯某某也。又凡言舉者，皆不次之擢，所謂舉而加諸上位。伊尹舉莘野矣，五臣獨言皋陶，疑堯時皋陶在下位，非禹、益、稷、契比。或曰：“皋陶字庭堅，與禹、益、稷、契同爲元愷。”然楚滅蓼與六臧交，仲曰：“皋陶、庭堅不祀忽諸，羅泌謂六，皋陶之後，蓼；庭堅之後，則是非一人也。”

“子路曰衛君待子而爲政”章

馬融曰：“正名，正百事之名也。”原非論出公事，蓋魯、衛皆失之頹弱，故名分易紊。今據《史記》以爲指衛父子事，即以此事論，正名亦非易位也。謂輒不可爲君，宜立公子郢。

夫輒方用孔子，而孔子即廢輒，可乎？孔子既爲其臣，以臣而逐君，可乎？彼公子郢不從君夫人之命而從孔子乎？或謂孔子決不仕衛，但據正理以答。夫衛既不可仕，夫子必不餬口於衛，且事不可行。何謂正理？子明云：言之必可行也。聖人之於天下，苟屬中材，必勉强扶持，子瞻之論是也。出公輒，衛靈之孫，承君夫人命，大臣擁戴，立十餘年矣，非篡弒比。惟蒯尚在，輒未奉父命爲非宜，而其時權在大臣，已立輒，則大不利聵之人，故石曼姑帥師圍戚以止之。庸庸如出公者，政由大臣，祭則寡人耳。使夫子用於衛，必能感悟出公，涕泣而迎其父，聵得歸國。出公攝位以待父命可也，聵以父命，命輒爲君，而尊聵爲諸侯之父，亦可也。如是則祖孫之名以正，父子之名以正，君臣上下之名亦無不正。彼潁考叔猶能使鄭莊母子如初，況聖人乎？張惕庵云："趙鞅納蒯聵於戚，亂衛，以逞宿忿也。此時子郢既不肯立，輒若退避，使南子立其所私愛，以與蒯聵戰，内勝則傷父，外勝則殺祖母，輒將何以自處？故即位則南子與趙鞅皆不得逞其宿忿。至子路仕衛時，南子當亦老且死矣。輒於此自可涕泣郊迎，復爲父子如初。此真有論世之識闕如者，者謂此心闕然，必求其知，非闕之也。

"樊遲請學稼"節

邢疏："樊須請於夫子，學播種之法，欲以教民。包曰："禮義與信，足以成德，何用學稼以教民乎？"

樊遲仕魯，有治民之責，欲以稼圃教民。君子務知遠大，小人務知近小，教稼教圃，所及幾何？以禮義信治之，四方偕來矣。遲之意正欲利民，非近利也。如西門豹教民治渠灌溉，遂致殷富。諸城劉文正父名棨，仕四川某縣，因民貧，教以養山蠶，民遂富，今呼爲劉公繭，其澤普矣。如遲者，豈可厚非？或曰："遲以此招隱。"

"子曰苟有用我者"章

庶以民言，故曰富。教已可有成，則兼上下言，教養未足盡之。蓋朝廷之得失，生民之利病，無不洞悉，得所藉手，振衰起敝，咸得其理，所謂可也。有成，則國政日修，民志日孚，四方之歸附益衆。諸侯之懷畏益遠，治亂持危，以復先王之舊，東周可爲，非止區區一國而已。子貢言綏來動和，《孟子》曰豈徒齊民安，天下之民舉安，觀此可以知聖人矣。或謂重末句而以可也，爲已試之驗，則又非一年，而四方則不過宰中都，非治國也。當時本無用至碁月者。

"子曰善人爲邦百年"章

民不得言殘，以天子化民，不必言勝。刑以弼教，不忍言殺，疑即殘賊之殘。蓋强暴之國爲民害者殺，即所謂争城以戰，殺人盈城，争地以戰，殺人盈野。善人爲邦者，爲諸侯也。善人以德不以力，似難與强國争勝。然漸漬至於百年之久，則善政所涵濡，歸附日衆，國勢日强，自可勝殘暴之君，而去殺伐之慘矣。然必百年而後能，則亦未易驟致也。故有慨乎其言之至，使民皆有善而無惡，則所謂仁也，惟王者能之。

"冉子退朝"章

季氏日議政於家，而獨孔子一人謂之事，於魯何益？於季氏何損？牟平橋云：“此時季氏但知有家事，未嘗有國政。”良然。蓋立綱陳紀，有關國計民生者爲政。自季文子、武子以來，聘問、會盟、征伐，不無擅權之勢，尚有謀國之時。淩夷至於康子，列國之會，大夫不出門，清之役，力不能行於二子。而區區以田賦自益，公庭固已無人，而其私室所議，亦祇瑣瑣於稅斂征役以肥其家，烏能及於國政乎？子蓋有慨乎其言之。

言不可以若是其幾也。

注：“王曰：‘幾，近也。’”孔曰：“事不可以一言而成，如知此則可近也。”

謂言不可期其興邦，則下須有轉。且喪邦不可言期。古注：“幾，近也。”當以言不可以若是爲一句，其幾也爲一句，言一言之微，不可以若是興邦，乃謂其近於興邦也。下文幾字，即此幾字。

“近者説”二句

聖人詞氣渾含，多語平而意側。古注言當施惠於近者，使之喜悦，則遠者慕化而來。《集注》亦本此意。蓋葉公執楚政，意在服遠，故告之以此。

“樊遲問仁子曰居處恭”章

仁者無私。居處恭則無惰慢之私，執事敬則無怠忽之私，與人忠則無欺僞之私。之夷狄不弃，則人與我流通無間矣。居處時非皆寂無一人恭，即恭則不侮之恭，居處恭則無時不恭也。堯曰允恭，舜曰溫恭，文曰懿恭，帝王所以由己及人而咸得其宜者。必本乎此，由此而執事，而與人，而之夷狄，由内達外，由近及遠，私意不存，而可以觀萬物之通矣。故曰："仁者，人也，"相人偶之意也。

"子貢問曰何如斯可謂之士矣"章

論仁以及人爲大，論士以實行爲重。故切偲言兄弟朋友。此章尤重用世。子貢固爲今之從政者，言如初試爲大夫者。若三家則無足論。趙鹿泉謂使於四方，有國中之四方，有境外之四方，賦政於外，四方爰發可證有耻不辱，固能致遠經方，至稱孝稱弟，可敦風化，必信必果，可厲名節，皆足爲天下用。若今之從政者，特爲利禄來耳，國事將安賴乎？故程子云志求斗筲之人，何足數也。郭林宗不欲給事縣廷，曰：丈夫焉能處斗筲之役。陶淵明不爲五斗米折腰，亦其證也。

"子曰不得中行而與之"章

當從《孟子》言。惡鄉原必取狂狷也。鄉原居似忠信，行似廉潔，即所謂小人之中庸，自以爲是，而人亦稱之。惟聖人惡其似而非，不得中行，亦不必慨言今日不能得。言如不得中行，則必取狂狷。以鄉原之冒中庸，而適以亂德，不如狂狷之有志節可以進德也，無謹厚一層。

"子曰南人有言曰"章

當從《禮記》緇衣子曰："南人有言曰：'人而無恒，不可以爲卜筮。'"古之遺言，與龜筮猶不能知也，而况於人乎？注：南人，殷掌卜之人，此必有傳，學分南北，亦後世之陋，聖人必無此語。南爲姓，疑人爲名。《論語·鄭注》云："巫醫不能治無恒之人。”與緇衣一例。子曰：“非衍文，”蓋子嘗讀《易》至此而嘆之。與上節非必一時之言，記者類記之。

“子曰君子和而不同”章

當從《左傳》，和即獻可替否，如五味五聲之和同，即所謂以水濟水，琴瑟專一者。晏子之論極確，後人乃謂晏子論其事，聖人論其心，又何以知聖人之必不論其事耶？

“子曰君子易事而難説也”章

以首句事與説平對，則下文不宜先説後事，且加及其作轉，蓋爲事人者言之。人皆疑君子難事，小人易事，不知君子固自易事，而所難者説耳。若小人則甚難事，而所易者説耳。故皆以及其跌重，使人人誠欲出而事人，安得舍君子而求小人乎？以事説板板平對，則索然矣。蓋此爲事人者言，猶大受章爲用人者言。

“子曰君子泰而不驕”章

以道義自守，故無愧怍而泰然，小心翼翼，非以陵人也。以才智勝人，故多矜喜而驕然内省有疚，未能自得也。

子曰剛毅木訥近仁

仁者，無私而能愛人者也，剛毅之人，不誘於紛華，不摇於利害，事所當爲，何能恝然？其近仁易知，木訥何以言仁？天下浮華辨給之徒，彌縫世故而無誠意，此巧令所以鮮仁。惟悃愊無華，簡默寡言者多，至誠惻怛，可以立人達人，利濟天下無難。漢高以周勃厚重少文，故重任之，正得此意。蘇子瞻云：凡免我於厄者，皆平日可畏人也；擠我於嶮者，皆异時可喜人也；吾是以知剛者之必仁，佞者之必不仁也。亦足以證。而世俗又以子瞻未知理學矣，切切偲偲，怡怡如也。

孫奇逢云："切切，以情意懇到言；偲偲，以教告詳勉言；怡怡，以顔色和氣可掬言。言士之學養，在平日隨朋友兄弟而徵其篤摯中和之意。"張惕庵云："注中混於所施勿入講子路至孝，兄弟安有賊恩之禍？於夫子之言尚要争執，於朋友安有善柔之損？"

"子曰善人教民七年"章

重教字，便似人君教民七年，謂教民非以即戎，而以之即戎亦可，亦回護之詞。國之大事，在祀與戎，王者豈諱言兵？特以當時言戎事者，類以爲非智謀勇略不可，而夫子曰無庸也，但得善人而爲之，以愛民之心爲教民之事，凡所施設，皆有真誠悱惻之心流貫於其中，不必急急爲富强計，而善心所結，民氣日固，可使制梃以撻堅甲利兵矣。春秋時，教民以戰陣之法者多矣，即寓伍兩軍師於閭族比黨。其制亦未盡廢也。但不得善人而爲之，非奉行具文。即任法以繩耳。

"克伐怨欲"章

有克、伐、怨、欲之私，而物我不能無間矣。蓋克則求勝於人，伐則示恩於人，怨則有所不得於人，欲則又求多於人，此皆牿於有我之私，故思以不行爲仁，非以心之凝静爲仁，不行者，克、伐、怨、欲之心甫動，而即使潛消。不見於事爲之際，若仁，則自無此四者也。必謂有是心而使之不行，恐亦未然。生於其心，害於其事，天下未有有是心而終不行者。竊疑四者人所易行，而能不行，故爲難。若仁則必有立人達人之實，如告子張以能行五者於天下是也，故曰不知。今乃謂禁止使不行，而要行之心未嘗忘，過矣。至謂原思承當不得，所以不復問，何輕議前賢乃爾？

“子曰士而懷居”章

居即善居室之居，凡器用財賄所置是也。或曰：“居，積也。”士則修己治人，視天下國家皆吾分内。何暇瑣瑣爲一身謀？故孔子皇皇不已於行，顔子問爲邦會，子曰：“仁以爲己任。”皆此意也。第曰：“義與利，情與理，尚未指其實。”

“子曰邦有道危言危行”章

有道則兼善天下，故昌論不諱，遇事敢爲；無道則獨善其身而已，不與權臣争是非，聖人所以遠小人。家居不言朝廷得失，亦後世儒者所以全身也。非徒遠禍，亦留其身以待用。且夫子所稱，非必天下，各隨其所處之國而言，然已洞見後世時勢。知者見險。投以遠害，偃息衡門，任其飛沉，荀爽所以規李膺也，惜元禮不從其言。郭林宗雖善人倫，而不爲危言核論，故宦官擅政而不能傷，范孟博清裁，猶以利刀齒腐朽，然視郭公何如矣？鄭注：“危，高也，”或曰正也。

“子曰有德者必有言”章

仁亦言德，此何以别有德？以躬行言，如孝弟忠信之類，

《書》所謂亦行有九德也。仁則指其惻怛慈愛之實，無間於人己者言。蓋見義必爲者。皆心無所私。禹、稷不忍天下之飢溺至忘其身家，亦此義也。專言心德則不括，而於有德亦易混。

“南宫適問於孔子曰”章

陸地，豈可行舟？疑奡善於用舟，縱横自如，習水戰以争天下，故與善射并稱。《竹書紀年》有澆伐斟灌覆其舟，足證禹平水土亦曰躬稼，何也？書暨稷播，奏庶艱食鮮食，烝民乃粒。知播穀事，禹實教之。且路史云：商九州之高下，相其原隰。禹貢所辨墳壤埴壚，其於稼事詳矣。以禹稷比孔子，語本渾含，不必以報施無常作搔首問天語。

“子路問成人”章

成人，非聖人也。成德成材，可爲世用。如《學記》所謂知類通達，强立而不反。謂之大成也。亦之爲言。原非其至。若字之意，乃分言之，非兼有之。若猶如，言成人不必遠求，如近世武仲之知有禮樂，亦可爲成人。莊子之勇有禮樂，亦可爲成人也。公綽冉子皆然，下節曰字，當從胡氏。謂子路之言，蓋因夫子舉武仲諸人皆今人。遂言今之成人者衹如此亦可。亦維持世教之意。聖門問答，未嘗不各抒所見也。據《荀子》，齊人欲伐魯，忌卞莊子，不敢過卞，可知其勇。四人皆魯人，非但指當時，又舉其至近者。

“子問公叔文子於公明賈曰”章

文子薦僎，子深嘉之，其然豈其然乎，未免輕量文子，且面斥公明賈非聖人語氣。聞膠西王撫五謂其然之然指賈所云，下“然”字仍指不言不笑不取，甚是。蓋時然後言數句，第言其不苟，非以爲時中之聖也，故聖人取之。鄭康成云：“文子，衛獻公之孫，名拔，或作發。”

“子曰臧武仲以防求爲後於魯”章

衛人皆以衛君爲當立也，故子貢究其心；魯人皆以武仲爲非要君也，故夫子誅其意。人特憐其以譖出奔二勳之當祀也，而曲原之。即魯君與季氏，亦以仲之婉其詞，不必發其覆，可以相安於無事，所謂魯以相忍爲國也，故特揭之以立臣道之防。

“子曰晋文公譎而不正”章

和同泰驕，以其迹相類，故辨之。若以譎爲不正，則黑白較然，又何辨？蓋譎訓詭。正，以其詭托於正也。文以欲戰之心，而先爲示禮、示義、示信，知秦之不可勝也，而曰“因人之力而敝之，不仁”。退三舍以怒將帥也，而曰“楚君之惠，未之敢忘”。譎字從言，蓋好爲美言以陰濟其私者。若桓則直言無隱矣，曰：“以此衆戰，誰能禦之？”迹其生平，大抵坦率，無少掩飾者耶？况其封邢衛，定魯難，辭子華，實有足以服人者，不待詭托也。今以爲心皆不正，亦求深之論。植鹿泉《温故録》：晋文公没時四十有四，入國年三十有六，《葵邱傳》稱伯舅耋老，則齊桓乃老而舉事者，足正從來之訛。

“子路曰桓公殺公子糾”章

子路、子貢皆以管仲恝然於子糾爲未仁，夫子以其澤及天下爲仁。或謂仲之仁是粗處，初不計其德；或謂言仁之功者皆迂，澤及於人即爲德。九合，《史記》謂兵車之會三，乘車之會六，鄭疏以穀梁衣裳之會十有一，去北杏及陽穀爲九。然考十一會，中會甄、會幽俱再，或但舉所會之地，則爲九也，《左傳》所云糾合，與此不同，不必以九爲糾。

“子貢曰管仲非仁者與”章

荀卿謂子糾爲桓之兄，杜元凱亦謂糾與桓皆僖公庶子，而糾爲兄。惟薄昭謂桓公殺弟以安齊，韋昭注云：“糾，實兄。言弟者，諱也。”蓋文帝於厲王爲兄。故云爾。然則桓不宜立乎？曰非也。糾與桓皆僖公子，先入者君之可爾。義不係乎兄弟也。聖人何取乎管仲？澤在天下後世者，其功大；死於公子一人者，其節小。此聖人之公論也。然則謂王珪、魏徵功不贖罪者奈何？曰：王、魏之事，亦以聖人論管仲之例斷之。王、魏以高祖命爲建成傳，猶管、鮑以僖公命爲子糾、小白傳也。建成爲太子，异於子糾。而其惡之當誅，則不如子糾。建成之誅，高祖在焉，則謂高祖誅之可也。太宗爲高祖所立。勝於小白之自立。大宗之用王珪、魏徵，謂高祖用之可也。故王、魏之終爲唐臣，猶管仲之終爲齊臣也，而義猶勝於仲。王珪推誠納善，魏徵直言極諫，輔太宗治天下。幾致刑措，功尤不在管仲下。而論者執區區兄弟之義，責王、魏之不死，當攻元武門時，有死建成者何如耶？王魏以經綸天下之才，死於紈絝公子之手，高祖以罪人律之，後世以節義録之耶？且建成未誅時，高祖早以珪不能輔導，流巂州，烏從而死之。蓋王、魏所處勝於管仲，非趙普爲周臣而仕宋卒，今太宗殺德昭、廷美者比也。聖人大管仲之功，而後世必不肯恕王、魏之罪，故論世者當以聖人之例爲斷。

“公叔文子之臣大夫僎”章

春秋多以家臣爲家大夫，如趙簡子疾，大夫皆懼，即其家臣。魯有郈大夫、郕大夫，皆邑宰稱大夫，故曰臣大夫僎。非指异日爲大夫也。曰與文子，似衛君自用之，非關文子薦之者，亦見拜爵公廷，非受恩私室也。蓋其時權在世族，仕於家者必不能升於公清之役。冉有自稱小人。其辭氣卑遜可想也。公叔過人遠矣。

“仲叔圉治賓客”三句

子稱仲叔勤學好問矣，鳥能擇木，以其失問，非必深嫉其人。晋將先蔡於衛，賴鮀有辭，乃長衛侯踐澤之盟。賈實雪君之耻，蓋忠於衛者，未聞其擅也。媚竈之説，特自言其有此意。豈謂夫子附已乎？後世苛論，至以鮀賈爲罪人，將使賢奸雜用者得以藉口矣。

“子曰其言之不怍”章

與其言也訒對看。當言之時，即思爲之之難，故樸訥自守，而其人終爲天下所賴。此則惟其言而已，原無意於爲之，故大言不慚，而其人早爲有識所弃。

“陳成子弑簡公”章

子曰：“臨事而懼，好謀而成。若不量力，不度時，而徒欲伸大義於天下，是以人之國嘗試，聖人不爲也。”《傳》曰：

“民之不與者半，以魯之衆，加齊之半，可克也。”此固理勢之自然者。當曰：陳氏噢咻之恩未遍也，樂、鮑、國、高諸巨室及齊之舊民未盡附也，故成子雖弑君而不能篡。此時魯之人鼓而進之，仗大義以討之，齊人皆左袒矣。誅陳恒之罪，置君而後去，在此舉也，其機不可失，不過旬日之間，而事已大定。所謂兵貴神速。若俟請命天子，告之方伯，則方其遲回觀望。而陳成子已得維持調護於其間，向之不與者皆與，雖十倍於魯者無如之何。而况此時之天子已不能令晋爲伯主，其六卿與陳恒等將安告乎？若謂魯君先發而後聞於天子，則猶爲可行也。

“子路問事君”章

此與信而後諫意略同。欺則所謂忠悃不孚於平日也，如此而犯，無以動君心，即無以裨國。是勿欺則能信矣，言能積誠以動之，而遇事又敢言也。惟不得加後字，聖人因問而答，不必謂子路能犯而有欺也。

“子曰君子上達”章

孔注：本爲上，末爲下。邢疏：此言君子小人所曉達不同也。賈斗樞云：“形而上者謂之道，形而下者謂之器。”當是此章上下之義。蓋君子於其上焉者，能達仁義道德之學也；小人於其下焉者，能達名物象數之學也。上達則不官不器，所以不可小知而可大受；下達衹一技一能，所以不可大受而可小知。故請學稼圃，亦以爲小人。

“子曰古之學者爲己”章

孔注：爲己，履而行之；爲人，徒能言之。邢疏：古人之學，則履而行之，是爲己也。今人之學，空能爲人言説之，己不能行，是爲人也。

范蔚宗謂爲人者憑譽以顯物，後世遂以爲人爲求名，不如孔説得爲字意。蓋欲有諸己，若告諸人而與己無涉，是其學乃爲人而已矣，究何所得乎？自古以爲己爲自私，爲人爲利人，聖人以此論古今之學，猶言古人却便宜，今人乃吃虧耳。然此等處，皆積重難返矣。

“微生畝”章

古注：栖栖，皇皇也，《集注》易以“依依”，甚妙。蓋栖者，人之依於人，如鳥之依於木，栖栖者，既依於此，又依於彼，故疑其爲口給以悦人。若衹云皇皇，則於佞不相應。古注：疾固，謂病世固陋，欲行道以化之，尤不如《集注》之佳。謂執一不通，所以警微生畝也。

“子曰驥不稱其力”章

以德爲馴良，固已，然以駑馬而馴良，亦將稱其德乎？蓋德即於力見，惟有力而不妄逞其力，不自愛其力，是謂德矣。如有才而不妄用其才，不自私其才者也。爲驥言，尤爲用驥者言。稱非徒評隲之謂，輕重在此。即取舍在此。用人而不審乎此，貽害國家匪淺矣。

以直報怨

此章朱子之論最明，注特從簡，人多誤會，以爲當取則取，當舍則舍，似未會有怨者。如此則與無怨者等，不宜云報怨矣。惟或問云："以直云者，不以私害公，不以曲害直，當報則報，不當報則止。"一視夫理之當然，而不以己之私意與焉。是則雖曰報怨，而豈害其爲公平忠厚哉？又引《周禮》殺人而義者，今勿讎，讎之則死，此不當報者。《春秋傳》曰："父不受誅，子復讎可也。"此當報者。直字義尤朗然。蓋直即直道而行之直，所謂是非之公，酌其當報與不當報，即是非之公也。但怨亦不盡讎，君父之讎，不在此例。怨則可解者解之。不可解者存之。鄅無正與尹鐸有怨，及免尹鐸於難，鐸酬之辭曰："吾爲主圖，非爲子也。怨若怨焉，其亦有直道存乎？"

下學而上達

内注：反己自修，循序漸進，最明確。外注有上達天理一語，遂多説向知一邊，謂理會得多，便貫通其説與物格知至等。竊以達字多訓通曉，此則當以漸進爲主，與"忠恕"章實相表裏。蓋天下怨天尤人者，皆不能忠恕者也。誠能事事自盡其心，以待己之心待人，惟恐自己未能盡道。何暇怨天尤人？此所以能下學也。由此念念忠，念念恕，無人我之间，即上達也。夫至於上達，則所謂仁者與天合其德矣，故曰："知我其天。"蓋天以愛物爲心，聖人即以天心爲心，此意有難顯言者耳。本重下學，言下學而自然上達，非有二道，即一以貫之之義，不必謂子貢未喻也。惟語類以爲志學時則立爲上達，立時則不惑爲上達者得之，與“孟子不成”章不達之達，意正相通。

“公伯寮”章

或謂此墮都出甲之時，謂其將假以沮孔子，故孔子不爲子路計，而爲吾道興廢計，非也。學於聖門者，皆欲行道濟時，武城弦歌、治蒲三善，無非行道，白文原無吾字，道之將廢，正爲子路言耳。且墮都在定十年季桓子執政時，子服景伯見於哀三年，是年季康子立，則此章季孫乃康子，墮都已成往事矣。

“子擊磬於衛”章

朱子云：“樂有八音，若獨奏一音，則其一音自爲始終。”知擊磬亦有始終，非偶然一擊。如伯喈聞琴聲而知有殺心，非偶然一彈也。且擊石拊石，音最難調，笙磬、頌磬，名數尤多，即今之編磬十有六，亦備宫、商、角、徵、羽，其有始終，條理可知，故曰：“音者，生人心者也，聲成文謂之音。”又孔子自衛反魯，然後樂正，疑嘗釐訂古音於衛則又不獨擊磬，而荷蕢者適聞磬聲而嘆與深厲淺揭，喻審出處。詩本刺衛亂，戒仕進，故荷蕢引之。以末之難爲無難，於文義未協之。字疑與末之也已同，言如其言，則天下將無所往，難以濟矣。

“子張曰書云”章

諒陰，心喪也。三年不言，即無改於父之道，聖人以此慨古禮之久廢也。孔疏：諒，信也。陰，猶默也。《尚書·無逸》，亦同此解。鄭元以爲凶廬，邢疏不取，又引杜預之論，謂天子居喪，齊斬之制，菲杖絰帶，既葬而除，諒陰以終之，三年無改於父之道，故曰："百官總已以聽冢宰。"據此則喪服既除，豈有仍居凶廬者？自以心喪之説爲是。惟邢疏以諒爲信任冢宰，亦恐未允。蓋三年中信先人之道，嘿嘿思慕。不忍變更，但今冢宰奉而行之，以倡其屬，此天子諸侯之孝也。商道中衰，高宗能復古禮，故稱之。

"子路問君子"章

朱子云："心平氣和，静虚動直，而所施爲，無不各得其理，是以其治之所及者，群黎百姓無不各得其所。"此論最爲切實，即注中充積之意，非專言静存也。謝上蔡謂安百姓則擴而大之之説，正未可廢。《大學》言敬止而及父子、君臣、國人，可證也。特聖人之意重修己，曰安人，曰安百姓，見修己之功用甚大，以抑子路見少之意耳，所謂君子求諸己，爲仁由己者也，然微子路之問，則修己以敬一語，鮮不索諸虚渺矣。

《論語》卷之四

文登李允升藹蹊訂

《論語》

“衛靈公問陳於孔子”章

子云：“我戰則克，又攻費人，却萊兵，豈未諳軍旅?”蓋衛靈時，外與强晋構怨，内則南子釀禍。夫亂之所生也，惟禮可以已之。睦鄰封，正倫理，而患可弭矣。俎豆之事，所以修禮讓也，讓所以息争也，非獨祭祀用俎豆，凡燕禮、聘禮皆有之，以正君臣，以篤父子，以合諸侯。靈公以爲迂而不問，亂將作矣，不必待仰視蜚鴻也。

在陳絶糧

何注：孔子去衛如曹，曹不容，又之宋。宋遭匡人之難，又之陳。會吴伐陳，陳亂，故乏食。

《史記》陳、蔡之厄在哀公五年問陳後，如陳在哀公二年，此無蔡字，亦非被圍。不然，匡人圍則曰畏於匡，此何不書?

“子曰賜也女以予爲多學而識之者與”章

子貢之論夫子曰：“識大識小皆學矣。”夫制度不相沿，又多廢缺，何能盡知？聖人於帝王之治，各能得其本，操其本以御其末。觸類旁通，擇善而從，文獻不足者能言之，所謂一以貫之也。不然，傳聞异詞，縱搜羅極富，而於本原未有得，何能時措咸宜，以應天下事？蓋學之將以用之，其施於世，則因革損益，權衡之下不爽。其傳於後，則删訂篡修，參考之有資，得其所爲一以貫之者，而百世之下可以差等乎百世之上矣。此百家言六藝者，所以必折衷於夫子也。後世議禮如聚訟，由於汜濫而無所統，故不能觀其會通，又安望化裁推行以應天下之變乎？

本言一以貫之，非以一貫之，必求所謂一者爲何物，則膠柱而鼓瑟矣。或又以一爲心，然心有公私善惡之不同，誰非以一心應之者？虚靈不昧等語，尤墮禪機。曰然之然，非必果信，亦應對之體耳，猶孟子曰然。講家謂“然”字有工夫，“非”字方有見地，以爲妙諦，實陋套也。

“子曰無爲而治者”章

以治天下之功而歸之，遇則無味，論德則豈堯不如舜？竊疑五臣皆舜始用之。《舜典》所載咨十有二牧，孟子所稱舉舜而敷治以下，皆舜所使。《左傳》季文子語，亦言堯不能用舜用之，歷歷可據。意五人皆堯之臣，而專任以職，則自舜始，治天下莫大於得人，任賢則逸，自用則勞，舜之所以無爲而治者以此，子故特稱之，以爲治天下者法。注：得人以任衆職最重。

何注亦言任官得其人。唐杜黃裳諫憲宗云：孔子稱舜恭己南面，以其能舉十六相，去四凶，而至無爲，諒哉！至恭己南面，正咨岳命官時氣象，非端拱無事也。

“子張問行”章

忠信曰言，篤敬曰行。言行者，君子之樞機，樞機之發，榮辱之主也。與“干禄”章皆示以修己之道。彼言學可用世，此言誠能動物也。忠信篤敬何物而以爲可見，義所未安。《漢書》：衡，平也，所以任權而均物，平，輕重也。引《論語》在車見其倚於衡爲證。又曰：齊之以禮，此衡在前居南方之義，大意言其動必以禮，諸城丁大椿據華谷説叢參前，山立也。《玉藻》：山立時行。《漢孔伯海碑》：屹如山立。參前不動。倚衡，式也。《曲禮》入里必式，宗廟必式。又式齊牛，式路馬。據此，則以參前倚衡爲敬，言立即參前，在輿即倚衡，無時不敬也。似動不違禮，篤敬之至，即忠信之至。存參。

“子曰直哉史魚”章

以有道爲盛世。不得不以聖言爲懸擬，不知言各有淺深，此與“甯武子”章有道俱非深言。成公初年，顛危爲無道，其後承平即爲有道。史魚之於衛靈公亦然。靈公有無道之事，而用人各當其才，國賴以安，亦可謂有道之時。魚之直不以夷險易節，所謂骨鯁之臣，古今不可少之人。而論者必以爲遠遥伯玉，陋矣。又以伯玉出處合於聖人，遂以仕爲行其道，懷爲藏其道，因伯玉未行道，遂以仕爲設言。又谓卷懷不指出近關事，俱以付諸空空爲妙，不知注引，不對而出確證也。蓋伯玉實仕衛，仕而無權，何能行道？當大臣謀逐獻公，謀入獻公時，凡希榮干進者皆争附之，孫甯之間，欲相援引。非懼其阻撓也。使伯玉而入其黨，攀附之功立致矣，而獨超然遠引，不邀功，不苟禄，其人品卓卓可想。其仕也必可仕，而仕無行道之權，亦無失身之嫌可知也。史魚與伯玉俱仕衛，而其時與其職有不同者。奚事大有軒輊於其間耶？

“子曰可與言”章

白文明言人，自指交友教人，不兼事君。亦字似側，不失言，聖人蓋爲婆心人言之，有愛人之心，而無知人之明，亦難語於善身善世矣。

“子曰志士仁人”章

聖人言仁，自富貴貧賤取舍之間，以至於死生不可奪，一也。此蓋爲求生以害仁者而言，即顛沛必於是之意。《孟子》所謂萬鐘不辨禮義而受，爲失其本心，即爲不仁。舍生取義，即爲仁。人莫不有仁，何以害仁？牽於私也。何爲私？厭貧賤耳，求富貴耳。究其極，不過貪生惡死之心。一切趨利避害、寡廉鮮耻之事，皆此求生之一念爲之，而本心之良，即皆此求生之一念害之。志士仁人則必無此。不寧惟是。乃至有殺身以成仁者，而何求生之有哉？自君父之難，以至一簞一豆之不受，皆是也。若兩句平對，則複而寡味。

“子貢問爲仁”章

郭有道獎訓士類。多敦實行。張説於魏元忠事，人以爲蓬生麻中，不得不直，亦可想見賢仁之力。蓋惟勸善規過，故能去其心之私，而動無違禮。注中嚴憚切磋，本自切實，而或又以嚴憚之心、切磋之意爲仁，皆求諸虚而不求諸實也。

“顔淵問爲邦”章

天子曰邦畿，《周禮》皆言邦國之治，故治天下曰爲邦。顔子蓋問創制之事，記者約言之曰問爲邦，非謙詞也。政以授時爲大，固已。於殷何獨取輅？於周何獨取冕？舉重以概輕也。三代何以先於《韶》？功成然後樂作，且以養性情也。四者何以盡爲邦之道？大人舉禮樂，則天地將爲昭焉。中和位育。即在因革損益之中。恭儉如漢文制作尚云不遑，蓋其難也。奸聲惑志，讒言亂政，風俗之壞，爵賞之濫，漢唐以來，天下之變，皆由於此。前四句所以定一代之制，後四句所以維萬世之安。千古治亂之原，不越此數語矣。

鄭聲淫

陳啓源曰：“淫者，過也。”非專指男女之欲。古之言淫者多矣，於星言淫，於雨言淫，於水言淫，於刑言淫，於游觀田獵言淫，皆言過其度耳。樂之五音十二律，長短高下，皆有節焉。鄭聲靡曼幻渺，無中正和平之致，使聞之者導欲增悲，沉溺而忘返，故曰淫也。此説得之，《樂記》鄭衛之音，與桑間濮上分言，不得以桑間濮上爲鄭。即子夏之言鄭音，亦與宋衛齊并譏。其言好濫淫志，亦以其聲之氾濫，能蕩人心。鄭注以濫爲男女相偷竊，誤矣。昭元年《左傳》：先王之樂，所以節百事也，故有五節，遲速本末以相及，中聲以降，五降之後，不容彈矣。於是有煩手淫聲，慆堙心耳，乃忘平和，君子弗聽也。觀此可以知鄭聲矣。

“子曰臧文仲其竊位者與”章

知字有確證，書三萊是矣。諸城宋椿圃云：此當以爲士師三黜爲證。蓋魯有三卿，司徒、司馬、司空三家爲之，次則司寇，臧氏爲之。士師者，司寇之屬也。士師之名久，豈司寇而不知，第用爲士師以供己用，而不升諸公以爲國用，又恐積日累勞，亦當見擢，三黜則終抑下位而不得升矣。此方是確然知其賢，確然不與立，而竊位之旨益瞭然矣。

“子曰躬自厚”章

論者必云非以遠怨，然聖人固明言遠怨矣。家無怨則家齊，國無怨則國治，天下無怨則天下平。故前言家邦無怨，此聖賢之實學也。人必明於人己之間，而後可以通天下之志，言躬尤切於言己也。范忠宣公云：“以責人之心責己，以恕己之心恕人。”正得此意，所宜服膺，而先儒駁之，過矣。

“子曰群居終日”章

義不越典籍之蘊，事物之宜。不及義者，聰明自負，不則古昔，無裨身世者也。小慧，《邢疏》謂以小小才，知陵誇於人，蓋非有邪僻之事，而相爭以技能之末。王右軍譏謝太傅“虛談廢務，浮文妨要”，是即不及義。至王衍之放誕，又不足言矣。古所謂才，有用於世也。至建安才子，乃以詞賦顯，竹林七賢，且以狂妄著，皆小慧之流耳。揮麈高風，鍛爐奇節，誤國事，隳名教，可勝嘆哉。

“子曰君子義以爲質”章

何注：“鄭曰：‘義以爲質，謂操行。孫以出之，謂言語。’”不當爲而爲者不智，當爲而不爲者無勇。故先義以爲質，則無妄動，亦無廢事。禮謂節文以進退度數，言孫謂謙順以應對辭令言，出即出辭氣。信則貫乎始終而不渝者。若第以孫爲讓，則與禮複。《儀禮·聘記》：“辭無常，遜而悦。”

“子曰人能宏道”章

董子云：“道者，所繇適於治之路也，仁義禮樂皆其具也。故聖王已没，而子孫長久安寧數百歲，此皆禮樂教化之功也。”夫周道衰於幽厲，非道亡也，幽厲不繇也。至於宣王思先王之德，興滯補弊，明文武之功業，周道粲然復興，後世稱誦至今。此夙夜不解，行善之所致也。孔子曰：“人能宏道，非道宏人也。”讀此可以知此章之義，其澤及後世，稱誦不絶，幾疑道能宏人矣。然幽厲不能由，而宣王能興之，則惟人能宏道也。當孔子時，文武之道未墜，然人存則政舉，人亡則政熄，故言此以惕之。《中庸》言“聖人之道，發育峻極，必待其人而後行”。孟子言“徒法不能以自行”，皆此意也。後世必謂道與法不同。孟子固言：“遵先王之道也。夫六經未絶於世，道不亡也，人不由也。”至孔穎達乃以道爲虚無妙用，後世遂又以性爲道，以無爲爲道，體矣。

"子曰吾嘗終日不食"章

當思聖人所思所學何事，謂如後世詩文家巡檐索句爲思，披簡呻吟爲學，固失之遠。若必以躬行實踐爲學，遂以思爲知，以學爲行者，亦非古人修身善世之道。備於詩書禮樂之中，好古敏求，皆謂此也。即以樂言，聖人之於《韶》，心游目想，必有獨得其妙者。然非在齊而聞《韶》音，亦不知其至於斯也，此思之所以不如學也。

"子曰君子謀道"章

首末二句易複，謂中二句開，末句合，仍不免複。蓋皇皇求仁義者，君子之行也，謀道之謂。皇皇求財利者，庶人之行也，謀食之謂。皆以其所業而言。憂道者，憂道之不得，則朝乾夕惕；憂道之不行，則悲天憫人，此則言其究竟。聖賢者，以天下爲心者也。道者，修其身以治天下之道也。中二句與首句連，聖人不以難事責人，言耕而得餒，學而得禄，謀道未嘗不得食，人何憚而不謀道哉？以上勉人以謀道，末句則言謀道之心當如此也。

"子曰知及之"章

邢疏："此論居官臨民之道也。得位由知，守位在仁。"

首節以理言，則與下二節不貫。知及，言民之情，僞盡知也。仁守，言膏澤下於民也。雖得必失，言雖服其明，不懷其德也。苟有明斷之才，則物望必歸，而無仁政之實，終無以得其心矣。趙鹿泉云："此章十一之字，皆以民言，而點睛衹一民字。"

“子曰民之於仁也”章

仁無大小，各隨其分，孝於家，忠於國，以及睦婣任恤皆仁也。乃天下之民，所恃以相維而不可一日無者。有此則可以相保，無此則禍亂日生。民非水火不生，活而不仁則雖有粟不得而食。故曰：“甚於水火。”葛寅亮云：“群萃之衆，全藉仁愛以相生，非仁則强凌弱，衆暴寡，相殘相賊，人之類滅久矣。”此論淺而能實，今既以民爲庶民矣，而又以仁爲性命精微之理，謂害身勝於失其心，果足以動斯民之聽乎？

“子曰當仁不讓於師”章

以仁爲瞬存息養，此何與人事而曰不讓耶？夫必有讓之者，而後曰不讓。《集注》勇往必爲，與古注行仁之事，本自分明，仁何以有？讓，如勤勞王家，則諉諸同僚，周恤鄉黨，則諉諸戚友，徘徊觀望，而反自以爲有所讓也。不知此乃我當爲之事，我自爲之而已，何有於讓？雖師且不讓，何論其他？儒者，好言空虛，高談性命，持論日求精微，而臨事每多引避。至謂不可將第一等事讓别人做，則又英雄之見，如晋文之辭秦師而下者矣，非聖人之旨也。

“子曰辭達而已矣”章

疏：此章明言語之法也。凡事莫過於實，辭達則足矣，不須文體也。

《儀禮・聘記》：辭無常，遜而悦。辭多則史，少則不達。《左傳》子產有辭不徵，辭非文辭不爲功，俱以應對言，此則可云達意。所謂善爲説辭，不辱君命也，故謂明言語之法。《史記》卑辭重幣，一言半辭，《離騷》就重華以陳辭，揚雄抗辭幽説，皆此類。至《晋書》左思敷辭會義，陸機《文賦》放言遣辭，則所謂文章矣。文以載道，道之不明，意已誤矣，何貴乎達？

"師冕見"章

遇瞽而有詔，此人情之常，子張何疑焉？蓋《周禮》眡瞭有目，主相瞽者，則知師冕爲樂官，其相必非一人。詔階詔席及告以人，皆相者之事，無待於夫子，而一切賓主揖讓，仍準士相見之禮。夫子則不待其相之詔，而以相師自居，猶侍食於君而先飯，以膳宰自居也。子張以見所未見而問之："夫子之言重固字，尤重相師二字，所謂亡於禮者之禮也。其動也中，泛言天理流行，皆學究，語大而無當。"

"周任有言曰"二節

兩節意不同，故有且字。上節言季氏之過，其臣當救正，猶瞽者顛危，相者當扶持，謂夫子欲之，二臣不得聽之也。下節謂爾言二臣不欲，則尤過也。誰令夫子欲之者？猶虎兕之出，龜玉之毁。誰使之出，且毁者？則謂夫子欲之，即二臣欲之可也。蓋顛危猶瞽者之不自檢，虎兕之出，龜玉之毁，則無復歸過於虎兕龜玉者矣。可知季氏之罪，即由、求之罪也。下文冉有所以急爲季氏解。

“君子疾夫舍曰欲之”二節

欲之，即前夫子欲之。言求方諉過於季氏曰：“夫子欲之矣，又舍其所謂欲之者，而以子孫憂爲辭也。夫爲子孫憂，是以傾爲辭也。”故下文示以免傾之道，寡與均對，貧與安對，故曰：“不患寡云云。”然均則有千乘百乘之不同，不能無寡，惟千乘百乘之人，各足以供其費。可以無貧，無貧則上下和順，此不見多彼不見少。而并可以無寡，無寡則永無争端，君不下替，臣不上陵，如磐石之安，夫何傾覆之有？“傾”字暗跟“憂”字，衹承上文，略爲錯綜。加一“和”字，而已透露無餘藴矣。三句共九字，句如山立，字如鐵鑄，可抵多少《治安策》。

“夫如是故遠人不服”節

謂如是指不患貧寡二句，是矣。而以文德即屬均安和，非也。謂有均安和而後有文德則可，謂文德即均安和則不可。均安和，乃言國勢人心如此，非以來遠人也。文德對武功言，則自有禮樂文章，見於朝聘會盟。聞者帝誕敷文德而有苗格，豈未格之前，尚有不均、不安、不和乎？顓臾在邦域中，下云：“邦内，則顓臾非遠人也。”遠人不來與分崩離析，皆言平日如此，而今又謀動干戈如此。或曰：“遠人謂郲蕭墻之内。”

注：墻，屏也。蕭之爲言肅也，言君臣相見之處。據此，則蕭墻宜指魯君朝群臣處。言季氏專横日甚，則必得罪於君，以激其怒而患生矣。聖人不直言魯君，故曰蕭墻。《集注》所云“哀公欲以越去魯”者是也。古注以陽虎囚桓子爲證，則誤。此

當在康子時。趙鹿泉云：“墻謂之墉，即塗塈茨。”

“天下有道則政不在大夫”二節

不曰政不在諸侯，而曰不在大夫，禮樂征伐統於天子，諸侯自宜各有其政也。不曰陪臣，蓋陪臣不能久柄政，終歸大夫也。且當時大夫非盡强横，若魯季文子，晋韓宣子輩，皆以忠聞，其國賴以存。然而有道時則必無是，雖有賢能，惟奉君命以輔政，不得專也。與下庶人之議一例。夫子之筆削爲公議，十五國詩人之刺譏皆公議也。古文議與誼通，然則庶人之議，乃是非之公，然而有道則必無此，以其無可議也。

“孔子曰禄之去公室”章

曹寅谷云：“季武子之卒，在昭之七年，是時悼子先武子卒，而平子於是年立，悼子未爲卿也。”然則當去悼，而依孔注自文始。曰：“文、武、平桓，毛西河以禄去公室，即是政逮大夫，未有去此不之彼而中立者。”去公室，從公室數，則公適五世；逮大夫，從大夫數，則大夫適四世。其論極當。又按《左傳》昭二十五年，魯將逐平子。宋樂祁曰：“魯君必出，政在季氏三世矣，魯君喪政四公矣。”杜注：三世，文子、武子、平子。四公，宣、成、襄、昭也。至三十二年，公薨乾侯。史墨對趙簡子曰：“季友有大功於魯，受費以爲上卿。至於文子、武子，世增其業。魯文公薨，而東門遂殺適立庶。魯君於是失國，政在季氏，於此君也四公矣。”林注亦曰：“宣、成、襄、昭。”蓋樂祁、史墨言在昭公時，故曰四公，孔子言在定公時，故曰五世。公室自宣始，則大夫自文始。惟成公時孟獻子與文子同掌國政，及平子嗣武子，而叔孫昭子以三命爲政，平子惡其居己上。然則文、武、平之間三家以次爲政，故曰三桓之子孫，而季於桓爲大宗。季氏以世及，孟、叔不必皆世及，故四世遂以文、武、平、桓爲斷。

“孔子曰見善如不及”章

以上節爲獨善，下節爲兼善，非也。孟子稱窮則獨善，達則兼善，原非兩人。上節方孜孜然爲善去惡之不暇，未敢言成己成物也；下節則其志其道，獨有千古恹恹乎？爲天地立心，爲萬物立命，窮與達一也。隱居非處，行義非出。今之不仕者皆隱居，仕者，皆行義乎？兩以字各重上截。隱居者，潛伏不出，雖可仕而不仕，蓋其志甚大，非此不足以求之也。行義者，進退不苟，必可爲而後爲，蓋其道甚重，非此不足以達之也。孔孟周流，皆在晚年，澤及於人爲行義，不苟合於人亦爲行義也。

“齊景公有馬千駟”章

邢疏：“《正義》曰：‘此章貴德也。’景公雖富有千駟，及其死也，無德可稱。伯夷叔齊讓位，餓首陽山下，雖然窮餓，民到於今稱之，以爲古之賢人，其斯所謂以德爲稱者與？”

阮芸臺云：“王注云此所謂以德爲稱，《正義》云此章貴德也，”皆以斯字即指德言，直截自然。按，此節無詩詞，以其斯之謂爲衍文，亦非也。當時目睹景公之無稱，以其無德也。因恍然於夷齊之所以見稱，明言無德，非無得也。下伯夷讀至其斯之謂與二十一字爲一氣。葛寅亮河南講齊景公上無子曰：“字宜與上合爲一章，引夷齊以證求志達道者，蓋夷齊首陽爲隱居，讓國爲行義，求仁得仁，則其志其道可想存參。”

謂夷齊義不食周粟，故《采薇》者，非也。粟爲周粟，薇亦周薇，且首陽獨非周土耶？蓋古今以粟爲祿，原思爲宰，與之粟九百是也。夷齊特不仕於周，不食其祿耳，因失國而窮餓，非不食而死也。《史記》所述叩馬數語，亦殊淺陋，惟曹寅谷據左氏謂諫武王遷鼎者近是。又載謝景平之言曰：“二子之事，凡孔孟所不言，皆無取真卓識也。孔子但稱其讓國爲仁，孟子言辟紂居北海之濱，就文王之養，後世傳聞，又何足憑？

“陳亢問於伯魚曰”章

以陳亢爲痴呆，非也。謂父子有异聞，亦人情之常，非必有私意。及聞伯魚言，而後知君子之遠其子，蓋大道爲公不私其子，即爲遠其子矣。《詩》《禮》雖非創聞，然聞夫子告伯魚之言。而知《詩》《禮》之所關甚鉅如此，亦可謂今日始得聞之。

“子曰性相近也”章

謂孔孟論性不同者，非也。性相近，即非天之降才爾殊，習相遠，即所以陷溺其心者。然也，其情可以爲善，即性相近。若夫爲不善，非才之罪，即習相遠。謂性有善惡不同者，非也。善之中微有别，而實不相懸，如同一惻隱羞惡而不無淺深，然見孺子入井而怵惕，遇呼蹴而不受，大略相同，故曰近也。謂有氣質之性者，非也。氣自氣，質自質，性自性。性者得於天而不可强，如肉桂之性熱，大黄之性寒，犬之性能守，馬之性能走，其故皆不可解，性實然也。具於心爲五常之性，耳目口體則爲嗜欲之性，君子不以爲性，别無所謂氣質之性也。天有氣，故人亦有氣，地有質，故人亦有質。謂性因氣質而略殊則可，謂更有氣質之性則不可。猶水本清而泥土有不同，不得謂有泥土之水也。天所予爲“性”，人所爲爲“習”，此因人有善不善之相遠，皆以爲其性然也。而切示之曰：“此非其性，乃其習耳。”要之，五常之性固善，即嗜欲之性亦非惡，惟逐乎物而失其本心，則爲惡。聖賢嗜欲與人同，惟從其大體，則爲大人耳。

聞弦歌之聲

謂弦歌爲禮樂中事，然似有樂無禮。李岱雲謂：“必其聲中正和平，异於淫哇嘈雜，比鄙强悍。”然本文所無。竊以古之誦詩者，必和以琴瑟。故《學記》云：“不學操縵，不能安弦。”蓋子游興立學校，教以《詩》《書》，因有此聲。故曰：“學道，即孟子明倫之意。”樂正崇四術曰：“禮、樂、詩、書，弦歌蓋言學也。”

“公山弗擾”章

自《鄭注》以東周爲興周道於東方，而邢疏又云：“使魯爲東周，於是此章之義不明，而聖人之心事不白。”如有用我，本推言，若以魯爲周，是以魯爲天子也，奈周室何？謂使周作賓王家勝於赧王獻邑，則周且不待赧王而已亡。惟易簡録東周對西周而言，最爲明確。蓋周自東遷而後，天下不復宗周，夫子得用於時，必使東周大有可爲，一復乎先王之舊，故曰：“爲東周也。”春秋時，無論齊魯宋衛晋楚諸國，有能用夫子者，必輔其君爲方伯，而率天下之諸侯以朝周，使禮樂征伐自天子出。今日之景敬，當年之成康也。其用我之國，即當年之周召也。夫以管仲之才，招携懷遠，假仁義而能令天下，况以大聖人實行仁義，興滅繼絶，治亂持危，而天下諸侯有不靡然從風者乎？或以王城爲西周，成周爲東周，説本趙鹿泉。

“子張問仁於孔子”章

聖人言仁，類由心而達諸事，而説此章者，必以爲存心，至謂無事時，心亦主此五者而不敢放，皆好爲精微之論，而不求諸實。夫曰行，則已達諸事矣；曰於天下，則尤由己而及人矣；曰不侮以至使人，則私意去而可以觀萬物之通矣。《易》所云“成天下之務，通天下之志也”。謂聖學必本於敬則可，謂括之以存心則未安。天下所賴於仁人者何在？而謂致虚守寂，空談心學，遂可措天下於安乎？

“佛肸召”章

義，惟求其是，翻新則失之。君子不入，自是不入不善之黨。不曰四句，自是又進一格，張敬夫以不口爲轉是也。或又取凌氏之説，以不磷不緇爲不入，似子路誤會者然豈可以君子不入爲不入君子乎？惟以匏瓜爲不能飲食，則沿古注之誤。瓜有甘苦二種，甘曰瓠，詩甘瓠纍之。苦曰匏，《國語》：“苦匏不材，於人共濟而已。”是特以匏不可食，故繫於一處，大旨言其無用耳。或以爲星名，則尤鑿。

“子謂伯魚曰”章

何注：馬曰：“《周南》《召南》國風之始，樂得淑女以配君子。三綱之首，王教之端。”邢疏：“爲，猶學也。”言二南皆正始之道，先美家内之化，是以《關雎》之化説后妃樂得賢善之女以配己之君子。有夫婦然後有父子，有父子然後有君臣。二南之詩首論夫婦，文王刑於寡妻，至於兄弟，以御於家邦。是故二南之詩以后妃夫人之德爲首，終以麟趾、騶虞。言后妃夫人有斯德，助其君子，皆可以成功，至於致嘉瑞，故爲三綱之首，王教之端也。

注、疏解二南，深得其旨。觀此可以知《集注》修身齊家之義。君子之道，造端乎夫婦。孟子曰：“身不行道，不行於妻子。”易風火家人，君子以言有物而行有恒，其義俱可相通。天子與匹夫，勢有廣狹，道無淺深。漢高帝之有吕后，幾危漢室。唐元宗之於楊妃，亂及天下。士大夫憒憒於閨門衽席之地，而令不行於僕隸，禍且及於子孫，皆不明於《周南》《召南》之義者也。得其義者，哀樂中節，好惡無偏，内有琴瑟鐘鼓之和，外有羔羊素絲之德，雖在士庶之家，可以化及閭黨，福被奕祀。聖人所望於伯魚者，至深遠也。惟父子之間，語極警切，而意自渾含，令其深思而自得之。

“子曰禮云禮云”章

何注：鄭曰：“言禮非但崇此玉帛而已，乃貴其安上治民。”馬曰：“樂之所貴移風易俗，非謂鐘鼓而已。”

禮樂雖兼治身治世，而此與“先進”章俱重治世意，所謂用之朝廷，用之邦國者也。禮貴安上治民，樂貴移風易俗，非謂玉帛鐘鼓而已。聖人明於禮樂則舉而錯之者，以此敬和，意亦未嘗不在其中。《治安策》：“禮云禮云者。”貴絶惡於未萌，而起教於微渺，使民日遷善遠，罪而不自知也。此真得聖人立言之意。數云：“字言處處要講説禮樂，非止講説玉帛鐘鼓也。”時文千呼萬喚取乎哉之？神不許説實義陋矣。

鄙夫

鄙，即都鄙之鄙，郊外野人异於彼都人士者，《史記》所稱鄙人是也。里巷之人，營營謀利，固爲鄙夫，即儒林中夤緣嵬瑣，或以薄技見幸，皆其人也。其人多善持籌，可供奔走，人或以爲易與，而不知其爲害實甚，故預戒之，亦所謂見微而知著者，此蓋爲士大夫交友者而言。

“子曰予欲無言”章

此示人以法天之學，非聖人以天自况也。因子貢求道於言，而策之以行，故言天未嘗有言，而寒暑遞嬗，四時之行不息焉。因而生長斂藏，百物之生不窮焉。然則人之求道，亦在乎行耳，豈以言哉？天行健，君子以自强不息，蓋謂此也。子貢其知之矣。朱子謂宜察其實，不可專求之言。非日用彝倫之外，別有一物，恍恍惚惚，迥脱塵根，此論可寶。

“孺悲欲見孔子”章

邢疏以爲疾惡，悲之惡安在，而可以懸揣定案耶？疑悲初求見，未知其誠否，故辭之以觀其意。如孟子之於夷之，俟其再求見而後見也。且哀公命學士喪禮於孔子，則其人非必孔子所素習，恐其挾君命而來見，故先辭以觀其誠否，非必其得罪也，若果得罪而求見，豈終不許其改悔耶？

“宰我問三年之喪”章

世皆以宰我短喪爲訴病，試問今世士大夫家，若律以古禮，能爲期之喪者有幾？不衣錦矣，能不食稻乎？《檀弓》：“孟獻子禫縣而不樂，比御而不入。”夫子曰：“獻子加於人一等矣。”可知當時人皆至此而後御也。大功且廢業，若今日三年廢業，其誰堪之？宰我特以當時喪禮甚嚴，故爲降格之論。俾中才可企耳。若如今日但以素服爲守制，則又何難？聖人之論，固萬世不易之經，然如今人之守制，尚未可以訾議宰我也。《邢疏》載繆協云：“宰我假時人之謂，啓憤於夫子，義在屈己以明道。”此亦回護之說。

“子曰飽食終日”章

人皆知博奕之不可爲，而反處其下，特甚言之。已字宜味。天地生機，未嘗一日停，而彼冥然者，乃自此長已也。

“子路曰君子尚勇乎”章

亂與盜何足爲吾黨慮，然無義則患乃至此可危也。且尚勇非徒一己之勇，用人交友而所尚，惟此小者累及一身，大者害在國家，可勝道哉！

惡徼以爲知者

孔注："徼，抄也，謂抄人之意。"以爲己有，與剿説同。趙鹿泉從之，謂如文之剽竊，然古以"巡邊"爲"徼邊"，"邏卒"曰"游徼"，則《集注》伺察之説爲得。

"子曰唯女子與小人"章

管緘若謂："患始於近，因不孫而遠，遠則又怨，其勢相因，甚爲有見。"明德馬太后生平未嘗顧左右一言，所以杜不孫之端也。明季之於宦豎。則尊之信之，非徒近之矣。

"微子去之"章

仁，人心也。聖人，人倫之至也。處人倫之變而能委曲以盡其心者，聖人之仁也。或欲存商祀，或欲延商祚，皆惻然忠君愛國之心，故三子之仁，與夷、齊求仁得仁并稱。或謂箕子欲傳九疇，迂甚，朱子駁之是矣。或謂箕子見比干之死而爲之奴，則沿《史記》之誤。豈有比干先諫而叙箕子於前者？蓋囚奴正士，紂實囚之使爲奴，謂佯狂者，亦傳聞之誤。觀易明夷與文王囚羑里同稱可知。噫！微、箕、夷、齊得聖人之一言而論定，否則未知後人之以爲何如也。微子去而之其國，本非歸周，前人已辨之。

"柳下惠爲士師"章

魯自三卿而下，臧文仲實爲司寇，士師其屬也。惠爲展氏之族，而魯不能用。臧文仲爲當時名卿，任柳下爲私屬，而不舉於朝，魯之不振，誰之咎也？此孔子所以深嫉臧孫，而記者特以直道事人發其覆，且以見惡直者不獨一魯也。

“齊景公待孔子曰”章

讀書者每不信經，而信後人之言。如“聞韶”章，必依《史記》加學之，此章必加晏嬰之沮。果有此事，記者何不直書，如臧倉之於孟子乎？蓋此章兩“曰”字，罪景公之不能用；下章書桓子受之，罪桓子之不欲用也。累世莫殫，决非晏子之言。

“齊人歸女樂”章

書之曰：“季桓子受之，罪桓子也。”張惕庵云：“陽貨奔齊，請於齊，以兵伐魯，雖爲鮑文子所阻，貨又奔晋，趙鞅寵之。”季桓子恐陽貨挾齊晋之勢，已不能抗，用孔子以張國勢，所以爲已也。萊夷却鄆讙龜陰之田反，季桓子志得意滿，受齊女樂，至於三日不朝。彼豈不知齊强於魯，何故爲此？但其志已不在用孔子，甘受其餌而不辭。蘇氏論范增以陳平雖智，安能間無疑之主？即此類也。

“楚狂接輿”章

邢疏：“《正義》曰：‘接輿，楚人，姓陸，名通，字接輿也。’昭王時政令無常，乃被髮佯狂不仕，時人謂之楚狂。”

阮芸臺云：“按，高鹿本孔子下有‘之門’二字，頗與古合。蓋接輿乃楚狂之名。過者，過孔子之門也。”《莊子・人間世》言：“孔子適楚，楚狂接輿游其門。”正指此事，故鄭君注“孔子下爲下堂出門”最明確。

耦而耕

《考工記》:“二耜爲耦。”注:一金兩人并發。蓋布種時非墾田也,故下云“耰”。

五穀不分

不親農事,有何可譏?乍見面斥,亦殊無禮。丈人蓋自言四體不勤於芸,則五穀荒蕪而不分,惟知力田,何知夫子也?

虞仲

曹寅谷云:“《史記》載泰伯無子,仲雍繼立,傳至周章。武王克殷,求泰伯、仲雍之後,得周章兄弟,而周章已君吴,因而封之。又封周章之弟虞仲於虞。”《左傳》宫之奇曰:“太伯虞仲,太王之昭也。虞仲即仲雍之孫,不指仲雍。”其曰“太王之昭”者,猶言魯、衛、毛、聃,文之昭也。魯公始封魯而可曰“文昭”,則虞仲始封虞而可爲太王之昭也。按,虞仲世次在伯夷前,不應居其下,且與泰伯同爲勾吴長,不應獨稱逸民。周理衷謂武王未物色時,仲固隱居,理或然也

隱居放言

趙鹿泉云:“《包注》以放爲置,不言世務,所謂默足以容。”若既遭廢弃,而好放大其辭,則將身之不保,復何權之能中。

“太師摯適齊”章

謂能正三家之僭，則今是昨非，何逃遁之有？且師摯以下皆魯君樂官，彼自僭於私家，我自奏於公庭，不相涉也。若一正樂而公庭無人，安得言功？意哀公時射不具耦，則禮已廢，至是樂亦盡廢，伶官無用，故相率以去，見魯衰日甚也。或以爲殷紂時太師疵、少師强，或謂先與夫子同去，後因夫子返國而亦返，共成正樂之功，皆未必然。

“焉能爲有”二句

不足爲輕重仍古注也，語似太狠。竊以有即有諸己之有。執德不宏，則一善自足，不知所亡之尚多，而所有亦不足恃。信道不篤，則泛泛悠悠，不能實求其有。安能知何者爲亡？謝上蔡謂：“如一出焉，一入焉，不敢以爲有，不敢以爲亡。”

“子夏之門人”章

《論語》所記諸賢之言，蓋取其折衷盡善者傳之。此章當以子張之言爲主，猶“洒掃”章以子夏之言爲主。君子尊賢而容衆，嘉善而矜不能，因人而施，各得其宜。述朱以爲聞於夫子。即何所不容，亦頂上容衆而言，非謂何所不交。

“子夏曰雖小道”章

《集注》：“小道，如農圃醫卜之類。”古以小道爲异端，則知异端即農圃醫卜之類，楊氏所謂百家衆技者也。致遠恐泥與

“攻乎异端”章正相發。子夏蓋嘗從事於斯，而後乃知其非急務，故云然。

“子夏曰日知其所亡”章

日月何以分？言如讀書者，必讀所未讀，講所未講，此一日不可缺者。又總其所讀所講而温之，方能不忘，此則按月以計也。聖賢言語，皆吾輩所可日行者。

“子夏曰博學而篤志”章

注：“切問者，切問於己所學未悟之事。近思者，思己所未能及之事。泛問所未學，遠思所未達，則於所習者不精，所思者不解。”

《集注》原本云：心不外馳，而事皆有益。後則專主存心。竊以事皆有益更爲切實。蓋博學則多識前言往行，事必師古；篤志則可以力行而不惑，切問所行不誤，近思則不求道於遠。能近取譬，其大端也。故不言仁而仁在其中。或疑言行則爲仁。非僅在其中，然力行近乎，仁近字亦即在中之義。

“子夏曰百工居肆”章

取彼譬此，義必相類。今以致知力行爲學，與居肆未能針對。凡官府造作之處，皆有成法。所謂智者創物，巧者述之也。又人多則彼此相與觀摩，所謂相示以巧，相陳以功也。學則先王以《詩》《書》《禮》《樂》造士，學於古人有成法矣。講習切磋，學於師友觀摩多矣。藏焉修焉，息焉游焉，故能從容漸漬以致其道，與居肆以成其事者類也。

“子游曰子夏之門人小子”章

洒掃應對，謂此八歲入小學之事，豈子夏門人皆未及成童乎？或以習其事爲末，理會道理爲本，則空談而不一習其事者，可謂知本乎？先王之治天下，莫大於禮，聖人之教人亦然，曰親賢等殺，禮所生，曰齊之以禮，動之以禮。《曲禮》《少儀》諸篇，言洒掃應對進退甚詳，大約皆事君親、事師長之事，第令循循於其中，而忠孝愛敬之心油然自生，不必空談義理而從之，胥有以成其材。故曰：“道德仁義，非禮不成。”聖人所以有始有卒者，下學即能上達。如以孝言定省温凊，下學事也，始也；而其量至於通神明，光四海，則上達也，卒也。聖人精粗一貫，無分先後，學者則先從事儀文之間，優游而自得之，故洒掃應對進退之所關甚鉅。對聖人言，則門人非童蒙矣。後世則有所以然之説，而以窮理爲本，似初學必不可以窮理，而其理亦幽渺恍惚，入於不可知之域。王巳山《匯參》：“馮氏説最妙。區，邱域。植藝之事，各分區域，藝一區畢，復藝一區，不相凌躐。蓋區毓草木之法，取以譬教者，非譬門人也，區以別，非區有別也。”嵇叔夜《養生論》：“區種可百餘斛。又上農區田，每畝三千七百區。”

“子夏曰仕而優則學”章

邢疏：“《正義》曰：‘此章勸學也。’”

語本平列，而疏意似平中寓側。蓋以仕者多不願學，而學者急於求仕。故云：“然言仕優須當學，庶於仕有補。學優乃可仕，不得以政學也。可備一解。然古者仕與學爲一，《詩》

《書》《禮》《樂》無非修己治人之道。今者學與仕爲二，詩賦文辭何與？國計民生之大，居官者於公務之暇，詩酒論文，適足廢事；操觚者以衰老之年，精於帖括，未見其能治事也。學術之壞，談性命者空虛而無用，務詞章者華靡而鮮實。而因今浮僞狡黠之徒，抵掌而談當世之務，其所關於天下利病，豈淺鮮哉！

“子游曰喪致乎哀而止”

説者皆以而止爲子游訴病。子游考喪禮甚詳，豈得謂喪止哭踊而已？致訓推而極之，又加“乎”字，言一切喪禮之備，疑於繁矣。然不過本其哀戚之心，推而極之，不使有遺憾而止，非有加也。

“衛公孫朝”章

朱子之論此章云：“所謂人，正老聃、萇宏、師襄之儔，入廟而問，則祝史亦師也。”大率近世學者，皆有厭薄事實，貪騖高遠之意。然彼所謂無適而非者，亦豈離乎文章禮樂之間哉？子貢正指其事實而言，不如是空虛恍惚而無所據也。又云：“近世學者喜聞佛老之言，常遷吾説以就之，故其弊至此。”此論真撥雲霧而見青天，亦幸子貢能詳言之。曰人曰識大識小，故能求其實。若第曰文武之道無不在，則又有無適非道之説，求諸天地萬物空洞杳冥之區矣。嘗因是而推之，《論語》道字六十餘，如有道、無道、行其道、達其道、一變至道、三代直道、先王之道、夫子之道、君子之道、君子學道，皆非虛懸無着者，以及志於道、由斯道致其道、宏道、信道、謀道、憂道，俱可準此以求。或以一事言，則相師之道。子夏言君子教人之道，又或道爲虛位，則道不同，雖小道，父之道是也。其言天道，則時行物生爲大，非但言冲虛之體。《大學》言道者六，俱可指實。《中庸》言道者五十，總不外達道。而自《老子》有天法道，道法自然之説，儒者多用其意以解《中庸》，學者遂以《中庸》爲精微，不可識矣。

“周有大賚”四節

大賚二句既言得天下以後，下節又言所以伐紂之故，於義不順。竊以仁人即上善人，言所賚者不私其親，雖封同姓之國，不如任用仁人之多也。百姓有過二句，亦罪在朕躬意。今所讀《泰誓》本僞書，不足據。下二節四方指諸侯歸心方及民。觀《舜典》及《王制》所言巡狩，皆謹權量、審法度之事。修廢官亦諸侯之官。三代時，天下之勢在諸侯，諸侯治則天下治矣。食喪祭則專言民。

“子張問於孔子曰”章

上章言古帝王治天下之道，此則士人入官從政之道也。子張實問從政，不必侈言帝王因所利，擇可勞，亦各隨其風土人情之不同。莅此土者，便當相此地之所宜，各有可因可擇者在也。衆寡小大之必慎，衣冠瞻視之有威，皆出身加民者所宜重。若天子穆穆，諸侯皇皇，不待言畏矣。仁字自指仁政言，兼治己治人者，仍以人己爲兩事也。四惡節，亦當時卿大夫事，其言有司，猶曾子告敬子之意耳。以納爲受，不得云吝。海陽李鵠林云：“凡以財賄進於上者曰納，如納其貢税之類，亦與人也。”當其納時，或宜多而欲少，即納之吝。且不獨卑納於尊，有所饋於尊者之左右，皆曰納。如此則出納一例，可以言吝矣。

《大學》證疑叙（辛從益叙）

求經義不得，輒改竄古文以從我，非法也。鄭康成好改字，特注某當作某耳，不遽变其字。費氏於《易》、杜氏於《左傳》，第析傳附經耳，亦未敢顛倒經文。自宋劉敞考定《武成》載之《七經小傳》，其後寖以成風，而《大學》爲尤甚，夫《大學》非即錯簡也。漢石經《大學》本雖不存，毛西河考驗舊文，謂即今之注疏本，其言甚核。自宋儒進加改易，世遂以朱子本爲定矣。明以來有從古本者，然多有所發明。

國朝胡渭移"此謂知本"二句於"止於信"下，究非闕疑之道。唯李安溪因鄭氏舊本，尋逐經言，謂舊貫之仍，文從理得，且云知本、誠身二義爲《大學》枢要，不應溷於衆目中。亮哉斯言！可以悟誠言章徑接首章，及接致之，不必另補傳矣。今觀李君此編，亦從古本，而脉絡貫通，義藴周匝，即質之李文貞，當爲首肯。其言物有本末節爲起下之詞，身、心、意、知及家、國、天下皆物，自致知、誠意、正心、修身以及齊家、治國、平天下皆事，身、心、意、知爲本，則家國天下皆末，其事始於誠正修，終於齊治乎？按之經文，語勢，正復吻合，又云"知止即明善，誠意以下即所謂固執誠身"，其他穩愜、胜常解處不胜述，皆有益經訓語也。夫改經者，議論雖高，終非本經從古而不能發明其言，亦於古本無益，今此編得已矣。四庫書目之論安溪本也，謂意所未安，不欲附和以自欺，非故与朱子爲難，益於李君亦云。李君練述而誠篤，爲文有經術氣，其《論語》證疑，余嘗序之，今復得此，益嘆嗜古之深也。嘉慶己卯新秋，督學使者辛從益，書於濟南試院。

古本《大學》(李允升自序)

“大學之道，在明明德，在親民，在止於至善”，至“其本亂而末治者否矣，其所厚者薄，而其所薄者厚，未之有也”。次“此謂知本，此謂知之至也”。次“所謂誠其意者，毋自欺也”，至“故君子必誠其意”。次“《詩》云‘瞻彼淇澳，绿竹猗猗’”，至“此以没世不忘也”。次“《康誥》曰克明德”，至“《帝典》曰克明峻德，皆自明也”。次“湯之盤銘曰”，至“是故君子無所不用其極”。次“《詩》云‘邦畿千里，惟民所止’”，至“與國人交，止於信”。次“子曰‘聽訟，吾猶人也’”，至“此謂知本”。次“所謂修身在正其心者”，至“此謂修身在正其心”。次“所謂齊其家在修其身者”，至“此謂身不修不可以齊其家”。次“所謂治國必先齊其家者”，至“此謂治國在齊其家”。次“所謂平天下在治其國者”，至“此謂國不以利爲利，以義爲利也”。

《十三經注疏》:《大學》在《禮記》中，後有漢始平石經本、魏正始石經本。其傳於今者，有明道程子改本、伊川程子改本、朱子改本，皆録全文。又有王柏改本、季本改本、高攀龍改本即崔銑改本、葛寅亮改本，皆僅列其异同之處，而不録全文。竊以古人讀書，傳授既真，考核亦慎，縱或闡發有疏，何至篇章多紊。後人以其前後序次不同，疑爲錯簡，然即一人之文，前後相應亦間有錯綜，不必一一盡按其序。况誠意爲人生要務，真僞之辨，君子小人之分，全在乎此。故特首發之，而功在慎獨，與《中庸》首章同符。能慎獨以誠意，而明親至善一以貫之矣。此千古第一義，不獨爲《大學》諸章之冠也。且古以喜、怒、哀、樂、好、惡爲六情，聖王人情以爲田，故《大學》首言好惡，與《中庸》首言喜怒哀樂，其義一也，此家國天下禮樂政教之原也。至切磋琢磨，親賢樂利，所以明明德於天下者，皆以好善惡惡之誠推暨於無窮，而格物則已見於知本，致知則即寓乎求慊，此誠意所以爲致力之要，而《大學》特爲之首舉也。雖注疏未必盡合，而古本自不可廢，不敢謂後來者可議，亦庶幾古義之不没云爾。

升謹識

《大學》卷之五

文登李允升藹蹊訂

《大學》

“大學之道二”節

《王制》：“鄉論秀士，升之司徒，司徒升之學。”樂正順先王《詩》《書》《禮》《樂》以造士。王大子、王子、群后之大子，卿大夫、元士之適子，國之俊選，皆造焉。《學記》：“王者建國，君民敬學爲先。”鄭注：“内則設師保以教，使國子學焉；外則有大學、庠序之官。此大學所以列於《禮經》也。”《大學》之名，蓋對《曲禮》《少儀》而言，以其將有家國天下之責而示以本，則又統《詩》《書》《禮》《樂》之全而揭其指歸也。論孟所言道，皆以由己及人爲務。入大學者，皆將以家國天下爲己任，故其道合人己而兼成，謂爲修爲之方者非。孔疏：“明明德者，謂身有明德，而更章顯之。”以言身，則其餘可該；舍身而言心，則恐有未括。德者，具於性而見於事。篇中言孝弟慈，言恕，言仁讓，皆德也。《虞書》言九德，《周禮》言六德，皆有實行，非空言心體。《朱子語類》云：“得於天而光明正大者，謂之明德。”固异於明心見性之旨矣。其明之之功，不外《中庸》《致曲》《孟子》擴充，而《致曲》自能動物，擴充自保四海，則修己，己裕，安人之量。孔疏：親民謂親愛於民，蓋即仁民澤加於民。言親則教養兼該，言新則偏重教矣。親賢樂利，保赤誠求，好惡同民，皆言親也。後引《康誥》“新民”，猶引《帝典》“峻德”，若易親爲新，豈古人之視民皆舊染污俗乎？趙鹿泉云：“惟暴亂革除之後，乃有新政與民更始，且第革舊政之污，非遍天下之人皆以爲污而革之也。”論甚確。止於至善，即中和位育，盡性以盡人物之性者。知止即明善。其誠意以下，即固執以誠身，古本所以首言誠意也。蓋至善即無過不及，止至善即不能半塗而廢。首節層遞而下，趨重止至善，次節言必如此而後可以應天下事，見止至善爲要。定、静安皆主於至善，天下游移不定者，類起於苟且之見，以爲可然可不然耳。有至善於胸中，而定静安慮隨之矣。古大人所以知明處當以此，所謂時措之宜也，用其中於民也。蓋既知止於至善，則其持身接物之間，自然有此妙用。今謂能得以前爲知，能得以後方爲行，且以慮爲事至物來，將以定静安爲端坐一室，無所事事乎？朱子謂静以心言，安以身言，在富貴安，在貧賤亦安。且動中有静，皆非寂守之謂。定即確乎不可拔。静則無朋從之思，安則所謂豫順以動，安土敦乎仁者，乃可以極深研幾，通天下之志。《孟子》不道桓、文，正以仁義爲至善也。

“物有本末”節

德與民可以言物，明親不可以言物。竊以此節乃起下之辭，蓋自身、心、意、知以及家、國、天下，皆物也。自致知、誠意、正心、修身以及齊家、治國、平天下，皆事也。身、心、意、知爲本，則家、國、天下爲末，其事則始於誠、正、修，而終於齊、治、平。先字即起下六先字、一在字，後字即起下七而後字。道字找首句，與《中庸》之知幾可與入德同意。

“古之欲明明德於天下者”二節

天下有一夫不獲，即吾德有未明。故曰：“明明德於天下。”孔疏：謂章明己之明德，使遍於天下。非能使人人皆明其明德也，但令天下順治可矣。謂人皆知乎學問而心，各返於性情，此亦儒者好爲廓語耳。天下本於國，國本於家，家本於身，固已謂意發於心，何以先乎心？李文貞云：“意者，心之主也。”蓋好善惡惡者人之性。當其立志較然，必欲爲善去惡，此實有主乎心者，而後以其心應天下之務。猶學者先立志，要讀書，而後可以觀其用心也。格物之説不一，司馬温公謂：“能去外物之擾，而後得其本心之明。”此以格爲捍禦。王陽明以格物爲正物。孫奇逢云：“身處天下國家之中，與物相感應物者，失其理，便是身不修而正心誠意，俱屬惘然。”説與王略同，程朱皆以爲窮理以格，爲至而加窮字於其上。毛尚忠謂：“物即物有本末之物，其中精微不可不分曉，則格亦可兼用量度意。”蓋度其本末之必不可紊，而曉然於有諸己者之必不可以求人，無諸己者之必不可以非人也，則其知明而意不得僞。故曰：“一誠意而天下國家舉於此矣。”二節言物有本末，事有終始。

“自天子以至於庶人”至“知之至也”

上二節一逆一順，已昭昭示以先後矣。此又大聲疾呼，以結有本末終始之意。自古有家國天下者，類不求諸己而求諸人，故特反覆言之，以見功之必不可幸成，而事之必不可僞爲。所謂爲仁由己也，所謂修己以安人安百姓也，其身正而後天下歸之也。審於治亂之機，度乎厚薄之分，其即所謂知遠之近，知風之自乎？抑亦格物致知之大端乎？故曰："此謂知本，此謂知之至也。"孔疏："本，謂身也，是知本也，是知之至極也。"蓋以修身爲本，非云以明德爲本，明德則本末兼言矣。此節已見致知在格物之義。張惕庵翼注："常人之情，身不行道，不行於妻子，却要平天下，而天下卒不治。"所謂内多慾而外施仁義，自古英主不免。故《大學》必以修身爲本，至善爲歸，蓋以此也。又庶人不是農民，乃指俊士、造士之在國學者。

程子九條之説，學者允宜奉爲讀書法，程其大要可括以積累會通二義。蓋積累而後有得，則不以少有所格而輒止，能會通，則又不必格盡天下之物。既以格物爲窮理，自當以此爲扼要之義，而於古人窮理之説，亦大有裨益矣。抑朱子之論曰："其格之也，須有緩急先後之序，而非兀然於一草木一器用之間，則可謂得其體要而與九條中，一草一木亦在所究之説，不必一轍。"未聞古大臣究心於本草方書，而後可以治天下，即或號稱博物，未必果有經濟，或如聖人所謂不可大受而可小知者耳。又朱子《或問》云：今以其至切而近者言之，則心之爲物，實主於身。有五常，有四端，渾然在中，隨感而應，各有攸主而不可亂也。次而及於身之所具，又次而及於身之所接，外而至於人，遠而至於物，其用力之方，則或考之事爲之著，或察之念慮之微，或求之文字之中，或索之講論之際。此其説有身以内之物，有身以外之物，則與物有本末之義，亦可以相爲發明，而非徒以泛濫馳騁，典贍該洽，應宏詞科也。又先儒以讀史爲玩物喪志，而又謂物物在所格，則誠未知其旨也。

“所謂誠其意者”節

學莫先於誠意，功莫要於慎獨。《中庸》首揭慎獨，《大學》先以此申誠意。萬事皆起於意，一誠意而天下國家畢舉矣。好善惡惡，情也，而性寓焉。故齊家言好惡，平天下言好惡，皆誠意之所推暨也。李文貞謂：“意者，心之主。”人性皆善，故其心之所主，未有不好善惡惡者。此誠意所以先於正心也。欺曰自欺，慊曰自慊，所謂獨也。凡故字皆直接無轉語，於欺慊之前又追一層者，贅古毋無通，非用力字。人雖至愚，未有甘自欺而不欲自慊者。如惡惡臭，則惡無不去；如好好色，則善無不全。故陽明先生以此爲致知。蓋致者，推而極之也。知而不行，非致知即非誠意，言誠意而致知該矣。

“小人閑居爲不善”三節

鑒小人而加慎，即《中庸》戒慎恐懼之意，蓋言誠而敬在其中。不云人之視之，而云人之視己，正自小人心中言之。十目節，《集注》引此以明上文之意，正指小人爲不善而言。所視所指，即證人之視己如見肺肝也。所謂善惡不可揜善，祗帶説。《語》曰千夫所指，不疾而死，指、視固專爲小人言也。或曰：“一念之動，便有十目十手環之，然既云獨者人所不知，何又云人所共知？”或謂實理無隱顯之間，己所獨知之地，即十目十手共視共指之地，指視不及之地，即指視共加之地，皆强詞奪理，不能使人帖然。兩所字仍自小人心中看。試思人當爲不善時，父兄師友俱不及知，而自己心中實有此事，便似人人皆知，一旦相見，覺指視叢集，無地自容，此情形之必然者，此自欺者之所以不慊也。因小人指視之危，示以心廣體胖之樂，欺者如彼，慊者如此，何去何從耶？故曰："反身而誠，樂莫大焉。"

"詩云瞻彼淇澳"二節

分經分傳，有功後學，然不必規規然依經文次第爲之也。古本首誠意，鄭注以瞻彼淇澳二節廣明誠意。蓋盛德者誠之發，没世不忘者誠之感，故學修即求慊之功，恂栗威儀即心廣體胖之實。凡所施爲，一一設誠於内而致行之，則親賢樂利，各得其所。後世必欲分學術事功爲二，遂不敢以此爲誠意中事，而其學亦終歸於無用矣。孔疏如骨之切，如角之磋，如玉之琢，如石之磨，赫然盛美，喧然宣美。《爾雅》骨曰切，象曰磋，玉曰琢，石曰磨。惟切與磋爲類，以喻講習；琢與磨爲類，以喻克治。猶金與錫爲類，圭與璧爲類也。琢非椎鑿，詩追琢其章，爲文之至。孟子玉人雕琢之，琢即雕。《爾雅》雕謂之琢。治玉以琢爲極功，故曰大圭不琢。或以不琢爲不瑑，非也。宣著盛大，《注》特總言之，以爲物先宣著而後盛大，蓋以盛大屬赫，宣著屬喧。

君子謂卿大夫士，小人則農商之流，所謂君子樂得其道，小人樂得其欲也。周道尊賢，故能使君子得以賢其賢，如由鄉而升之國，由國而升之朝，考其德行道藝，而不以功利相尚也。周道親親，故能使君子得以親其親，如序昭穆，燕父兄，綴姓合食，敬宗收族，而不以疏間親也。樂以教，言司徒以本俗六安萬民，而民俗美樂無央矣。利以養，言冢宰以九職任萬民，而民生遂利無窮矣。文義與貴貴、長長、老老、幼幼相類，今以四其字指前王，誤矣。且既以此屬親民，而以後王爲民，可乎？孔疏：“君子皆美，此前王能賢其賢人，而親其族親也。小人美，此前王能愛樂其所樂，利益其所利，言前王施爲政教，下順人情，不奪人之所樂利之事。”此真不刊之論。惟以其字上一字屬前王，語氣似未直捷，不如從《集注》謂能使天下後世如此爲更順。然四“其”字仍當屬君子小人。蓋君子各有賢親，非前王則不能賢其賢而親其親；小人各有樂利，非前王則不能樂其樂而利其利也。今乃以率由舊章爲賢其賢，何以處幽、厲？以本支百世爲親，其親後世如前後五代，誰不封其子孫爲王侯者？何獨以此美文、武？必欲以親爲周王一家之私，其義已隘，又不得不以賢賢兼後賢。後王親親專指後王，參差錯雜。至以含哺鼓腹爲樂，耕田鑿井爲利，尤混而無别。其言新民則去其舊染，專言教；此樂利則又專言養矣。

“康誥曰克明德”至“皆自明也”

古人知行不分，人己合一，言修己而治人在其中。三引《書》以所言皆帝王治世之事，《康誥》言克明德而即及慎罰、庸庸、祗祗、威威，《大甲》言顧諟而即及集大命，綏萬方《帝典》言克明峻德而即及平章協和。今特各舉其一言焉，若謂三聖者功業懋矣，其及人遠矣。而扼其要則曰明德也，顧諟明命也，明峻德也，皆所以自明也，不特不修己無以治人，而治人亦皆所以修己。堯之欽明恭讓，湯之不競不絿，文之亦臨亦保，皆不離乎？敬天勤民，禮樂政教之間，非高處深宫無所事於天下，而别有以養其德性也，故曰明明德於天下。鄭注：諟，正也，史書多用諟正，或作是正。

“湯之盤銘曰”至“無所不用其極”

自新而後可以及民，亦人己合一之理也。明德親民皆以新言其義始貫明德，可言自新則親民，可言作新，猶上章言明命言峻德，不必言明德也。言新命者承自新作新而言也，讀《湯銘》而知朝乾夕惕之不已，讀《周誥》而知世變風移之不易，誦文王之詩而知承天眷，綏萬邦，非澤及一隅而遂已，所謂極也，所謂至善也。盤，承盥水器，《書》所云，洮類水及降盥者是，日日用之，非沐浴比。《左傳》封康叔以殷民七族命以《康誥》，而封於殷墟上，言成王定之，《史記·衛世家》周公旦以成王命興師伐殷，殺武庚禄父，管叔以殷餘民，封康叔爲衛君，周公懼康叔齒少，乃申命康叔，據此皆在成王時，武王未能得衛地而封之也。

“詩云邦畿千里三”節

凡引《詩》無與本義相懸者，“元鳥”，《鄭箋》言，其爲政自内及外，亦有建極會歸之義。“綿蠻”，《鄭箋》“小鳥知止於邱之，曲阿静安之處而托息焉”，喻小臣擇卿大夫，有仁厚之德者，而依屬焉本喻人。故聖人以勉。人皆有至善意，詩敬止與書安汝止欽厥止，止字同義。故鄭注謂敬其所以自止處。非《詩》本語助而引《詩》乃以爲實字也。聖學莫大於敬。人心敬則明，怠則昏。文王之心時時光明，由於所當止之道，能敬而無失也。今謂常明，故常敬，常敬故常止者慎，李文貞云：“敬止者静，而存之使無出入之間，動而守之，不使或有過不及之差。”所謂文王之德之純也。

“子曰聽訟吾猶人也”節

謂聽訟爲末，無訟爲本者，固非謂無訟爲末，大畏民志之所以然爲本者，得之而尚有未盡，蓋如此則不惟聽訟爲贅句，即不盡其辭句亦可不用，未得立言之妙。天下物有本末，非但兩頭。善言本者，自其末始。如樹然，由枝而得幹，由幹而得根，則知本矣。言人知聽訟爲貴，而不知不如無訟，則聽訟末也。即知無訟爲貴，而不知有所以無訟者，則無訟仍末也。無訟由於辭不得盡，而辭生於志，則辭不得盡，猶末也。由辭而得其志，由志而求其志之何以畏？則知本矣。蓋申前本亂末治之意，言修身爲本也。治國必言藏身，平天下必言慎德忠信，皆歸本於身。

“所謂修身”三節

喜怒哀樂之中和爲正。忿懥四者，用情之過當者也。故吕東萊謂，讀躬自厚而薄責於人，覺生平忿懥爲之頓消。今以爲情之所當有，而歸罪有所二字。下數章所字十有四，奚獨罪此？知此者，於有所忿懥上添不能敬、不能察，以爲理學粹語，而白文未之有也。視而不見三句，借眼前情景以明身心相關之理，非即以此爲身不修。蓋視者身而偶然，心不在於所視則不見，聽與食皆然，則心之關於身者甚鉅也。而不正心，何以修身乎？孔子不知肉味，心在《韶》不在肉也。陳平獨居深念，遂不見陸賈，其人亦非不靈也。若以有時不見、不聞、不知味、爲身不修，將以能見、能聞、能知味者即爲身修乎？

“所謂齊其家”三節

鄭注：辟，猶喻也，説甚迂。《集注》以辟爲偏，即平天下章之辟，大旨朗然。親愛五者，實指家中人。其辟也，身之不修在此，即家之不齊在此。上章言身心相關，故曰在正其心；此章實寫家之不齊，故曰不可以齊其家。故諺節特證上節，無兩層也。以此謂身不修頓，讀者誤。

“所謂治國”二節

其家不可教，緊承齊家，至堯舜節，方歸本於身，此處不宜預占。孝者三句，緊承君子，或謂不指人，不指事，空言道理，此特以人君治國，難言事君事長耳。不知古者卿大夫士皆治國之人，入大學者皆學治國平天下之道，故不出家而事君、事長、使衆之道畢具，皆實有君長可事。孝弟慈實指君子，不得提空。

“康誥曰如保赤子”節

引《書》以明使衆，而不言事君、事長，以治國尤重使衆也。且君長衹此數人，孝可移於君，順可移於長，易知也。若使衆，則一人之心恐難協千萬人之心，故特引《書》言慈。蓋凡臨民者，動謂人心難測，不知其皆隔膜視耳。果能愛民如愛赤子，則利害無不周知，欣戚可以相通，安有誠求而不中者？彼赤子不能言，而慈母無不知，何嘗學而後能乎？孔疏：謂治人之道亦當如此，是也。蓋誠求即勤求民隱，中即深悉民情。二句正言保民如保赤子，末句乃以保赤指點之，今乃衹言保赤而不言保民，置如字於不論矣。

“一家仁”三節

首二節言家可通於國，一家仁以下，則言國本於家，有斷斷其不誣者，而又推本於身也。一步緊一步，先言仁讓，次言貪戾，并及僨事，正言其機之可畏，非言教成之效也。言堯舜，言天下，則又承上一人，提筆指點，見古今人情如此，故君子不可不如此。己者，身也。後三引《詩》，而終以其儀不忒，亦言修身也。己所不欲，勿施於人。爲恕能近取譬，即以己心譬人心，故以待己之心待人爲恕。凡己所不欲而施於人，與己所不能而責於人，皆謂之不恕，左氏所謂作不順而施不恕也。范忠宣公謂以責人之心責己，以恕己之心恕人，深得此義。主推己之説者，謂推己及人，使之亦如我，之所以自治，則謂之恕。然書意謂未能有諸己無諸己，而遽求人非人，則謂不恕。非謂有諸己又必求諸人，無諸己又必非諸人也。或謂有諸己無諸己，顯然共見者也，所藏乎身，則不欲人見之，而以爲藏身之固也。藏則不恕，恕則不言藏矣，存參。

“詩云桃之夭夭”四節

三引諸侯詩，爲治國者言也。治國自有治國之事。朱子特言此章重言化，平天下章重言推，講家遂謂此章專言化，豈天子勞勞爲天下，而諸侯遂端坐無一事，祇理其家政而已乎？以白文之所無，而紛紛聚訟，可發一噱也。先言之子宜家，即《中庸》造端乎夫婦之意，所謂刑於寡妻，至於兄弟，以御於家邦也。言家人兄弟而後言其儀，儀者，身之儀，又歸本於身之義。兄弟其儀，皆以諸侯言，而之子獨以民間言，與下文不接。推原后妃之化，又白文所無。考《詩》序祇言后妃所致，語有含蓄。下國無鰥民，東漢衛宏所演，恐未盡的。竊疑《關雎》《葛覃》《卷耳》，言后妃樛木螽斯，言衆妾則桃夭未必即指民間，或即《豳風》所謂及公子同歸者，仍以宫中言，故可以起化，但不可考耳。

“所謂平天下”二節

李文貞云：“老老、長長、恤孤，即治國之事。”所老即國之老，所長即國之長，所恤即國之孤。國之老，上爲老之，民有不興孝者乎？國之長，上爲長之，民有不興弟者乎？國之孤，上爲恤之，民反有倍弃者乎？老老，如養耆老以致孝，養國老、庶老异粻貳膳之類。長長，即入學以齒、習鄉上齒之類。恤孤即恤孤獨以逮不足，春享孤子孤獨皆有常餼之類。矩者曲尺，是四方之一角，國乃天下之一角也。平天下無二道，祇絜此角而四方之耳。天子在畿内，不過是治國，至巡狩述職，亦祇據其所以治國者以行賞罰，非治國之外别有平天下之道也。此最明晰。蓋忿懥等承上言心不正，親愛而辟等承上言身不修，孝弟慈承上言齊家，則此三句承上言治國，本節不言齊家也。上下左右前後俱以人言，絜矩者，恕也。下文言財用言用人無非同民，即無非恕也，而好惡本於誠意，故曰：“夫子之道，忠恕而已矣”。

“詩云樂祇君子”三節

賈斗樞謂樂祇節好惡，即指用人，良然。今考《序》：“南有嘉魚，樂與賢也。南山有臺，樂得賢也。”得賢則爲邦家立太平之基矣。《鄭箋》：“人君既得賢者，置之於位。”又尊敬以禮樂之，則能爲國家之本、節南山刺王用尹氏以致亂，民具爾瞻，即言民之惡之也。篇内弗問、弗仕、勿罔君子、式夷式已、無小人殆，皆言用人。蓋平天下莫大於用人，上節本言所惡於上下左右之人，故此特引《詩》言用人以明好惡。南山有臺美得賢，見好惡之公；節南山刺不用賢，見好惡之辟。蓋自誠意章言好善惡惡，齊家平天下，皆言好惡，及後文能愛能惡，好人所惡，惡人所好，皆自誠意章好惡一以貫之者也。此節民之所好，即可用之人；民之所惡，即不可用之人。赫赫師尹，即民之所惡。辟字即齊家章辟字。合下節引文王之詩，皆周有天下之詩，與“桃夭”三詩皆言諸侯者异矣。有國者即指平天下，蓋王者以邦畿爲重。

“是故君子先慎乎德”五節

凡是故皆直接先慎乎德，即承不可不慎，蓋以好惡同民爲德也。若謂明德爲本，與下德者本也相合，則財豈可爲親民乎？蓋合修齊治平言，則以人己爲本末；此專以平天下言，則以德財分本末。額外争求，即與民争利也。即争於民，則施之者已爲劫奪矣。争民則不能有其民，故曰民散；施奪則亦報之以奪，故曰悖入悖出。謂民之聚散，以心言不以身言者，是以後世之天下律之也。《史記·貨殖傳》云：“太公封於齊。”齊營邱地瀉鹵，人民寡，於是太公勸其女功，極技巧，通魚監，則人物歸之，繈至而輻凑。故齊冠帶衣履天下，海岱之間，斂袂而往朝焉。古天子邦畿千里，民可聚亦可散也。言悖而出以爲人君號令者，亦非此，以相等者之報施，爲下句作襯耳，民之於上何敢反唇相稽。

“楚書曰”三節

《楚書》有此二語，後世無傳，不得以《國語》當之。《新序》所載楚臣多不同時，尤不足據，以供時文之用，則無不可引。此與《舅犯》《秦誓》皆言用人，惟兩寶字有承上財貨意，言不以財貨爲寶，而以用人爲寶也。鄭注以仁親爲親愛仁道，亦言親賢。《國語》人誰親我，《檀弓》而天下，其誰能説之，説亦親也，皆言仁人不我親耳。鄭注《檀弓》以仁親爲親行仁義，以説爲解者誤。《尚書・大傳》周公趨而進曰：“臣聞之也，各安其宅，各田其田，毋故毋新，惟仁之親。”《左傳・隱公六年》，五父諫曰：“親仁善鄰，國之寶也。”皆可爲證。若以愛其親爲寶，則未穩，以仁民之仁屬親，亦不妥。《楚書》《舅犯》俱言用人，而《秦誓》則言用人之人，尤爲獨見其大。聖人所以列於《書》，而此又引以爲平天下者，用大臣之楷模也。惟斷斷無他技，而後能休休有容，此虞舜之所以能不自用，而以周公之才，猶吐哺走迎國士也。若已有其心，好即立政所謂克宅克由繹者，觀其言可以知周公之心矣。諸葛武侯集衆思以廣益，郭汾陽取士得才，幕下六十餘人，皆爲良將，猶得此意，外此傾險剛愎者無論，已即才堪濟時，而聰明自負，能成一時之功，難免後日之患，不獨一張居正之中褊多忌也。娼嫉以惡違之俾不通二語，寫萬世奸臣之心，曲盡形容。張惕庵云：“休休固是淡然無欲，亦由心逸日休。李林甫妒賢嫉能，古今無比，每宿十易其所，亦憂愁之極。反觀之，則容賢樂善之君子，其心地休休可知。愚謂自古好善之人，片長不遺，不褊急，不刻核，優游樂易，覺胸中常有天地生物之心，納一世於太和之域，非徒坦然無憂已也。”

“惟仁人放流之”四節

仁人之放流，辨之明，知也；行之决，勇也。一言仁而知勇兼矣。變文言愛者，以其保全善類也。要其仁由於誠意，自一心之好惡施於一家，及於天下，知其當去而必去，此即其所以自慊也。中主以下之才，亦知好善惡惡矣，而内汩於聲色，外惑於功利。知君子不能從其欲，小人可以遂其私也。其用賢，從民望耳，其退不善，迫公議耳，焉能先，焉能遠？拂人之性，性字尤貫澈源委。知好善惡惡，爲天下人之性，則知用賢去不善者之所以自慊，而反乎此，即無以服天下人之心，能盡其好惡之實，則爲忠爲信爲仁人；失其好惡之性，則爲驕爲泰爲不仁之人。故天下得失之機，决於人主一人之心。

“生財有大道”五節

平天下之大要在用人，而無政事，則恐財用不足。前言治天下之道備矣，而猶恐人主汲汲於財之念必不可奪也，故特示以生財之有道，不私其財而終能有其財也。蓋合天下之財以爲財，則爲大道；取天下之財以私一人，則爲小術。以身發財，語極刻酷，而財之私不私，仍歸於用人。若獻子之不畜聚斂，小人之務財用，得失不較然乎？漢桑弘羊、孔僅之徒，言利事析秋毫，而漢以困。隋有洛口倉以資李密；唐宇文融籍外取税，百姓困敝，得不酬失；韋堅王鉷厚賦斂歲進億萬，卒釀天寶之亂。王荆公行新法，欲以富國而實困之。長國家，節若目睹。漢、唐、宋季世以立言，真千古金鑑也。張惕庵云："古來用人行政之不當，女寵之溢尤權臣强藩之窺伺，敵國外患之憑陵，皆可更改剪除，惟有民窮財盡。"委而去之，真束手無策，勢之强，莫如秦；令之尊，莫如明，皆坐此也。

附《典略》

淇澳菉竹

曹寅谷云："《水經注》肥水謂之澳。"後漢《郡國志》注引《博物記》云："有奥水流入淇。"則淇、澳亦二水。《毛傳》菉，王芻也。竹，扁竹也。孔疏亦然，且云："生此菉之與竹，猗猗然而茂盛。"

絜矩

王菊潭云："矩之道，最爲精深。"考《周髀算經》，周公問數於商高，高曰："數之法出於圓方，圓出於方，方出於矩，矩出於九九八十一，故折矩以爲句廣三，股修四，徑隅五，既方其外，半之一矩，環而共盤，得成三四五兩矩，共長二十有五，是用積矩。禹之所以治天下者，此數之所生也。"周公曰："請問用矩之道。"商高曰："平矩以正繩，偃矩以望高，覆矩以測深，卧矩以知遠，環矩以爲圓，合矩以爲方。"方屬地，圓屬天。知地者智，知天者聖。智出於句，句出於矩。夫矩之於數，其裁制萬物，惟所爲耳。是矩之道，始於伏羲，神於大禹，究辨於周公，而爲裁成輔相之用也。蓋上古聖人，觀象起數，緣數悟理，執一以通萬者，不越乎此矩。一切高深遠近、方圓之不齊者，裁之以矩，而無不各得其宜。平天下者，即己之性可以通天下之性，即己之情可以類天下之情，一切知愚賢不肖之過不及，道之以德，而無不各遂其天。其明明德於天下者，猶之乎上古聖人，持一矩以裁制萬物也。

伐冰

王菊潭云："《左傳·昭公四年》朝之禄位，賓食喪祭，於是乎用之，言君之用之也。黑牡秬黍，以享司寒，桃弧棘矢，以除其灾，言君之藏之出之也。大夫命婦喪浴用冰，言大夫之用之也。"祭寒而藏之，獻羔而啓之，言大夫之藏之啓之也。故伐冰云者，言大夫以上自得而藏之，自得而啓之也。若但以用冰言，則國人固無不用冰者，似不足爲大夫以上重也。且伐字亦無著。曹寅谷云："《左傳》其出之也，朝之禄位，賓食喪祭，於是乎用之。"其出入也時，食肉之禄，冰皆與焉。杜注在朝廷治其職事，就官食者，孔疏："在官之食有冰。"下云自命夫命婦無不受冰，謂賜之受以歸在家用者也。觀此則伐冰宜兼食説，注但舉其重耳。

《中庸》證疑叙（辛從益叙）

《中庸》一書，精微廣大，天人性命、幽明上下之理，無不該貫。其於學者用功，則由戒懼慎獨、造端夫婦，以馴致乎察天地、贊化育之盛，而其詞旨奥衍，有未易尋其綱領脉絡者，自《朱子章句》盛行，而郑注罕复尋繹矣。説者語朱注較鄭注最爲精密，就嘗紬繹其義，亦有未盡快。然於心今阅李君此編，則向所蓄疑，一一抉而釋之，於本文義理既直截貫通，且語皆踏實，如所謂戒惧慎獨，不越乎倫常日用，然致虚守寂，以爲主敬。盖雖仍朱子之言，而訪其流弊，不致墮入禪宗，即謂爲朱子功臣可也。嘗考漢《藝文志》，有《中庸説》二卷，顔師古注云“今《禮記》中有《中庸》一篇，亦非本《禮經》”。説者謂子思是書，本以闡天人之奥，漢儒以其無所附麗而編之《禮記》，實於五禮無所屬，故劉向以爲通論，而師古記非本《禮經》。今觀此編，以《中庸》爲言禮之書，謂禮以飾喜怒，節哀樂，故可旌而極之，致位育之效。解“敦厚以崇禮”句，謂自其發育峻極者，切而求之禮儀威儀之間，凡所措施，本於篤實，而非沿襲虚文者比。然則《中庸》之編入《禮記》，固非漫然可以破劉氏、顔氏之説矣，是又《禮經》之功臣也。嘉慶己卯重九後一日，督學使者辛從益，書於濟南試院。

《中庸》總論（李允升自序）

《中庸》，禮書，非理書也。論《大學》者尚近切實，談《中庸》者易入幽深。《大學》由己以及人，《中庸》本天而之人，故不同也。然一由身心意知以及於家國天下，一由喜怒哀樂而制爲三千三百，無非可以身體力行之事，至其察天地，格鬼神，一一皆人事之符驗，而非空談性命之渺論。故擇善固執，即《大學》之格致誠正，位育參贊，即《大學》之修齊治平，而其要皆在慎獨，皆在行恕。慎獨則能誠，行恕則能仁，由是而有九經，由是而有三重。禮之所以崇，即道之所以行，此實古帝王治天下、教萬世之大法，而非别有叩虚索寂之術，可以措一世於泰山之安也。且其言誠不外達道，言仁首重事親，不惟與《大學》同揆，而《論》《孟》之言道言仁，亦可由此而識其指歸也。夫《老》《莊》之書，虚無淡泊，此廢弃之人所以養静無爲，浮屠蔑弃人倫，空諸一切，能使天下煢獨無所歸者，消釋煩惱，游心世外，以全其生。此二氏之教，所以處三代以後無可奈何之人，未嘗無用，而於聖賢之道，則渺乎不相涉也。聖賢者，以天下爲量者也，故其道不越人倫日用之實，而能周乎天地萬物之大，此《中庸》所由作乎？其書詳言孝而總歸於禮，由喜怒哀樂以施於家國天下，無非實者。格鬼神以此，贊天地以此，化被中國蠻荒以此。蓋禮者，所以教中教和也，所以通乎鬼神，順乎天地也。而無非本實心，行實事，故曰誠也。雖其原出於天，而所以行之者在人。自儒者好言天道，以爲鳶魚飛躍，天也；發育峻極，天也。舉所謂君子之道，聖人之道，皆歸於冥冥，不可得而名。於是以老、莊、浮屠之言，釋聖賢之書，談者牢不可破，學者望而却步，以爲是幽深不可測識之理。然試平心按之，與《論語》《孟子》之旨有以异乎？與《詩》《書》所載帝王之事有以异乎？又安有所謂渺渺不可知者，取而歸之於天乎？天道遠，人道邇，聖人之言天，無非言人也。作《中庸》者，所以矯當時侈言高遠之弊，而豈知讀是書者之益趨於高遠也？是又作作《中庸》者所不及料矣。

升謹識

《中庸》卷之六

文登李允升藹蹊訂

《中庸》

“天命之謂性”三節

《中庸》一書，俱言修道之教，因修道而溯其原於天，由乎性，非平列也。道也者二句，申明所以不可不修之故，以下皆言修道之功。道即五達，道故不可離。修之如何？曰：“修己以敬而已。”戒懼慎獨，敬之至也。至中和位育，則修己以安人、安百姓矣。今以周子誠無爲、幾善惡分貼兩節，爲兩層功夫，實則不睹不聞即是隱微，慎獨仍是戒懼。下三句申明上文，非有兩義。所謂戒懼慎獨者，不越乎人倫日用、民彝物則之間，非致虚守寂而以爲主敬之學也。天下事之得失，一心之敬肆爲之，由戒懼慎獨而致位育，與篇終篤恭而天下平，其義一也，《大學》古本先言慎獨，此亦揭於首篇，則言敬而誠在其中矣，後文所以歸於誠也。道之明，道之行，君子之道、聖人之道，皆言修也。舜、文、武、周公、孔子，修道之人也。

“喜怒哀樂之未發”節

以此節承天命，率性而不及修道，故以中和爲人人所有，而道遂歸於空虛。竊以中和固自戒懼慎獨來也，敬則無一念之偏，故中；敬則無一事之乖，故和。大本自我立，達道自我行矣。獨言喜怒哀樂者，吾人處事接物皆不外此。朱子云：“世間無事不繫在喜怒哀樂上。”且《中庸》爲言禮之書，禮以飾喜怒，節哀樂，故可推而極之，以致位育之效。

致中和天地位焉萬物育焉

謂中和分屬位育者，偏謂致中和仍是用功，亦誤。乾道變化，保合太和，天地不但言中，用其中於民，萬物不但言和。至謂一心之中和，於天下漠然無所事，遂可奏位育之效，尤虛而無憑，《樂記》曰：“禮樂明備，天地官矣。”又曰：“大人舉禮樂，則天地將爲昭焉。”天地訢合，陰陽相得，煦嫗覆育萬物，與此正相發。蓋禮樂者，中和之大端也，政治皆由此出。君子以一心之中和推而極之於天下，禮樂政教四達而不悖，裁成輔相，使天職乎覆，地職乎載，萬物莫不生成於其間。此古帝王治天下之實功，而非後世儒者談性命之空言也。堯命羲和授時，禹敷土奠山川，俱見位育之實，亦無非中和之事。後文九經三重，盡人物之性，贊天地之化，莫非此義，而修道之教於是大備矣。《史記》禮書天地以合，日月以明，四時以序，星辰以行，江河以流，萬物以昌。漢時猶識此意，皆言治天下之事。今或謂一家之父母爲天地，衹可作比例，非正意也。

“仲尼曰君子中庸”章

鄭注：“小人所行非中庸，然亦自以爲中庸。”不明此義，遂於次節加一“反”字。此蓋先爲“中庸”辨路逕，言人皆知有“中庸”，而不知其有真僞也。惟如君子者方爲中庸，若小人則正反乎中庸耳。蓋論其名，則君子固中庸，而小人亦自托於中庸。若論其實，則君子之中庸也，乃君子而獨能時中；小人之中庸也，則小人而偏無所忌憚也。語意與“惡鄉愿，恐其亂德”略同。朱子《輯略》：“無忌憚者，言不必信，行不必果，”而實不知義之所在。其説蓋指鄉愿一流。後世則馮道、王安石輩，皆可以無忌憚律之。

子曰中庸其至矣乎民鮮能久矣

中庸者，非有驚世駭俗之行，而天下賴以治，風俗賴以醇。《皋陶》之言九德，曰寬而栗云，云皆能化其偏以適於中。後世用人，柔懦者不足與有爲，而聰明才辨果敢之士，踔厲風發，震耀當時，而不必有益人國。甚或匹夫抗憤，激揚名聲，卒以貽禍，皆不中之爲害也。《書》稱“克用常人”，《詩》稱“藹藹吉士”，無矜奇立异之事，有履中蹈和之實，立朝可以布德教，居鄉可以化風俗，此既所謂中庸，此孔子所以爲民望也。此下類引聖言，朱子所謂文斷而意屬者。“能”字貫下數章“能”字。

“子曰道之不行也”至“道其不行矣夫”

道以人倫爲重，聖賢所以修己治人者，莫切於此。其言知愚賢不肖之過不及，皆上有關於國家，下有關於風俗。如自古忠孝而失之愚，言行而流於僻者，皆在其中，非空講道學比。或謂開出明行兩脉，大悮。古人知行不分，故此先引夫子知行合一之言，見不知而妄，行與不行而空談者，皆無與於斯道之屬也。而意尤重在行，故下引不行之慨，而後數章歸於能守。舜之《問察用》中，能知故能行，因言知而不能行者，惟其不能守，若回之能守，則無不行矣。

“子曰舜其大知也與”節

談理者於此節曰“洞見道體”，曰“造道深”，曰“聖心原有善無惡，皆好言心學，而無與於大舜治天下之事”。孟子言：“舍己從人，樂取於人以爲善。”明庶物，察人倫，聞一善言，沛然若決江河，皆明徵也。其時堯舜事迹，載籍尚多，今皆無傳。但即典謨所垂，自教稼、明倫、慎刑，以及工虞、水火、禮樂之事，罔不疇咨延訪，都俞吁咈，期於盡善而後已。故《尚書》特以明目達聰提綱，可以想見梗概。當時草昧初開，諸務創建，而庶積咸熙，問察之功宏矣。《吕刑》皇帝清問下民，《蔡傳》以爲舜是也。舜生長民間，溷迹耕漁，情僞周知，而又虚心探訪，故能措施咸宜，治功後世莫及。自漢時狄山已以小臣言事得罪，延及宋明，大臣一言不合，動獲重譴，其有可用，亦多留中，視大舜之隱揚何如？何以鼓舞天下之人才，洞悉天下之利弊哉？雖有聰明之主，率多壅蔽之，患其關於天下治亂，誠非淺鮮。則知道之行，固天下所賴以安，而非空談高遠也。

“子曰人皆曰予知”至“弗失之矣”

自此至唯聖者能之，皆重能守。而此先提明，所謂擇善而固執之者也，服膺弗失，以至不流、不倚、不變、不悔，皆言守。讀聖賢書，豈不明是非，然卒依違遷就，不能行其所學者，坐不能守耳。不能守即不能行，而其知亦恍惚無據矣。後世以讀書談道爲謀理，而以應物别爲一事，故以上予知爲處事，下予知爲謀理。不知古人義理即在事物中，非别有精微奥妙之學，獨探性命之旨也。且如後世講學，分門别户，各執意見，所謂碩學之徒，莫之或徙，有何期月不能守者？蓋遇禍而不知避，皆不能守中庸之道者也。矯矯者以激烈賈禍，靡靡者以貪鄙致敗，其人豈盡無學，而皆以不能守之故，入於罟獲陷阱而不覺，下段正申上段，非判不相入也。張惕庵云：“官廨公座。”古人以爲痴床，言一坐此床如醉如痴，不可告語。坐此者無痴，則國與民胥賴之矣。利令智昏，千古一轍。罟獲陷阱中，知人居多，可爲三嘆。其論甚快。顔子拳拳服膺勿失，正形容其能守，能守即能行，所謂回雖不敏，請事斯語者非僅，如讀書切記不忘之。謂白文無仁字，似不必添設。

“子曰天下國家”至“能之”

三者皆可勉於一時，而《中庸》守以終身，稍有過不及，皆非能守，故曰不可。能不流、不倚、不變，皆所以能守，而非南北之强，則無過不及，所謂《中庸》也。以顔淵之仁，子路之勇，硬排者未確，不報，無道堅忍之力，可以言强，不可言勇。勇者有爲，强者有守，知耻近勇，以其有爲，此則重有守，故曰强。至遁世不見知而不悔則能守之極致，所謂自强不息者矣。既言君子，又言聖者，語似複兩節君子大相逕庭，亦非文法。或云君子遵道而行，與“吾弗爲之”句連讀，君子依乎《中庸》，與“吾弗能已”句連讀，言隱怪有述而吾弗爲，以君子固遵道而行也；有半途而廢者，而吾弗能已，以君子固依乎《中庸》也。遵道者守正，故不爲隱怪；依則不離，故弗能已。語意亦貫，存參。

君子之道費而隱

古注以此屬上，以素爲嚮，以費爲佹，其義未明。朱子以此冒下，其義較顯。竊謂與《繫辭》其事肆而隱相近。《繫辭》疏言《易》所載之事，其辭放肆顯露，而所論義理深而幽隱。費則《曲禮》不辭費之費，言繁多也。此言道在事物之間，極其繁費，而義藴自幽深也。

“夫婦之愚”節

天高地下，萬物散殊，而禮制行焉。識此義可與讀此書，言愚不肖固不及矣。而道之所在，雖夫婦之愚不肖，可以與知，可以能行。觀《曲禮》《内則》所載，温凊定省，抑搔奉養，以此教天下，夫婦孰不與知，孰不能行者？孟子所謂導其妻子，使養其老，匹夫耕，匹婦蠶，皆此類也。至於官禮之待問，聖人亦有所不知，大化之未洽，聖人亦有所不能。天地之大也，陰陽化育之不齊，人不能不有所憾。惟君子有以平其憾，故語乎其大，則範圍而不過大。至於莫能載，語乎其小，則曲成而不遺，小至於莫能破，此所以贊天地之化育也。夫自三辰七政，以至九州四海之遠，無非禮之所彌綸也，此謂語大。自周旋裼襲以至俎醢果匏之細，無非禮之所周浹也，此謂語小。

“詩云鳶飛戾天”節

《虞書》：“疇若予上下草木鳥獸。”《易》：“物與無妄，先王以茂對時，育萬物。”《王制》：“不合圍，不掩群，獺祭魚，然後入澤梁，以至不殺胎，不妖夭，不覆巢。”《禮運》：“魚鮪不淰。鳥不獝，獸不狘。”其言及物者詳矣。此節鄭注言聖人之德，至於天，則鳶飛戾天；至於地，則魚躍於淵，是其著明於天地也。孔疏：“鳶飛戾天，是翱翔得所；魚躍於淵，是游泳得所。”本詩孔疏亦云：“道被飛潛，萬物得所。”《中庸》引詩正此意，蓋詩言鳶魚適性，乃王化所被，萬物得所之象。《中庸》引此，以見道之被於物者至廣，所謂中和位育也，所謂盡物之性也，今乃但言化工以鳶魚之飛躍爲道，且以男女之訢合爲道，又以聖人天地不能盡道，别有道焉包於天地之外，遵奉此説，日入於渺冥之鄉，於詩賦之用甚便，去聖賢之道日遠矣。

“君子之道造端乎夫婦”節

道莫先於慎獨。夫婦者，人所不睹不聞隱微之處，能慎之於此，言動有法，好惡不辟，則身修家齊，舉而措之，天下之民，裕如也。由是興養立教，夫婦各順其則，天地不留餘憾。民安物阜，太和洋溢，則察乎天地者，皆君子之實功，而非老莊所謂虚無渺冥者也。《朱子文集》云：“男女居室人之至近，而道行乎其間。”幽暗之中，衽席之上，人或褻而慢之，則天命有所不行，非知幾謹獨之士，其孰能體之？其言深得造端之義，故曰："閨門爲王化之原。"而説者又以爲非本文正義，必欲歸之。《太空篇》中言："君子者三，而皆於人無與，此理學所以歸於空寂也。"此節尤爲後數篇提要。其言不遠，言素位，皆造端之意。至於格鬼神，受天命，治天下國家，則察乎天地矣，而其言卑邇高遠，由妻子以及兄弟，仍造端夫婦之意。

"子曰道不遠人"章

既不可遠人以爲道，故君子但以人治人。何以治之？曰："道在忠恕。"但準乎己以及乎人而得矣。道在子臣弟友，以求諸人者責諸己而可矣。違道不遠，衹重忠恕之近道，不重分安勉意。四未能皆實境，非謙詞。少孤，未逮事父，得君不過三月。有兄孟皮早殂，交游之間，周恤維艱，此皆勢之所無，如何而心實歉然矣。施即報施之施，今人必以爲道義之交，專言切劘，此則何未能之有？或曰："慥慥猶蹙蹙也。"古"慥"與"蹙"同。

"君子素其位而行"章

《易》素履注："素，質也。"或謂踐履其常道也。蓋素爲本色，素位，猶俗言安本分。古注傃訓嚮。子瞻放鶴亭傃東山而歸，或以爲循常道也。上章庸德之行，庸，常也。素位而行，即守其常道也。故富貴、貧賤、夷狄、患難一也。陵下援上，後世小人謀利營私之術，莫此爲甚。不怨不尤，自古聖賢修身立命之學，惟此爲先。

“君子之道譬如行遠”章

《中庸》本爲騖高遠者戒，故言不遠，言素位，而又言高遠之有自爲。本章提即爲下數章作提。引詩當從朱子。《集傳》言：“妻子好合，如琴瑟之和矣。”而或兄弟有不合，則其樂不能久。非以妻子兄弟平列也，蓋人情於妻子本易合，而兄弟則始合終離，惟不以妻子間兄弟，而後妻子可以和樂而且久。不然，兄弟乖離，妻子豈能謀久遠？果能由妻子之和以篤兄弟之情，自此而宜爾室家矣。由室以及家，人人各得其分，外内咸宜也，且樂爾妻帑矣。由妻子以及子孫，世世永享其福，大小偕樂也。和氣致祥，所被多矣。夫子曰：“豈但已哉。”父母自此而順矣。故人能盡道於妻子之間，而兄弟之道得矣，而室家妻帑亦無不得，而事父母之道亦於是乎得。此其連而相及，乃自卑自邇，以漸而進之妙。夫即一家而言，則妻子爲卑邇，兄弟更進矣，父母尤進矣。合天下而言，則順父母爲卑邇，鬼神天地爲高遠，而誠能感神孝能受命，則必自乎卑邇。所謂一以貫也，是以纘緒成德之孝，可達於天下，繼志述事之孝，可以治國，政先親親之仁，而九經由此舉，所謂造端乎夫婦，察乎天地者如此。

“子曰鬼神之爲德”章

鬼神之義載於經者，特詳獨《中庸》，則古以陰陽之氣生物爲解，而後世之説愈精愈微，而義愈晦。夫信後世之論何如？考古人之經，孔子言事鬼神、敬鬼神，以及《易》言合吉凶、禍盈、福謙，皆曉然無疑也。惟精氣爲物，今以爲神；游魂爲變，今以爲鬼。古注云：“精氣絪緼，聚而成物，聚極則散，而游魂爲變也。”游魂言其游散。又注云：“生變爲死也。”觀此，則精氣爲物者，言人之生；游魂爲變者，言人之死。知其有生而後有死，則知鬼神之情狀。故曰：“事死如事生。”夫子因宰我問鬼神之名，而探其本，曰：“氣也者，神之盛也；魄也者，鬼之盛也。”言人有氣，故有神，氣也者，即神之所以盛也。人有魄，故有鬼，魄也者，即鬼之所以盛也。生時氣與魄合而爲人，死則氣與魄分而爲鬼爲神。先王制爲祭祀之禮，合鬼與神，教之至也。下文又申言歸土爲鬼，氣發揚於上爲神。聖人之言，可謂明辨晢矣。且視之而弗見，與下使天下之人，本一氣貫注。下文明言祭祀，而上文乃别有一等鬼神耶？明言神之格思，而必欲説成陰陽化育耶？若云無鬼神，則自祭法，以及《周禮》所言天地山川社稷之神皆妄耶？所言祭祀之典皆僞耶？又或謂《中庸》爲明道之書，與他書不同。夫何書不明道而獨《中庸》耶？《中庸》之言鬼神，乃獨與《論語》异，豈《論語》不足以明道耶？蓋《中庸》原載《禮記》中，明則有禮樂，幽則有鬼神。下文言受命，言祭祀禮樂達於天下，而此章直以鬼神爲禮樂之本，鬼神無往而不在，故禮樂無往而不行耳，要之，言鬼神所以教人，其言微顯亦指人言，與前後言微顯者同，言人心微而實顯，以其誠不可揜上文，言齊明言度言射皆言人也，即皆言不可不誠也。故曰：“惟仁人爲能饗帝，惟孝子爲能饗親。”《郊特牲》“元冕齋戒，鬼神陰陽”也。將以爲社稷主，爲先祖後，而可以不致敬乎？又云魂氣歸於天，形魂歸於地，故祭，求諸陰陽之義也。殷人先求諸陽，周人先求諸陰。以上二條，言祭祀後世陰陽之説，蓋本於此。又孔疏：既以誠不可揜，爲善必降以福，惡必降以禍。而又云此雖説陰陽鬼神，人之鬼神亦附陰陽之鬼神，後世紛紛之論，實基於此。

“子曰舜其大孝也與”章

首節以德福兼隆成其孝，次節又言德可致福，意似不貫。或謂因孝致福，語氣不肖；或謂本以孝而獲福，轉以福而成孝，亦多費斡旋。竊意惟首節爲孔子之言，故大德以下皆子思之言也。四“故”字、六“必”字，乃《禮記》文法，不似孔子言。蓋孔子祇以德福兼隆稱其大孝，與“大知”章語氣相類，引之以見福與德相因，故反覆推明，其與孔子之言，語氣不同，而義則相發明也。“鬼神”章同此。

“子曰無憂者”章

首節引孔子言，兼言作述。下二節子思意在言孝，故特承子述申之。首節言文王之遇，未及文王之事，不得與武周之事平列。以纘緒爲翦商者，非也。蓋治國莫大於行仁，得天得民，皆由乎此。周自大王遷岐，乃疆乃理，民歸日衆。王季克長克君，至文而怙昌愈遠，其所以纘緒在此，故民心日固，天命日集，不得已而伐暴救民，人皆知其應天順人，其有天下以此，其不失顯名亦以此。因子言，以武王爲子，故先言武王未受命而周公成之，以上承先志，下體群情爲德，所謂公德明光於上，下勤施於四方也。上祀概組紺以上，禮以義起，歸功於后稷、公劉者，非也。葬用死者之爵，夏商已然，祭用生者之禄，《周禮》乃備，典文該洽，皆禮[①]文考之心以行之，所謂孝也。前章

① 原文漫漶不清，似爲“禮”，言上古以禮祭祖，乃爲孝。

祇言饗保，此則言禮，下章詳言禮，“問政”章言禮所生，九經莫非禮。故《中庸》爲禮書而皆始於孝，故曰“高遠自卑邇”。

“子曰武王周公”章

朱子謂所制祭祀之禮，通於上下，最爲明曉。蓋達孝者，謂其以一己之孝達乎天下，使人人得遂其孝，故爲達孝。所謂孝子不匱，永錫爾類，與纘緒成德同一言孝，而此更因祀禮之下達而廣言之。夫孝者二句，推開言之，若仍指武、周言，則文王不得泛言人，又不應去達字。蓋孝本繼志述事，而武、周能使人人繼志述事也。“祖廟”節，注：祖廟自天子及官師裳衣，言先祖，不言先王。時食所引本《周禮》及《内則》，亦士大夫通行者。宗器則諸侯以下無可據，故引赤刀大訓，舉尊以該卑，而又曰先世，不曰先王。“昭穆”節注實用士特牲饋食禮，尤上下通行者，踐其位節，極言制作明備，精誠流貫，人人得以自盡，孝至此而達乎天下矣。以五其字指文王者時説也。郊社宗廟之禮，專以天子言，而其所以治國，如示諸掌，則又能推一己之心以及天下，乃其孝之所以達，而使天下咸被其澤者也。郊社以天地爲父母，禘以遠祖爲父母，故皆可言孝。以天地爲父母，則凡天地之所生，雖殊方絶域，皆非度外矣。以遠祖爲父母，則凡祖宗之所遺，雖支分派别，皆吾同氣矣。此章疑亦首節爲孔子之言，“夫孝者”以下，子思申之。

“哀公問政”二節

孔子答公之言，疑至“蒲盧也”止，以下皆子思申之。“好學”三句，又引子言。“知斯三者”以下，又子思申之。蓋自

“道不遠人”至此，多雜引孔子之言以明之。《家語》載此章，亦誤以爲皆孔子言，以中有“子曰”，又添“公曰”云云，則孔安國所謂“散在人間，各以其意增損”者是也。惟爲政在於得人，禮所以生也。尊其位，改爵，其能從容中道，聖人也，改聖人之所以定體也，俱爲明顯。《爾雅》：“果臝，蒲盧。”鄭以爲土蜂也。蒲盧取螟蛉而變化之，以成爲己子，此言善變化也。但云“化百姓”，亦未確。言政待人而變，雖已衰弱，而有其人便能振興，猶魯一變至於道之意。今特以“地道敏樹”，故從沈説。《家語》又有“天道敏生”句。

“故爲政在人”三節

“人爲賢臣，則其人存”，“人”字當與此同，如周、召是也。對哀公言，不必言無其君。此“仁”字，注謂天地生物之心，與下節惻怛慈愛之意最爲切實。觀後文“肫肫其仁知”，一切“仁”字皆不外此。“仁者人也”，“人”字，或謂人身痛癢相關，頂踵無不愛，凡物皆然，豈獨人？或謂以人所得於天者言，則五常皆然，豈獨仁？鄭注云“人也，讀如相人偶之人，以人意相存問而言”最有味，即人與人相親愛之意。世間惟人與人相關，見孺子入井而怵惕，此非萬物所能矣。人與人相愛，而以愛其親爲大，“人”字内本有“親”字意，猶“宜”字内本有“敬”字意，天下尊卑各有其宜，而以尊賢爲大也。有仁義而因有禮，自是等殺生禮，然謂尚屬天理，未説人事，亦迂。禮者，人事之儀則也。若謂“本乎天，則天壤間何事不本於天耶”？思事親不可以不知人”，文勢相承而下，謂親親有資於尊賢，是先義而後仁也。等殺從仁義出，而謂等殺皆天，又在事親知人之先矣。文字錯綜處，不必句句針對。上節言仁義禮同條共貫，見仁之所包者廣，修道不可不以仁耳。此又推本知人知天，似當與“三重”章“知天”“知人”一例。仁者，人也。知人者，知人與人有相愛之道，而立愛自親始，尤人道之極。知天者，知仁原於天，知天以生物爲心，則知人不能不以愛人爲道矣。實則仁義禮皆原於天，所謂“天叙有典，天秩有禮”也，故下節遂言達道達德。

“天下之達道五”四節

言修身固以道，而由親親而推之則有五；修道固以仁，而與仁并重者則有三。“天下”字、“達”字俱着力，惟其達乎天下，故欲爲政於天下者，舍此無以感通天下之人。兩言“所以行之者”，則達德即在達道中，不宜平列。蓋五倫之外，別無智仁勇。如人君以官人爲知，以安民爲仁，以兢業不息爲勇；人臣以獻納爲知，以忠愛爲仁，以見義必爲爲勇。餘可類推。“所以行之者一”，王墨莊云：“一”字對上“五”字，“三”字猶云一樣。九經“所以行之者一”亦然。或曰：此節“一”字衍文也。三者天下之達德也，所以行之者也。知之一，成功一，言人人可以達德行達道，無容諉也。王巳山謂“所知所行，不宜空言義理”，甚佳。如舜之明物察倫，本乎天性，生知也；“克諧烝久”，順乎自然，安行也。張惕庵謂“堯、舜是仁君，太甲、成王德成之後，皆仁君也。舜與文爲孝子，曾子、閔子、仲子皆孝子也”。真切實之論。聖言本無不該，而引之則重人君。人君左圖右史，稽古有獲，耻不爲堯舜，則可以有爲，其爲近知近勇，自不待言。若力行近仁，則不得僅以仁爲純粹以精之理矣。蓋仁者不爲一己之私，而爲天下之公，自古未有美言小數而能施實德於民者，不力行故也。力行者，不以積習爲難，更不以古治爲難，復不爲空談之無補與小惠之未遍，凡所當爲，一一設誠於内而致行之，則己私不留，而可以觀萬物之通矣，不亦幾於仁乎？若以力行爲一夫當關，萬夫莫開，不識作何物事，且於仁何與也？即以好學爲格物窮理，亦皆腐談。古帝王之學，惟博覽典籍，虚心延訪，則聰明日啓，非瑣瑣以博物名也。《中庸》一書，多言治道，非獨此章以問政發端。時説以“知斯三者”爲承上起下，分人存政舉，不知古人人己合一，無遺世獨立而空言修身者，故修己以敬，而即以安人安百姓，此即“明明德於天下”之義，非修身幾年、治人幾年，而後治天下國家也。此節亦言其序則然，且見修身之爲要數，所以字，言修身在此，治人亦在此，治天下國家亦在此也。

“凡爲天下國家有九經”四節

九經言天子事諸侯亦行之，不惟列國俱有百工，遠人亦可懷。諸侯朝聘以聯邦交，繼絶舉廢，方伯可行。文王專征伐，皆治亂持危，霸者猶假此以令天下也。九經先修身，猶三重，言本諸身也。“財用足”，《語類》謂足布帛、足器皿之類，甚是。或分貨財器用，則迂。有財此有用，天下百工之所聚，貨亦聚焉。“非禮不動”，動即處事接物，而以人倫爲重。自君臣父子以至交友，莫不有禮，所謂修身以道也。“尊其位”三句，李文貞謂即親親之殺，親之賢者則尊其位，如周公爲冢宰，康叔爲司寇，其餘親屬則重其禄，或采地與公同處而百里，或與卿同處而五十里，或與大夫同處而二十五里，其疏屬則吉凶相闢，慶吊必通，此爲同其好惡也。“忠信重禄”，鄭注謂“有忠信者則重其禄”，蓋既不能人人重禄，皆重亦非所以勸。且君之於臣，尤不得以忠信言，所以行之者一也。一字對上九字言，不可偏廢也。

“凡事豫則立”三節

文字接處多提筆，不盡緊連上文，且“凡”字尤宜推開。李文貞公亦云：“凡事不必指達道達德。”九經“道”字不括言事，行乃所習之業，特舉在下位，亦以見凡爲臣者，皆輔其君以治天下國家，即不可以不修其身。“反諸身”，即修身之身。“順親”即前“事親”，言爲政必始於親親，言治民必在於順親，仍即前數章言孝之旨。必言“反諸身”者，天下國家之本在身也。事父母而能誠，則於天下事必無不誠者矣。信友、獲上、治民俱由於此，仍即孝可以格天，可以治國，如示諸掌之義。其言明善，亦與知天知人相通。既以“天之道”句爲在人之天，此即天命之性，人所同具，則不必以不思勉爲天道，擇執爲人道。且誠爲天道，不誠則弃天褻天，故不可不盡人道，非判然兩物也。又時説皆以不思勉之聖人爲天所縱，不可幸致，則白文何爲與下平列，而此層又言之諄諄乎？不知聖兼性反，堯、舜不思勉而中，湯、武亦不思勉而中，故特鄭重詳言，以見聖人之妙如此。用擇執之功以至必明必强，則亦如此矣。若謂聖人不可學而能，何以言知之一、成功一乎？又何以言致曲之能化乎？擇善者無誤所入，即大學“知止”之意。固執所以誠也。學莫重於守，前言“不能期月守”“服膺弗失”，及不流、不倚、不變、不悔，皆謂此也。下節言“篤”，後文言

“純”，言不息不已，皆由此而進之也。

“博學之”三節

古人知行并進，非數十年格物窮理而後力行也。讀書講明，固已有素，及有所爲，必準乎古，詢於人，内斷於心，而即行之以忠，觀周公“仰而思之，坐以待旦”可知。惟此處指“學知利行”以下，下文則并歸《困勉》，見人人可以求誠，特患不用其力耳。謂以哀公爲愚柔者，亦非對君之體，故曰非孔子之言，乃子思申之也。

“自誠明謂之性”章

自世有理書之名，遂説入元渺不可知之域。《中庸》全篇所引帝王事迹綦詳，盍準此以求諸實乎？自誠明者，如實有孝弟之心，自能深知孝弟之義；自明誠者，如深知孝弟之義，自能實有孝弟之心。觀羲黄無典册而開物成務，歷山躬耕稼而乃言底績，所謂性也。太甲賴師保之訓，克終允德；武丁資啓沃之力，厥修乃來，所謂教也。兩“則”字雖有緩急，而不甚相懸。天下未有明而不誠者，其不誠者，明未至也。《中庸》固重修道之教。

“唯天下至誠爲能盡其性”章

《易》云“無妄”，《詩》言“成孚”，《書》稱“允迪篤棐天下”。紀綱雖布，而實意不貫，則大化難成。自古聖王所以與天下相通者，惟此誠之至極而已。如仁能愛，而不能無不仁，義能宜，而不能無不義，非誠也。惟至誠，則無不愛、無不宜者，爲能盡其仁義之性；無不敬、無不知者，爲能盡其禮智之性矣。由是以其仁育義正者，揆幾度務，施於人以及於物，而無不各得其性，則爲盡人之性，盡物之性。盡人性，如“敷以五典”，又以三德；盡物性，如“若予上下草木鳥獸”，皆推己及人，而物亦受命於人，故相因若此。明罰敕法，欲以并生，草薙禽獮，乃稱“咸若。”至於“三苗來格”，則頑者秀；“百獸率舞”，則蠢者靈。必如此乃可以言盡。化者，人物之始生，自無而有；育者，人物之長養，由小而大，贊者成其事，參者列其中。此蓋“天錫天亶，德足乎中而施無不當者，所謂性也”。

“其次致曲”章

“致曲”該學問、思辨、篤行在內，則自明誠謂之教也。曲如惻隱羞惡之端，致曲則充之，使無往而不惻隱羞惡，至全乎仁，全乎義，則有誠矣。此皆易曉，惟形著明爲難分晰。蓋致曲即擴充，如由不忍達之於其所忍，由不爲達之於其所爲，皆有實事，此時説所有也。今以形爲生色，著爲暢於四支，發於事業，則致曲爲漠然無所事矣。又以明爲表裏瑩澈，説成琉璃屏，不知作何物事。竊謂形已該睟面盎背，施於四體，著則禮樂政教，人被其德，彰彰耳目之前；明則光之所及者遠，如光於四方，顯於西土，公德明光於上下，此其所以能動物而成變化之功也。

“至誠之道”章

致曲可以至誠。自古能前知者，正多學問中人，非必生安也。重“道”字，尤重善不善。聖賢之言禍福，以善不善爲斷。惠迪吉，從逆凶，洪範休咎以驗五事，故《麟趾》爲《關雎》之應，《騶虞》爲《鵲巢》之應，繁霜陵谷之變，識周德之衰，祥有由致，妖不自作也。專揄者，内有龍；趾高者，心不固，見與動皆有自來，惟於善不善决之。又或恃福而福不終，懼禍而禍以消，亦在乎善不善之間而已。蓋求誠者，擇善而固執至誠，則其道一於善而無不善之雜，是爲無妄。故於天下之善不善，感而遂通。於善不善之所致，亦不假推測而知其將然。將然者，幾也。知幾其神，故曰“至誠如神”。然其神者，至誠之神，如神則鬼神之神。神必前知，言至誠之前知，如神之前知也。神者，聰明正直而壹者也。壹者，誠也。故神無不前知。《書》《傳》所稱多矣，言神不兼鬼，鬼或不靈，神無不靈也。若云“至誠誠而明，鬼神誠而形”，則明與形不同，不可言“如”矣。必言“前知”者，言如此然後可以極深研幾。惟深也，故能通天下之志；惟幾也，故能成天下之務。王菊潭云：“四體亦兼禍福兩層，如重耳廣儉有禮，知其將興；孫周視聽無違，卜其得國；國莊子將事克敏，而鄰邦就朝；叔孫豹式禮無愆，而天子加貺。此福之動於四體者也。”

“誠者自成也”章

此特言誠之關於人者重，及於人者廣，故下章遂言至誠成物之功，同於天地也。首節語意，循名核實，如“仁者人也，義者宜也”之類。“自成”本以人言，故下句直接天地萬物之說，不在本文内。二句提下二節，次節言自成，末節則言自道，外内合時措宜，所謂道也，而由成己。

以成物，則所謂自道也。蓋道者率性之道，即達道之道，不越人倫，成物在此，時措亦在此。意本重末節，故加“而”字，謂下文未言及道者非。“物之終始”二句，一正一反，兩“物”字一例，謂上句爲萬物，下爲事物者非。朱子云：“敬者，聖學之所以成始而成終也。”此言誠者物之所以成始而成終也。不然，則直如無有矣。故欲有以自成者，不得不思所以誠之也。成己自能成物，修己以安人，修己以安百姓，皆此義也。“合外内之道”，即“而道”之道，謂泛言者非。惟仁智皆性之德，故成己成物爲合外内之道，若謂仁智不分内外，又何待言？《精義》載吕氏説云：“天大無外，造化皆在其間，自無内外之别。人有是形而爲形所牿，故有外内。外内一生，則物自物己自己與天地不相似矣。反乎性之德，則安有物我之异，内外之别哉？”觀此可見聖賢立人達人、中和位育之道已備於此。先儒亦云“性無内外，而非”。盡性者不能合内外，蓋惟誠則仁智兼備，而外内自合也。“時措”之措，即舉而措之天下之措。“自重及物”，以起下文至誠覆物載物之功。

“故至誠無息”章

“故”字承上文“成己”“成物”而言。自古英主多隳於末路，宣王晚年失政，明皇天寶釀亂，故博厚高明由於悠久，悠久由於不息，不息本於至誠。配天配地，則與天地參也。不動、不見、無爲，則所謂化也，化則不測矣。故下文以“天地之生物不測”明之。一言而盡，一言非一字，一言興邦，一言以蔽之，皆此類。此一言即其爲物不貳，則其生物不測之一言也。不必以誠爲一言，并不單以不貳爲一言。謂言天地主宰之道亦迂。“不貳不測”，一言而括天地之全量，所謂盡也。若單言主宰，不可謂盡，惟此處摠言之，“博厚”節指點之。“今夫天”節，乃即其不貳不測而暢言之。“昭昭撮土及其無窮”等句，非故作抑揚，言天固純乎其爲天，昭昭如此，其無窮亦如此；地固純乎其爲地，一撮如此，其廣厚亦如此。山水亦然。此即其爲物不貳也，而遂及生物之功。蓋人有一念一事之仁義，何能爲功？至誠純乎仁，故仁足以育萬物；純乎義，故義足以正萬民。猶天非以昭昭者覆物，地非以一撮者載物，山水非以卷石一勺者生物也。“今夫”字，猶《孟子·湍水》章“今夫水”節，申上“人無有不善，水無有不下”也。然則所謂不貳者，言天衹是天，地衹是地，更無別樣，一處如是，處處如是，今日如是，往古來今亦如是，隱有一至誠無息之意，而不必加至誠無息之名。“博也厚也”節，即指其顯然易見者，謂可即天地以言至誠耳。或言體之用，言用之體，言性情化工，皆自生藤葛。其言至誠則曰“不息”，不息即不已也。言天地則曰“不貳”，不貳即純也。末節又言天之不已，言文之純，末句一筆揆轉，言人與天合，而賓主瞭然矣。近見《四書求是》引楊文定公之説，更爲明暢。楊文定云：“天地之誠，發於氣象，積於形質，昭昭撮土，其見端也。在人則性情呈露之緒，日用雲爲之迹，隨時隨處而有者是已。天地聖人，全體皆然，無少間斷，故外之所發所積，亦無少間斷。就一處觀之而然，極之處處無不然；就一時言之而然，極之時時無不然。與其本體之渾然完具者相符驗，所謂‘不貳不息之徵’也。日月星辰、華嶽河海，則天地生物之具，猶聖人之禮樂文章、井田學校，爲仁天下之具，皆不貳不息之發爲高明、積爲博厚者爲之也。是以求誠者，必盡致曲之功。如一事惻隱，推之處處事事皆然；一時惻隱，推之時時皆然。至於無少間斷，則全體渾然，内外一致矣。昭昭之多，及其無窮；撮土之多，及其廣厚。即天地之高明博厚處指點出“爲物不貳”，以發明至誠無息、内外合一之符。如《時解》衹作趁口虛跌語，於章旨全無關涉，義理亦不契緊，竟成剩語。

“大哉聖人之道”章

明云聖人之道，而謂道本如此，禮儀威儀，聖人所制，而曰天本如此。世間一名一器俱有天則，如車之蓋象天，軫象地，不曰“輿人爲之”，而曰“天爲之”乎？且謂人能峻極於天則可，謂天仍峻極於天，可乎？謂衹虛虛説個道體如此，爲“待其人”句留地步，則又迂甚。“文武之政，布在方策”，下云“其人存則其政舉”，與此正相將。言“發育”“峻極”皆聖人之功，禮儀、威儀，聖人之制，其道昭昭也，但必待有如聖人者方能行之。發育即所謂“育萬物”，盡人物之性也。峻極於天，即所謂“位天地，察乎天地”也。“三百”“三千”，尤不待辨而明，而曰道自能如此，然必待人後行，明將“其”字删去矣，其謬不足辨。惟“敦厚”句變而爲“以”，不可不思。蓋《中庸》本重言禮，自鬼神以下數章皆然，故當時列於禮經。而其所以重言禮者，正欲求道於實，故結以誠而歸之於禮。夫子論治曰：“道之以德，齊之以禮。”論仁曰：“克己復禮。”“君子而時中”，循循於子臣弟友之經，務合其宜，禮所生也。小人而無忌憚，則索隱行怪，如老莊虛無之學，蔑弃禮教矣，故曰“道不遠人”。中間言祀禮特詳。孝必以禮，九經亦皆以禮，此因前言盡性、成己成物，功配天地，其道大矣，故又爲指其實。自其發育萬物，峻極於天者，而切而求之禮儀威儀之間，謂所以範圍天地而不過，曲成萬物而不遺者，乃在乎循循規矩之中，而非馳思高遠者也，此所謂聖人之道也。然道不虛行，必有德者而後能行，而其所以修德有實功焉。尊德性而道問學，然後德性不淪於空寂也。“致廣大而盡精微”，使廣大不至於疏略也；“極高明而道中庸”，使高明不至於畸异也。温故既有以考先王之典則，而知新則又有以酌今日之時勢，所謂觀其會通也。如此則能敦厚以崇三千三百之禮，凡所措施，本於篤實，而非沿襲虛文者比也。“敦厚”二字平列，不與“温故”對。“以”字不與“而”字同。不驕者，以禮治人；不倍者，以禮自守。“明哲保身”，保之以禮也。

“子曰愚而好自用”章

承“待其人而後行”言之。自“愚而好自用”至“從周”，重“有位”，意言天子其人也，而同軌、同文、同倫，則道行矣。自“王天下”至末，重“有德”，意言君子其人也，而爲道、爲法、爲則，則道行矣。“雖有其位”節，德位并言，而前既提明天子，此又加“亦”字，則所重在位。曰“今天下”，曰“吾從周”，亦借作指點，而實通論古今之義例也，不重論周。鄭注：“度國家宫室及車輿也。”《黄氏日抄》：“制度者，制爲之度也。”與“制度”二字并言者不同。徐氏文云：“自天子言之，議道自己，必經緯人倫無所失，而後簡器用，謹書契，由大及小而不失其序，道德所以一也。自天下言之，風行於下，必法度典文莫之悖，而後重禮教，叙彝倫，由粗及精，而聿觀厥成，風俗所以同也。”

“王天下有三重焉”章

上章重有位，此章重有德寡過，言三重之盡善，非寡民過也。觀上焉下焉者之民弗從，則所賴於王天下者重矣，故君子不可以無其德也。責成王天下者，亦古今之通例，不必以上屬夏商，下屬孔子。本諸身”以下六事，言必其德足以如此，而後信從者及於天下後世也。此章止論王天下之道，不可不有如是之德。既云“考諸三王”，不得更以君子屬成周。“質諸鬼神”，即所謂“龜筮協從，與鬼神合其吉凶”者。明則有禮樂，幽則有鬼神，其大端也。如云造化之迹，則與天地複矣。動者威儀著於身，即見而民莫不敬之見。行則政事措諸世，言則訓誥傳於後，其序如此。中間知天知人，即“問政”章“知天知人”也。何以無疑？我自可信，故無疑。何以不惑？我自能斷，故不惑。知天則知鬼神矣，鬼神，效職於天者也。知人則知聖人矣，聖人，人倫之至也。李文貞云：“有位者得志加於民，則禮度文是也；有德者修身見於世，則動言行是也。”容貌威儀，動無非禮；處無治事，行無非度；聲音辭令，言非無文。天地猶有法象鬼神，則冥冥矣。三王猶有典章百世，則茫茫矣。

“仲尼祖述堯舜”章

鄭注以作《春秋》解此章，謂《春秋》斷以文武之法度，又據《公羊》謂“樂道堯舜之道”。然《虞書》所載授時、巡方、教稼、明倫，一切治法具在，文武典章大備，而道之未墜，不外識大識小，可知即道即法，原無區別。又鄭注：“律，述也。述天時，謂編年四時具也。襲，因也。因水土，謂記諸夏之事。山川之异。”説亦可存，特舉其一端耳。李文貞云：“祖述憲章，所以考諸三王而不謬；上律下襲，所以建諸天地而不悖。”下襲如時解，意味殊短。蓋五方异宜异尚，聖人於十五國形勢無不周知，凡救奢以儉，救儉以禮，各荐其宜，可見其下襲也。游定夫以喜怒通於四時爲上律。修其教不易其俗，齊其政不易其宜，爲下襲。張惕庵以“廣大配天地，變通配四時，陰陽之義配日月”解次節，飛潛動植類聚群分，并育不害也，寒暑相推而歲成，日月相推而明生，并行不悖也。小德川流即各正性命，大德敦化即保合太和，亦自簡要惟以道爲黄道赤道，不如用一陰一陽之謂道，并行不悖，當即指温肅并用，此舉天地之大，猶“至誠無息”章言天地之道，知天地之不貳，則知至誠，知天地之所以大，則知仲尼也。故吕與叔以尊容嘉矜爲并育，貴貴賢賢、賞善罰惡爲并行，皆言外意也。

“唯天下至聖爲能聰明睿知”章

漢高如石投水，光武明見萬里，後世創業中興之君，皆聰明睿知，方能臨天下，况三代以前耶？聰明屬耳目，睿知屬心思，皆所稱天授，不待學而能者。下四項亦皆天德。寬裕温柔，如天之好生；發强剛毅，如天之行健；齊莊中正，得天地之嚴凝；文理密察，得天地之文明。此方言其得於天者有如此之德，故曰“足以有”。下乃言其蓄之深，發之盛，所以及於人者遠。但必以爲德之在内，至以齊爲心，莊爲志，不敢言，貌則泯矣。人之德無不見於容貌氣象者，不待政教之及於民也。何義門云：“言知者或後之，或先之，此章則先之而又後之，成始而成終也。”蓋聰明睿知者，開先之哲，所謂“神以知來”“文理密察”者，精義之極，所謂“知以藏往”也。“溥博”三節，俱承四德言。首節“足”字，次節“出”字，三節“莫不”字，次第井井。要之，“如天”節衹承上暢言之，以起下聲名洋溢耳，猶文家所謂再接再厲也。舟車所至，以下亦次第井井，人力縋險鑿幽，非舟車所能。邵子云：“極南大暑，霜露所不隊；極北大寒，日月所不照。南融而北結，萬物不生，是以血氣之倫不蕃焉，故不得以覆載概之。漢唐以來，凡有賢明之君，無不四夷來賓者，何況至聖？”觀此益知《中庸》所言，無非實事，至此而所謂“位天地，育萬物”者昭昭矣。然分而言之，曰“寬裕温柔”十餘字，約之則曰“中和”而已。故下章“經綸立本”，李文貞以中和分屬焉。

“唯天下至誠爲能經綸天下之大經”章

古人議論精實處，後人多求諸元渺。以《中庸》言之，則經論如達道九經是；立本，如達德是；知化，如天地所以位，鳶魚所以察是。以堯舜言之，則以親九族，“烝又克諧”及“惇典庸禮”，皆所以經綸也；“欽明廣運”“惟時惟幾”，皆所以立本也；自“欽若”“敬授”以及修六府，撫五辰，皆其知化也。以孔子言之，則子臣弟友之道，《鄉黨》所載事上接下之禮，所謂經綸也。修己以敬，所以立本也。其言時行物生之妙，發元亨利貞之藴，又知化之大端也。“肫肫”三句，承上贊之，便見其深遠難測，以起下“誰能知”之意。聰明聖知必言“固”，“固”即所以誠也。人之聰明所以不濟事者，由於外馳而不內斂也，已起下文“暗然日”章之意。注疏以“至聖”“至誠”二章皆承仲尼，然中國蠻貊無其事而侈言之，今日以爲固然，當日未必預決其然。竊以“有臨”章“配天”，即“純亦不已”之配天，“經綸”章“達天德”，即達夫天地之所以爲大者，則其孰能知之？或以爲仲尼之難知可也。

“詩曰衣錦尚絅”章

前言至誠之道，大而無外，此復言求誠之功，約而可循。但存尚絅之意，即有求誠之功。人之精神愈收斂，愈發越，有大畜之義焉。凡矜才华而務名譽者，必不能剛健篤實輝光，日新其德也。古人衣錦必尚絅，禮服也，故曰“素以爲約兮”。引詩重尚絅而衣錦在其中，觀“惡其文之著”可見。以下重暗然、重淡、簡温，方與“惡文之著”一意。必以錦與絅并列互勘，反生葛藤。“知遠之近”三句，即大學所謂“知本”也。風即風化之風。風之自，猶《麟趾》爲《關雎》之應。自古伯者之道，視外内爲二，故以人爲可欺，而假仁義以服之。王者之道，合外内爲一，故無欺人之念，而德自能化之。“不顯維德”以下，歷言德而歸於天，而此處“德”字已導其源。《大學》言“本亂而末不治”，知此則知“修身而後可以治人”，正與此章同意。此章引詩，文體不一。“衣錦”至“温而理”爲一節，此立誠之本也。下言遠之近，風之自微之顯，而證之以“潛伏孔昭”，即微之顯也。言君子内省不疚，而證之以“爾室不愧”，以屋漏人所不見也。言不動而敬，不言而信，而證之以“無言靡争”，蓋敬信本指人，不待見而民莫不敬，不待言而民莫不信，不争即敬信也。言不賞不怒，而證之以德刑百辟，惟德可刑，故勸且威也。言“篤恭天下平”，而極之無聲臭，爲篤恭之至，即德之至也。《禮記》文法多以引詩結，尤多以“故”字起。鄭注自“不動而敬”以下皆不可易，惟前半未穩。後人狃於首節先引詩而一律繩之，至以“不顯”爲幽深元遠，則尤不可以不辨。鄭注以“不顯”爲顯，蓋即丕顯之義。今詩解亦言“莫强於人，莫顯於德”，此引之以見德之顯可爲百辟刑。凡引詩與本義無大懸者，何至相反？且言“丕顯哉”“顯西土”，又何取於不顯也？即篤恭亦言其敬之至，在己無一念之疏，則天下無一事之失。篤訓厚，蓋愈篤實則愈輝光。惟其篤，是以顯，乃所謂誠也。至以下文，俱爲形容，不顯篤恭之妙，以詩解詩，尤無此例。惟楊龜山“上天之載”二句解云：“蓋道本乎天，而其卒也反乎天，兹所以爲至也。”與極得“至”字意，“至”字宜承“德”字，其德但不大聲色，輶如毛，均未可以爲至。惟如“上天之載”云云，則所謂化不可測者，乃爲至德矣。此乃由篤恭而進言之，以見其配天也。且“載”字宜重看。天不言而四時行，百物生，本無一息之停。聖人不見而章不動而變，天下本無一事之廢也。而乃以爲幽深元遠，即老子所謂“元之又元，衆妙之門”矣。先儒又謂“無聲無臭”四字，總括多少釋氏非黄非白，非甘非苦言語。後世儒者日闢佛老，而其言動與佛老同旨，大類如此。至使學者疑《中庸》非聖賢書，誰之咎也？

附典據

伐柯

《周禮·考工記·車人》：“半矩謂之宣，一宣有半謂之欘，一欘有半謂之柯，一柯有半謂之磬折。柯長三尺，博三寸，厚一寸有半。五分其長，以其一爲之首。轂長半柯，辐長一柯有半，渠三柯，是柯之則也。”

正鵠

《考工記》：“梓人爲侯，張皮侯而栖鵠，則春以功。”注：“皮侯，以皮所飾之侯。王大射，則共虎侯、熊侯、豹侯，設其鵠，謂此侯也。天子將祭，必與諸侯群臣射，此鵠侯也。”“張五采之侯，則遠國屬。”注：“五采之侯，謂以五采畫正之侯也。諸侯朝會，王張此侯與之射，所謂賓射也。正之方外如鵠，内二尺。五采者，内朱，白次之，蒼次之，黄次之，黑次之。其侯之飾，又以五采畫雲氣焉。此正侯也。”“張獸侯，則王以息燕。”注：“獸侯，畫獸之侯也。《鄉射記》曰：‘天子熊侯，白質；諸侯麋侯，赤質；大夫布侯，畫以虎豹；士布侯，畫以鹿豕。凡畫者丹質。是獸侯之差也。燕爲勞使臣，若與群臣飲酒而射，此獸侯也。’”按，《儀禮》注：“正亦鳥名，鳥之捷黠者，射之難中。”《周禮》注：“鵠者，取名於鳱鵠，小鳥難中，是以中之爲雋。”

宗廟

漢劉耽《吕梁碑》：“虞幕生窮蟬，窮蟬生敬康，敬康生勾芒，勾芒生蟜牛，蟜牛生瞽瞍。勾芒一名勾望，少昊子。”

子孫

《路史》：“女罃生義鈞及季釐。委釐封緡，爲桀所克。義鈞生於商，是爲商均。”《陳世家》：“商均爲封國，夏時或失或績，至周武王克殷，乃復求舜後，封之於陳，以奉帝祀，是爲胡公。”《左傳·襄二十五年》：“昔虞閼父爲周陶正，以服事我先王。我先王賴其利器用也，與其神明之後也，庸以元女大姬配胡公，而封諸陳，以備三恪。”《昭三年》晏子與叔向語：“箕伯、直柄、虞遂、伯戲，其相胡公、大姬已在齊矣。”注：“四人皆舜後。”《昭八年》史趙曰：“自幕至於瞽瞍，無違命，舜重之以明德，實德於遂，遂世守之。及胡公不淫，故周賜之姓，使祀虞帝。”

王季

《竹書紀年》：“武乙二十四年，周師伐程，戰於畢，克之。三十年，伐義渠，獲其君以歸。三十四年，周公季歷來朝，王賜地三十里，玉十瑴，馬十匹。三十五年，伐西落鬼戎。文丁二年，又伐燕京之戎。四年，伐余無之戎，克之，命爲牧師。五年，周作程邑。七年，又伐始呼之戎，克之。十一年，又伐翳徒之戎，獲其大夫，來獻捷。”書言“王季其勤王家”，於此可見。

上祀

馮文子曰：“《周頌·天作》：‘祀先王先公。’”舊注：“先公，自祖紺以上至於不窋，不及后稷，以后稷在先王中也。《周禮·司服》：‘享先王服衮冕，享先公服驚冕。’”以公與諸侯原服裨服，即不敢以天子衮冕臨之。而舊注先公亦衹謂不窋以下，而不及后稷，則以后稷之尸原改衮冕而不服裨服，故天子改裨，於后稷無與。是始封立廟，已稱王改服。而《中庸》上祀自不窋始，及鞠陶、公劉、慶節、皇僕、差弗、毀隃、公非、高圉、亞圉、組紺。(組紺一作公叔祖類。)

期之喪

顧林亭云："自期以下，諸侯絶，大夫降者，說者以爲期以下之喪，皆其臣屬，故不服。然制禮之意，不但爲此。古人有喪不祭，諸侯有山川社稷宗廟之事，不可以曠，故惟服三年而不服期。大夫亦與於君駿奔在廟之事，但人數多，不至於曠，故但降之而已。此古人重祭之義。後人不知，但以爲貴貴而已。"又云："諸侯亦有期服，如始封之君不臣諸父昆弟，封君之子不臣諸父而臣昆弟。且亦有大功服，如姑姊妹嫁於國君，尊同則不降。《記》特舉其大概言之耳。"

三年之喪

疏："三年之喪，父母及嫡子并妻也。達乎天子者，言天子皆服之。不云父母而云三年者，包適子也。天子爲后服期，以三年包之者，以后卒必待三年然後娶，所以達子之志，故通左三年之中。是以《昭十五年·左傳》云：'穆后崩，太子壽卒。'叔向云：'王一歲而有三年之喪二焉。'是包后爲三年也。"陳氏亦韓云：'三年之喪，若專主父母，下不必更云父母矣。達者，自下達於上，然貴賤不畫。一期喪達大夫而大夫降，三年喪達天子而天子降。唯父母之喪則不降，故曰一也。'"

宗器

周理衷云："天府掌祖廟之守藏，凡國之玉鎮大寶器藏焉，大祭則出而陳之。注謂‘玉鎮，天球宏璧之屬；寶器，兑戈和弓之屬。此即《章句》所引也。又典庸器掌藏庸器，及祭祀，陳庸器’，注謂‘庸器，征伐所獲之器，及以其兵物鑄銘者，陳之以華國也’。則陳宗器當兼寶器與庸器言。”

裳衣

毛西河云：“裳衣，先祖之遺衣服。然亦有兩項，一則授尸，一則設之座上，以爲魂衣。蓋天子斂衣有百二十稱，至大斂所餘，則司服授守祧者，藏之廟中，及祭，則先以上衣授尸，《士禮》所云‘尸服，卒者之上服’是也。其非上衣與尸所不服之衣，則但陳於座而祭之，統謂之裳。”

時食

江慎修云：“犧牲粢盛及籩豆之實，皆是時食，又與月令薦新不同。春行羔豚膳膏香之屬，生人之食，非祭物也。”周理衷云：“時食在庖人爲共祭祀之好羞。”注謂：“四時所爲膳羞。《章句》所引，是煎和之味，非祭祀所用。《内饔》：‘凡宗廟之祭祀，掌割亨而不掌煎和，以煎和褻味，鬼神所不享也。’”

昭穆

江慎修云：“序昭穆，謂同姓之無爵者立於阼階下，分爲昭穆兩行，西面北上而南陳。如昭一行爲尊，則昭前而穆後；如穆一行爲尊，則穆前而昭後。孫必與祖同班，子必與父异列，其面是西北面也。同姓無爵，謂若五叔無官是也。《文王世子》云：‘公族在外朝則以官，在宗廟如外朝之位。’以此差之，知同姓無爵從昭穆，有爵則以官矣。”楊文來曰：“序昭穆有二義：一序其自出之昭穆，如虞、吴爲太王之昭，二虢爲王季之穆，魯、衛爲文王之昭，晋、韓爲武王之穆，其名世世不易，此辨親疏之遠近也；一序其所居之昭穆，如周公是文王之昭，伯禽又是穆，考公又是昭，此别世次之尊卑也。”

序爵

《儀禮·特牲·饋食》篇云：“公有司門西，北面東上；私臣門東，北面西上。”賈疏云：“天子諸侯祭祀可依此位矣。同姓無爵者在阼階前，西面北上；卿西階前，東面北上；大夫在門東，北面西上；士門西，北面東上。”又《少牢》下篇，衆賓位在門東，既獻在西階西南，衆賓繼上賓而南。以此推之，同姓之有爵者，與异姓之有爵者序立於西階下，東面北上而南。如周公爲冢宰，則周公在上；若有二王後來助祭，則二王後又在上也。其爵卑者，始位在門東北面，既獻乃移位於西階之南而東面也。

序事

王菊潭云：“祭之日，太宰贊玉幣、玉几、玉爵，大宗伯莅鬯奉玉齍，小宰贊祼將，此大事用大賢也。太宰視滌濯，司徒奉牛，宗伯奉鷄，司馬奉羊，司寇奉犬，司空奉豕，此祭之前日事也。肆師奉粢盛告潔，展器陳告備，御僕相盥而登俎，烹人供太羹、鉶羹，司尊彝詔酌獻，太祝掌祝及號，此小事用小賢也。籩人掌四籩實，醢人掌四豆實，酒正供五齊三酒，郁人供郁鬯，鬯人供秬鬯，庖人供好羞，小史叙昭穆之俎簋，此亦祭之前日事也。蓋祭必習射於澤宫，所以擇賢也。中多得與於祭，不中不與於祭，祭之時固已無不賢者矣。”

旅酬

曹寅谷云：“大抵是禮有三節。自賓三獻後行致爵禮，及致爵畢行旅酬禮，至旅酬畢行無算爵禮。”致爵者獻而不酬，旅酬者但一酬而不至無算。旅酬、無算爵并非一禮。即以《特牲·饋食禮》言之，主人獻賓長自酢，主人獻衆賓，主人酬衆賓，此旅酬之始也。主人獻長兄弟自酢，主人獻衆兄弟，兄弟之弟子舉觶於其長，賓與兄弟旅酬，兄弟與賓旅酬，此旅酬之正也。然後賓弟子及兄弟弟子各舉觶，遂無算爵，此旅酬之終也。凡受獻於階上，受酬於階下，凡宗廟獻酬止四觶，兄弟之子舉觶者二，賓弟子舉觶者一。旅酬時，兄弟弟子先舉觶於其長，長皆答拜受飲，使弟子復位訖，然後行旅酬禮。至無算爵時，則賓弟子、兄弟弟子各舉觶於其長，長亦答拜受飲，如旅酬儀，然後行無算爵禮。此皆旅酬無算爵之前，先舉觶以導其事，非旅酬無算爵之正禮。且弟子舉觶，長受觶，自相拜媵，并非兩家子弟各代長揚觶以酬此兩家之黨。又且旅酬止兄弟弟子舉觶，至無算爵而後有賓弟子揚觶，其間亦并無旅酬時有賓弟子舉觶之事。鄭氏注謂“若特牲饋食之禮，賓弟子兄弟之子各舉觶於其長也”。説固未詳。孔氏疏：“旅，衆也。逮，及也。”謂祭未飲酒之時，使一人舉觶之後，至旅酬之時，使卑者二人各舉觶於其長者，卑下者先飲，是下者爲上，賤者在先，是恩義先及於賤者，故云“所以逮賤”也。江慎修云：“旅酬有兩節，正旅所以行神惠，無算爵所以交恩好。旅酬、無算爵，必有爲之發端。旅酬時，賓有主人之酬觶，則賓酬長兄弟，不必賓弟子舉觶。至長兄弟酬賓，則必兄弟之弟子先舉觶，而後兄弟以所奠之觶酬賓。旅酬畢，行無算爵，則賓之弟子及兄弟弟子同時各舉觶於其長，然後賓取觶酬兄弟，長兄弟取觶酬賓之黨。是賓黨之弟子一舉觶，主黨之弟子再舉觶。《章句》約其文，舉後以該前，舉全以該偏也。”張蒿庵云：“凡酬皆先自飲，洗觶更酌以與賓，賓受而不舉，下爲上者，祗是一人舉觶爲飲酒之端耳。”

燕毛

閻百詩云：“毛，老也。《周禮·司儀》曰：‘王燕則諸侯毛。’鄭司農注謂：‘老者在上也。老者二毛，故曰毛。’”

郊社

禮器曰：“先王之制禮也，爲高必因邱陵，爲下必因川澤，因天事天，因地事地。”蓋謂冬至祭天於圜丘之上，是因邱之高而治以爲壇，謂之因天事天；夏至祭地於方澤之中，是因澤之下而營以爲兆，謂之因地事地。《孝經》曰：“王者事父孝，故事天明；事母孝，故事地察。”説曰：“事天明，必祭天神於南郊；事地察，必祭地祇於北郊。”而《漢志》引《禮記》逸文云：“兆於南郊，所以定天位也。祭地於泰折，在北郊，所以就陰位也。”是圜丘即泰壇，方澤即泰折。陳祥道曰：“泰壇，南郊之壇也。泰折，北郊之坎也。言壇則知泰折之爲坎，言折則知泰壇之爲圜。”是也。王菊潭云：“鄭氏以冬至祭昊天於圜丘，以嚳配之。”《祭法》所謂“周人禘嚳”，《周禮》所謂“祀天於圜丘”，《爾雅·釋天》所謂“禘，大祭”，是也。所用者蒼璧、蒼犢、圜鐘之樂。建寅之月，祭上帝於南郊，以后稷配之，《周禮》所謂“以禋祀祀昊天上帝”，《孝經》所謂“郊祀后稷以配天”，《詩》所謂“思文后稷，克配彼天”，《左傳》所謂“啓蟄而郊”，是也。共工氏之霸九州也，其子曰后土，能平九州，故祀以爲社。是后土與后稷俱是官名。《左傳》“戴皇天而履后土”，“后土”乃“垕土”之省文，“垕”即古“厚”字，言厚土也。并非天可稱帝，地即可稱后。

送往迎來

“遠人”是蕃國諸侯商賈行旅，當主門關用符節，貨賄用璽節。注云：“凡民遠出，至於邦國，邦國之民若來，入由門者司門爲之節，由關者司關爲之節，其商則司市爲之節。”是柔遠送迎事。遺人“掌野鄙之委積，以待羈旅”。委人“以甸聚待羈旅”。懷方氏“掌來遠方之民而送逆之，治其委積飲食”。此亦柔遠送迎事。若龍節、虎節，用以使。掌訝“修委積以待朝聘”，與此無涉。

厚往薄來

周理衷云：“《章句》‘燕賜厚而納貢薄’。燕賜如宰夫掌客牢禮膳獻，賓賜飧牽，是待來之禮也，非往也。”《大行人》：“間問以論諸侯之志，歸脤以交諸侯之好，賀慶以贊諸侯之喜，致禬以補諸侯之災。”《小行人》：“若國札喪則令賻補之，凶荒則令賙委之，師役則令犒禬之，有福事則令慶賀之。”如春秋時天子賜胙，宰咺歸賵，周定王告晉之慶，此是往禮。來禮有三：或因朝而貢，《大行人》貢禮物，貢嬪物之類是也；或因聘而貢，《聘禮》“壁琮幣帛、庭實皮馬”是也；或歲之常貢，《小行人》“春入貢”及《太宰》“九貢”是也。

蓍龜

乾草枯骨，衆多非一，獨以灼龜何？此天地之間壽考之物，故問之也。龜之爲言久也，蓍之爲言耆也，久長意也。蓍者，陽道多變，變乃成。

日月星辰

梅勿庵曰：“日月五星，各麗一天，而有高下。”月在太陽之下，故月體能蔽日光，而日爲之食，是日高月下，日遠月近之證也。月與五星皆能掩食恒星，是恒星最在上，而於地最遠也。月又能掩食五星，是月最在下，而於地最近也。五星又能互相掩，是五星在恒星之下，月之上，而其所居又各有高下，於地各有遠近也。是故居七政之上，最近大圜，最遠於地者爲恒星，恒星之下，次爲土星，又次爲木星，又次爲火星，次爲太陽，次爲金星，爲水星，最近於地者爲月。此七政距地相去之遠近也。揭子宣云：“天一而已，渾淪磅礴，廣厚無際，日月星辰麗於中，如山之宿石，或在其巔，或在其半，或在其麓，如人身之口目臍腎，雖有高下，實共一體。”

華嶽

閻百詩云：“華，山名。嶽，亦山名。蓋舉二山下，故對以二水。《周禮》：‘豫州山鎮曰華，雍州山鎮曰嶽。’《爾雅·釋山》：‘河南曰華，河西曰嶽。’皆并配對舉。”

《孟子》證疑序（劉登桂序）

桂自垂髫從藹蹊太夫子游，其時侍講席之側，力尚不能問也。然每聞有剖析疑難之處，輒踴躍不自已。既退，恐有遺忘，私與同硯諸友條記師説，積久成帙。太夫子取而視之，删其繁，正其舛，增益其所未備，而名之曰《四書證疑》。

辛筠谷先生視學山左，聞之索觀焉，逐篇評點，欣然稱善，且爲之序。時《孟子》一卷未及繕寫，而筠谷學使已任滿赴都門，故《論語》《大學》《中庸》皆有序，而《孟子》獨無。桂從學最久，竊得聞其緒論矣，曰吾所謂證疑者，非考核典故、辨析字句之謂，謂因疑以求通，而歸於有實用也。今夫孟子言仁義，言道德，言心性，其諄諄告當時諸侯者，固關國家治忽之原，即素所談論，亦不外修身治世之大端，其與《論語》《學》《庸》若合符節，可以互相發明，而更無空論理學之一語。故敢略舉數條，以質其生平之所疑焉爾。維時桂亦昭然若發矇，因謹述函丈所聞，用告天下之讀《孟子》者。

道光四年仲夏之月，受業劉登桂謹書。

《孟子》卷之七

文登李允升藹蹊訂

《孟子》

孟子對曰："王何必曰利？亦有仁義而已矣。"

二語不獨提，下文亦以冠全部也。修己治人，總不外此。聖門多言仁，孟子兼言義。言仁而義已在，言義而仁以全。利己者不能愛人，故興兵構怨，保民斯難，富國强兵，賊民日甚。至人臣，求富貴利達，無不欺君虐民者，皆由不義以致不仁也。惟自人君而言，則重言仁，如發政施仁，莫如爲仁之類，而取諸民之不義，即爲不仁。自人臣而言，則重言義，如後義而先利，往見不義之類，而失其本心之仁，則不辨禮義。此其相因者也。夫有仁心而不行先王之道，不可爲仁，而義亦不離乎。辭受取與死生利害之間，本其惻隱羞惡之端，而施於家國天下之事，皆非空談性命之學也。孟子私淑孔子，讀《孟子》可以知《論語》，可以知《學》《庸》矣。不移不屈，所以能立也；不動心，所以不惑也；知言，所以知人也；知性知天，所以知天命也。守先待後，學校井田，皆明德親民之事；崇王黜霸，幼學壯行，即擇善固執之功。稱堯舜，乃以止至善，闢楊墨，正以依《中庸》。其辭不相沿而意實相發者，不可縷述，總不外乎仁義之旨，以爲修身立政之本，非有心法心學求諸元遠者也。後世儒者，言天人，言性命，其語近切實者，大率原於《孟子》，非是鮮不入於寥闊虛無之域矣。

萬乘千乘

天子萬乘，諸侯千乘，此周初之制也。自春秋時，大國多數圻矣，奚止千乘？況七國爭雄，其國皆萬乘，若孟嘗、平原、信陵之屬，無非千乘者。《孟子》所言，固指三卿分晋，陳氏簒齊，以及戰國情形，不復及天子矣。

“詩云經始靈臺”至“魚躍”

《鄭箋》、趙注皆以不日爲不限期。趙鹿泉以《左傳》量功，命日爲證，尤確。然觀《書·洛誥》“得卜則經營”，即此經營，攻位於洛汭即此攻，位成即此成，庶殷丕作，即所謂庶民子來矣。意古人凡有興作，其序皆如此，則臺之攻即攻其位，成即成位，至子來時則丕作也。營洛事甚鉅，以庚戌攻位，越五日，甲寅位成。靈臺較洛邑爲簡，故可不日而告成也。靈兼善字，意爲備。《白虎通》：“天子所以有靈臺者何？所以考天人之心，察陰陽之會，揆星辰之證驗，爲萬方獲福無方之元。”《説苑》：“積恩爲愛，積愛爲仁，積仁爲靈。”臺之所以爲靈者，積仁也。或曰：靈臺與明堂爲一處，靈囿、靈沼在焉，與七十里之囿不同。“鶴鶴”，《詩》作“翯”。《説文》：“鳥白肥澤貌。”

五畝之宅

《穀梁》："古者井里九百畝，公田居一廬，舍井竈葱韭盡取焉。"蓋務農時，居田中廬舍，以便耕耘，農事畢，則歸於縣鄙之中，不必國都也。故有十室之邑，千室之邑。

謹庠序之教

孫疏：里有序，而鄉有庠，序以明教，庠以行禮，而視化焉。其有秀异者，移鄉學於庠序；庠序之异者，移國學於小學；小學之异者，移於大學，命曰造士。行同能偶，則別之以射，然後爵命焉。此先王制士處居富而教之之大略也。《漢書・食貨志》：春將出民，里胥平旦坐於右塾，鄰長坐於左塾，畢出然後歸。入亦如之。入者，必持薪樵，輕重相分，班白不提挈。此時入庠序者，皆農民，尚未及興賢能之事。

狗彘食人食而不知檢

《漢書・食貨志》："大熟則上糴三而舍一，中熟則糴二，下熟則糴一，使民適足，賈平則止。"小饑則發小熟之所斂，中饑則發中熟之所斂，大饑則發大熟之所斂而糴之。此李悝治魏之事，然亦本地官旅師春頒秋斂之法，故《食貨志》贊亦引此章。狗彘食人食而不知斂，野有餓莩而不知發，尚作斂。蓋狗彘食人食，即粒米，狼戾意，言年豐也，年豐而不知斂，故年饑而不能發，言無備荒之策也。

附《梁論》

尹起莘著

秦政之并天下，由三家分晋，而力不足以禦秦也。其實三家又惟魏最强。梁河東，今之安邑等縣，梁亦有河西。六國表，魏入河西地於秦是也。梁河内，今之河内濟源等縣，梁亦有河外。《左傳·僖十五年》："賂秦伯以河外，列五城。"《蘇秦傳》："大王之地，北有河外。"注云：謂河南地是也。河東、西亦謂之河内、外。《魏世家》："無忌曰：所亡於秦者，河外、河内是也。"國居嶺厄之西地最險要，爲東諸侯之蔽，秦新都咸陽與魏界高陵尤密邇。故商君曰："非魏并秦，秦即并魏。"魏，塞秦之衝，秦人安得出入於其間，使天下遍受其禍哉！自惠成王三十一年，秦用商君，東地至河，而齊、趙又數破魏，於是徙治大梁，去河山之固，而就平衍四達之地，弃文侯、武侯兩代之霸業，而爲新造之邦始也。不過偷旦夕之安，卒不振以底於亡，所謂我能往，寇亦能往者。未幾，而秦兵至大梁矣，又未幾而秦伐我，圍大梁矣。然則謂畢萬千葉已亡於魏號爲梁之日也可。其稱梁者，猶之趙改國號曰邯鄲，韓改國號曰鄭，是也。梁襄王六年復改爲魏，而孟子已去梁有年矣。故終七篇止稱梁云。

梁惠王曰晋國天下莫强焉

惠王所言晋國，自應指魏。自晋獻封畢萬於魏，卜偃曰其必有衆。辛廖曰其必蕃昌。犨從晋文絳佐晋悼桓子，與韓康、趙襄共分晋地。至其孫斯爲文侯，師子夏，友段干木、田子方，用吴起、西門豹、李悝，因以富强。以禮信交諸侯，民不被兵，在位五十年。子武侯擊稍侵暴鄰國，在位二十六年。子罃立，是爲梁惠王。其始敗韓於馬陵，敗趙於懷，至二十年敗於齊，三十一年敗於秦，遂弃安邑，徙大梁。觀此可知其强已近百年矣。

“王如施仁政於民”節

此節即所謂善人教民者，省刑薄斂善政也，孝弟忠信教民也，可使制梃，即可以即戎也。民志孚則民氣固，確然如此。《荀子》所云，秦之鋭士不可以當桓文之節制，桓文之節制不可以敵湯文之仁義，尚得此意。後世鉅鹿之戰、昆陽之戰，皆以一時氣奮，遂成萬世之功，况行仁政而得民心者乎？异時揭竿伸鋤，勢如拉朽，制梃之明徵也。苦秦政者，皆殺長吏以應，亦所謂陷溺其民，誰與王敵者也。天下事之成敗，以氣之聚散爲之，氣之聚散，以心之向背决之，子輿氏豈虚語哉！不嗜殺人者能一，尤以一言而定秦漢以後之天下也。

“孟子見梁襄王”章

説大人則藐之，此尤藐之甚者，知其不足以有爲也。然不嗜殺人，一語已定秦、漢以後之局。定於一三字，尤見孟子一生之志。志在安天下，故不能不一天下也。古之諸侯稱萬國，商初存三千，周初來朝者千七百國，見於春秋者僅百餘國。戰國時，周已無王，而争雄者僅六七人。雖尾大不掉，然亦不一而漸歸於一之勢也。當此有大國焉，行仁政，民必歸心，不待十一征而後有天下也。兼弱攻昧，取亂侮亡，權歸於一人，令行於天下，不必襲先王封建之舊，而可以開萬世太平之基矣。或曰：奈先王所封何？王者爲天下生民計，其仁民者存之，其虐民者去之耳。彼其席先人之業，以肆於民上而爲害者，數百年矣，何足惜？高祖欲封六國，後賴留侯之諫而止，千古大計也。漢之七國，唐之藩鎮，禍皆起於不能一。孟子蓋以一言而定萬世之天下矣。

“齊宣王問曰齊桓晋文之事”章

觀孟子初見梁王及此章之語，可以得止於至善之義焉。若爲三代以下之論，即與言仁義之利，由桓、文而進於王，奚不可者？然利己則必害人，與仁義左矣；爲桓、文必尚詐力，去王道遠矣。不正者去之務盡，而後粹然一出於正，所以格君心之非也，所謂至善也。故必發其不忍之心，乃可以行不忍之政。不然，苟且徇人如後世參用王伯之説，其慕桓文之心依然，興兵構怨之心，雖欲發政施仁，而臨事觀望周章，必偷爲一切之謀矣。故曰知止而後有定。

“詩云刑於寡妻”五句

引《詩》“刑寡妻”至“兄弟”，證老吾老、幼吾幼，以御於家邦，證以及人之老幼。玩詩詞以字，三句原非平列，下二句釋《詩》，固以“心”字暗承不忍之心，而“斯”字指寡妻兄弟，“彼”字指家邦，言舉此待寡妻兄弟之心，以加諸家邦之兄弟妻子，非有難事也。證上“老老”數句，而推恩已在其中。趙注舉已以加於人甚安，言享天下國家之福則支。孔疏：“以御爲臨御甚。”是後漢《鍾離意傳》：“《詩》云‘刑於寡妻’，以御於家邦，明政化之本。”由近及遠，正得此意。

今也制民之産

李岱雲謂行税畝，開阡陌，妄事紛更者是已。趙鹿泉以爲晋作爰田，齊作内政，魯用田賦，鄭作邱賦，皆制民之産者，尤可證據。

臣請爲王言樂

以爲好樂之樂，則下不宜有田獵，當承上節孰樂起，下同。“樂”仍讀“洛”。蓋疾首蹙頞者，即獨之所以不樂；欣欣相告者，即與衆之所以能樂也。此爲善言樂。《釋地》謂通章無禮樂之樂，則又非也。

文王之囿方七十里

《注》以爲三分有二之後，是也。或謂有二非盡撫其地，然此時已非僅百里之舊，蓋岐陽之外，地廣人稀，自多閑田，可以爲搜苗獮狩之所，故芻蕘雉兔者皆得而入。當時所謂囿，原非後世上林苑之比，不必以爲疑也。

“以大事小者”節

天之愛人甚矣，原非厚於大而薄於小。友邦皆吾同體，奚忍度外置之？此謂樂天。晋與楚惟天所授，彼大國能自强，亦天命所在，何敢隕越於下？此謂畏天。《詩》《書》所稱皇天、上天、上帝，與孔子言獲罪於天，孟子言天未欲平治天下，樂天、畏天、事天，皆此天也。天，天也；鬼神，鬼神也。傳注未若經文之尤明也。

“齊宣王見孟子於雪宫”節

趙注云：“宫中有苑囿臺池之飾，禽獸之饒，王自多有此樂。”觀下文言游觀，則注説爲是。賢者當與“梁惠王”章同指人君，孫疏俱指孟子，誤也。下言已獨樂而人不得，則非其上人字對上言，即下節“民”字，蓋王自有此樂耳，於孟子何與？閻百詩亦謂果誇其禮遇之隆，孟子當正色而對以不屑。又謂《晏子春秋》有齊侯見晏子於雪宫，則此乃游觀勝迹，宣王延見孟子於其地，非就見之謂。向嘗疑孟子不爲管晏，此章乃專述晏子，觀此知爲本地風光耳。

“夏諺曰吾王不游”至“爲諸侯憂”

自“夏諺曰”至“爲諸侯憂”，皆係韵句，或謂皆屬夏諺，故從流下節疏解。若晏子自言，不應疏解矣。説可存參。

“齊宣王問曰人皆謂我毁明堂”章

曹寅谷云：“古明堂之制，原爲饗帝而設。”《孝經》云“宗祀文王於明堂”，《周頌》“我將爲祀文王於明堂”之詩。鎬京并祀文武，泰山祇祀文王，是則孟子曰王者之堂，王者謂文王也。文王曷稱王？以行王政，追王之也。文王之政曷稱王？以文王之治岐皆王政也。今而後知文王之可以配明堂也。不然，何以王問明堂，而孟子獨首舉文王也？觀此則知公劉克篤前烈，太王肇基王迹，皆我周明堂之所由來也。或疑好貨二節爲孟子蔓衍其詞者，非也。好貨好色，古今通情，但能推以及人，即爲仁爲恕。故曰聖王人情以爲田，此正引其君以當道也。若迂儒則必爲清心寡欲之論矣。後漢周舉疏云：内積怨女，外有曠夫。昔武王伐殷，出傾宫之女。此以内爲宫内，尤與下意貫，可備一説。

“曰國君進賢如不得已”節

古注謂：“不精心揀擇，如不得已而取備官，言不慎也。”説似可存。蓋以進賢大典，而視爲無關緊要，若不得已而用之，所以漫不經心，視天下無不可用之人矣。有司奉行故事，若欲廢而不能者，苟且塞責，毫無慎重之心，皆如不得已光景也。進賢一事，將使尊卑疏戚忽然變更，所關非輕，安可掉以輕心？至逾尊逾戚，或兼當下與异日言，則又一語而兩解矣。

趙鹿泉云：七國之游士，非必能亂人國也，彼原不足以言士，士非其士，則臣非其臣，又安足與言親言世？是皆其君之不知察以失所進也。故當是時，宣王喜文學游説之士，自如騶衍、淳于髡、田駢、接子、慎到、環淵之徒七十六人，皆賜列第爲上大夫，不治而議論。齊稷下盛至數百千人。宣王之視齊，殆自以爲極人才之藪矣。而自孟子深觀其間，直謂之國無人焉。非無人也，無賢也。上不明用賢之實，下非有爲國之忠，徒豕交於一時，將獸散而不顧，誠深哀之而切論之。觀於春秋之所以亂，六國之所以亡，秦用商鞅、范雎以强，卒用吕不韋以亂，斯、高以亡。不任賢，則有親臣、世臣，且不可以國，而况無之者哉！

齊人將築薛

閻百詩云：《戰國策》載靖郭君將城薛矣，以客海大魚之諫，乃輟城薛，何妨至是復欲城，且將之爲辭，事未定也。孟獻城虎牢而鄭人懼，晏弱城東陽而萊子服，文公焉得而不恐哉？或曰：嬰欲城不果，至田文立，乃遂城之。

“滕文公問曰滕小國也竭力以事大國”章

謂遷之説勢不可行，衹以效死爲主，則遷國，衹帶説何委曲詳盡乃爾。蓋惟太王能仁其民，雖倉皇去國，道路險遠，而民猶翕然從之。况不去其國而能行仁，民豈有背之者？雖有侵陵何患？此乃勉滕君以行仁，則民無不從。不然，惟有效死之義，乃最下策。故以或曰别之，以擇於斯二者，激之，惟歷邑賈斗樞見及此云：“《吴越春秋》：豳人父子兄弟，相與扶老携幼，揭釜甑而從古公居之，三月成城郭，一年成邑，二年成都，三年而民五倍其初。”

張惕庵云：“滕北與齊界，兖、青、豫之地，實無可遷。”南與楚接者，江、淮之間，泥塗篠簜，一望榛莽荒墟，楚亦不能盡有之。《史記》越勾踐之後，爲楚所滅，其子孫散處，或爲王，或爲君，濱於南海上。後七世至閩君摇，佐漢高帝平秦，復爲越王，此其徵也。不則上章創業垂統，津津言之，豈以誑滕文哉？

賢聖之君六七作

孫疏：謂太甲、太戊、盤庚等，《集注》加祖乙。《書・君奭》："在祖乙時，則有若巫賢。"《竹書紀年》："太甲之下有沃丁、命咎、單祀、保衡，太戊之下有仲丁、遷囂，又有河亶甲遷相，侁人來賓，皆賢君也。"據此則六七作在湯與武丁外矣。

其故家遺俗流風善政

孫疏：其世嗣續之故家，其民習尚之遺俗，上之化下，其流風之所被，善政之所存，尚有存者。此故家遺俗，以臣民言，流風善政，以朝廷言也。

速於置郵而傳命

置緩，郵速二字平列，則而字未順。孫疏：但云郵，驛名，引《說文》境上行書舍也，此則郵爲地，字從邑。置字未解，當是活字，如《周禮》"陳其殷置其輔"之"置"。

"公孫丑問曰夫子加齊之卿相"八節

孟子之言，與《論語》實相發。不動心，勇者不懼也；知言，知者不惑也。集義而慊於心，則仁者不憂矣。惟不動心爲勇，故以黝、舍爲比。告子乃黝、舍之倫，孟子則曾子之傳也。因孟賁而及於黝、舍，由黝、舍而歸於曾子、子夏，反正相形，非真以黝、舍爲不動心之道也。

黝似子夏，或據子夏戰勝之論，抑子夏篤志博學，蘄有以勝人耶？舍似曾子，即在下節謂子襄之言千萬人而往，謂無懼也。第舍主於無懼，曾子自反則主於義，所謂内省不疚，何憂何懼者，非舍所知矣。自首節至此爲一段，而前言告子，後及夫子，早爲下文引線。自反而縮，并爲集義養氣伏根。通章因問而答，而意自相承。此言曾子而以黝、舍爲引，子夏爲陪；後言孔子以顔、閔諸賢爲引，伯夷、伊尹爲陪。

“曰敢問夫子之不動心”二節

不得於言，《朱子語類》謂言有所不知，《注》謂於言有所不達，皆指人言，與下知言一例。不得於心，《語類》謂心有不得其正者，當即《大學》，有所忿懥恐懼，則不得其正之意。蓋忿懥恐懼等，皆氣失其平，故當無暴其氣。如時説，則與下文不貫矣。志至，即公至自伐楚之至。氣次，即師進次於陘之次。言志之所至，氣從其後，猶帥之所至，衆從其後也。持其志者，内無將迎意必之私，外無聲色貨利之擾，正於應事接物處見之，非寂守一心也。

丑疑志至而氣從，則當以志爲主，故以爲問。兩“動”字正自不動心來，壹即偏也。氣動志，如士卒潰而將令不行也。此與上節爲一段，舉告子以相形，猶前舉黝，舍以相形也。

“敢問夫子惡乎長”四節

告子離言與氣而求不動心，即後世空談心學。孟子以知言養氣而自不動心，則聖賢由身心以及國家天下之學也。蓋不得於言者不知言，無以知人，即無以處事，故後言知其害於政事之實；不得於心，由氣失其平，必無以任天下之事，故後言養氣之功。曰行，曰有事。

謂塞天地爲虚空氣象，皆後世流於禪學者也。語固着力形容，意則實有可據，養而無害，即中庸致中和，塞於天地即位育。且至大至剛，與所謂至誠，語雖不同，本原則一。盡人性，盡物性，贊化育，皆所以塞於天地也。發育萬物，峻極於天，亦此意。特孟子以此言難言之氣，覺胸中別有一段境界，言下別有一段氣象耳。

道義本平列。王巳山謂義與氣較親切，而必推其原於道，亦有見。見義而不爲，爲無勇，故所當爲者爲義。不摇於利害，不惑於死生，而勇於爲，則爲配義。子路問："聞斯行諸？"《注》以爲聞義者，此也。道不外君臣、父子、夫婦、兄弟、朋友之間，古來維持世教，扶植綱常者，皆不越乎此，此所謂道也。此聖賢所以澤及天下，功在萬世者也。以各有所宜而言，則謂之義；以人所共由而言，則謂之道，其實一而已。

"是集義所生者"二節

集者，集衆思以廣益之集。襲者，襲裘之襲。生即根心生色之生，取即色取仁之取。襲裘者，著衣於上，其内都不可見，故與集相反。又謂兵襲之襲，本古注也。大意言其自内生，非自外取，知義之非外，則氣亦非外。告子外義，故曰："勿求於氣而不能集義也。"舊謂告子爲襲取者，非也。

集義言氣所由來，有事乃言其功，義必見於行，而行必有其事。猶《書》曰載采，采言所行某事，某事爲義，見諸實事非徒托諸空言也。事字承集字，事事合義則集矣。長字承養字，得其養則無不長矣。以必有事焉，爲主而字折下至也，字爲一氣讀。以三勿字對必有字，歸重助長。凡正心與忘與助長，皆不能有事者也。孫奭疏：本以正心爲句，今以正爲預期，更宜連心字讀，謂預期其效於心也。三者相因，凡預期其效者，功必不專，故忘功；不專者，必不能有效，故又必助長。大抵不能有事者，其究必至此，故下文但言助長。

“何謂知言一”節

知詖淫邪遁之害，與“好辯”章距楊墨、衛聖道不同。講義多以爲我、兼愛疏解詖淫等字，此衹舉其大耳。實則此節所該甚廣，蓋將行道而不動心，則於此等人必聞其言而知其心，乃可以臨大事，决大疑，俾詖淫邪遁不得售其欺，而用人行政，無復有顛倒迷惑於其際者矣。夫於天下之言而能推其所由來，究其所終極，則理明辭達，其自爲言更無不批却導窾、洞中要害者，此尤不動心之大端也。

“宰我子貢”至“未有盛於孔子也”

自“宰我子貢”至章末爲一段，大意言不居於聖而願學聖，因言孔子之聖，异於群聖，不必與前文相蒙，而知言養氣之由來，亦具見於此矣。

既云智足知聖，又云識見汙下，意似不順，不如趙注少汙不平之解。或謂當如《左傳》盡而不汙之汙，汙近迂，蓋言之詳盡者易於迂遠，説可存。

“見其禮”五句，不應子貢自矜其能如此。李厚庵指孔子言，如能言夏殷之禮，知《韶》《武》之美善之類，蓋神明天縱，有以考前王而不謬，俟後聖而不惑，非列聖所可同也。林臯言謂：“宰我”以孔子之功言，“子貢”以孔子之學言，“有若”以孔子之德言。尤天然對仗。

豈惟民哉，言不獨人類之不一也。麒麟之於走獸等，皆類而不類者也。聖人之於民亦然耳。出於其類，承上言聖人雖與民爲類，而出於其類。萃，聚也，聚群聖而言，則孔子又拔乎其萃。此句乃指孔子言又二條列於後。

不得於心，勿求於氣，可；不得於言，勿求於心，不可。言氣輕而心重也。下兩“夫”字即申此旨。志即心，志爲氣之帥，則爲主，氣爲體之充，則爲輔矣。此猶分說。又云志之所到，氣即從之，則合説。俱見志重而氣輕，以申可不可之意。故丑疑如此則專言持志可也，何以又言無暴？孟子因告以氣雖輕於志，而亦有不可暴之故，非與持志等論也。若時解則於夫志之上添入不可者固不待言，而可者亦未盡可也。下俱言志重而氣亦不得輕，如此則丑又何疑乎？故添設轉折，每多不合。

“氣配道義”節，與下集義一意貫注，言其氣之所以剛大而塞天地者，非徒氣之謂，乃由配合乎道與義爲所當爲，故能浩然如此。若無道義，則氣必餒而不振矣。“是集義所生”二句，申言配義與道；“行有不慊”二句，申言無是餒也。蓋配者渾合無間，集而生則爲配，襲於外則爲不配矣。恐人誤以襲取爲配道義，故又申言之。如時説，則上言氣有功於義，下又言義有功於氣，兩“餒”字不一例矣。忘却時説轉折，衹依本文讀去，便自顯然。然此二條斷難取信，謹附篇末。

“孟子曰仁則榮”章

《孟子》爲時君言仁，於此揭其要。下數章皆本此意。蓋能愛其民，以及於鄰國，及於天下，此爲仁之至。或敢侮予，向謂無敢侮予，林皋言以或爲不知誰何之詞，正恐侮者之多，是也。末章翹翹漂摇，神理可想。

廛無夫里之布

廛非市廛之謂，斷指民廛，所謂願受一廛而爲氓者。布謂布泉，即今之錢。《周禮》斂市之絘布、總布、質布、罰布、廛布。又《地官・閭師》，凡無職事者，出夫布。《載師》，凡宅不毛者，有里布。謂宅不種桑麻，或作爲臺榭游觀，使出里布。里非二十五家之里，乃里居之里，即所居之宅。里布猶廛而不徵之廛，賦其廛也。夫家之徵，亦以布當之，猶今丁錢也。氓則來自他國之名。楊升庵云："氓字從亡從民，流亡之民也。"《周禮》："凡治野，以田里安氓，以土宜教氓。"此新氓之治，蓋去其本土而占籍他國者。

"孟子曰人皆有不忍人之心"章

《孟子》之言仁，以此章爲本。爲淺人言，則曰不嗜殺人；以先王言，亦第曰不忍人之心，無高遠之論也。其言四端，發孔子所未發，而孔子之道以明。所謂功不在禹下者，豈祇闢楊、墨而已？且不曰不忍，而曰不忍人，則知離人無以見仁，即相人偶之意也。後之論仁論性者本此則爲切實，否則爲虛空，爲支蔓。孟子明明言擴充，欲其事事惻隱，求諸實也，而後人必云體究此理，知其所從來，則仁不遠。今讀書人誰不知其原於天，出於性，而行事無一事之惻隱，可謂於仁不遠乎？注中天地以生物爲心，因各得夫生物之心以爲心，深切著明，朱子所謂藹然愛人利物之心爲仁者，是也。或又謂愛是情，仁是性，不可以愛爲仁。然聖人明言愛人，言立人、達人，行五者於天下爲仁，皆所謂以不忍人之心，行不忍人之政者。但人皆墮於理障，不求其實，日苦苦講仁之本體。夫居鄉無一善事及人，居官無一善政及人，而但曰：吾存心也，吾知仁之本體也，此所謂率天下而歸於無用者也。火始然，泉始達，兩“始”字從“端”字來，注中不能自已，本含蓄，講者以爲勢不可遏，則過矣。蓋始然始達，其端甚微，充之則始然者灼灼矣，始達者涓涓矣，否則撲滅耳，壅塞耳。

“孟子曰矢人豈不仁於函人哉”章

此皆爲當時諸侯言。惠之報怨，宣之構怨，至危士臣，驅子弟，皆其術使然，非其心本不仁也。君子體仁，足以長人，蓋其包涵遍覆，卓然立乎萬物之上，而人皆仰命焉，故曰尊爵。愛人者，人恒愛之，以之爲已，則順而祥，以之爲人，則愛而公，以之爲天下國家，無所處而不當，故曰安宅。“莫之禦”句，孫奭疏云：今夫天下之事，有形格勢禁而不得有爲者，爲其有以禦之也。仁之爲道，乃天之尊爵而得之，自天人之安宅而立之自我者，但欲仁則仁矣。誰其禦之說最警。莫之禦而不仁，即不行仁政而務富强者，人役，即受命於大國者。至其甚，則輦來於秦，朝歌夜弦者，亦可逆睹矣。反求諸已，則所謂愛人不親反其仁者，民之歸仁，猶水之就下，獸之走壙也，有仁心仁聞而民不被其澤，是已之仁有未至也，可無反而求之乎？惠王以移粟之仁，而謂鄰民不加少，是怨勝已也，反而求之，則知所以行王道矣。

“孟子之平陸”節

閻百詩云：“讀《史記·商君列傳》持矛而操闟戟者，旁車而趨，《聶政列傳》韓相俠累方坐府，持兵戟而衛侍者甚衆。因悟孟子'持戟之士'亦然。"蓋爲大夫守衛者，非指戰士，伍亦非行間。七國時尚武備，多奸變，生於不測，而平陸又屬齊邊邑，故雖治邑大夫，亦日日陳兵自衛。孟子即所見以爲喻。郝京山曰：伍，班次也。失伍，不在班也。去之，罷去也，亦指守衛者言。

夫道一而已矣

道者，人所當行，非即以性爲道。性者，道所從出；道者，率性而行。惟性善，故道無二，非專言性無二也。趙注：世子疑吾言有不盡乎？天下之道，一而已矣，惟有行善耳，復何疑耶？語最簡透，《集注》恐別有卑近易行之説，正與古注同意。下云古今聖愚，本同一性，乃申明性善之旨，以見人皆可以爲堯、舜，堯、舜之外，無他道也。所謂出乎仁則入乎不仁矣。故下言舜可爲，文王可師，滕可以爲善國，亦《大學》止於至善之意。愚嘗言性與氣質不得合言，今見孫説甚明，謹録於左。

孫奇逢云：孔子曰"性相近"，蓋謂性無有不善也，到相遠時，則習爲之耳。《孟子》則直指曰善，見堯舜與人無不同，其不能爲堯舜者，不能盡其性者也，亦習爲之也。殊無二旨。具於心者謂之性，成於形者謂之質，流行於形質之際謂之氣。性則至善，氣質則有昏明强弱之不同，性上雜不得一物，雖蔽錮之後，本性依然發見。

百官族人可謂曰知

"可謂曰知"句，語似欠順。歷邑劉文佑云："當讀百官族人可爲句。”蓋向之不可者，今以爲可矣，猶史書帝可其奏之意。如此則下三字爲句，“知”字讀去聲亦順。

“夏后氏五十而貢”三句

井田始於黄帝，迄夏禹盡力溝洫，畫井分疆，創制已久。若每代更易，擾民實甚。至尺丈不同，亦浸尋使然，未必係開國之制。意禹時未盡開墾，每區之中不無曠土，即溝洫旁尚多草萊，越殷、周而漸墾，故其數倍之耳。今海濱僻壤，有數十年而地畝已大廣於前者，况歷千餘年間耶？鄉遂用貢，都鄙用助，説本康成，亦言其大概如此。稽鄉與遂各一萬二千五百家，六鄉、六遂各七萬二千三百家，其地未必不可畫，井又何必不可行？助謂即野九一而助，國中什一使自賦之意。然《周禮》遂人亦云治野，且所謂溝洫川澮、徑畛道途者，即井田之制，未必用貢法。滕以短長五十里之地其所謂國中，能如《周禮》所謂鄉遂乎？通力合作，計畝均分，以徹訓通、訓均也。《詩》云：“駿發爾私，十千爲耦。”則通力而耕，或可以行。若計畝而分，則九百畝中肥瘠各殊，恐非人情所便。或任翼聖所云八家同井，殷之公田在私田外；夫九爲井，周之公田在私田中，則以合公與私而通計之，故曰徹耳。古注：夏時民耕五十畝，其貢上之賦但五畝而已，殷時民耕七十畝，其助公家則七畝而已。周民耕百畝，其徹取之賦，則十畝而已。簡明可存。

夏曰校殷曰序周曰庠

李厚庵《劄記》：周制五百家爲黨，黨有庠；二千五百家爲州，州有序；萬二千五百家爲鄉，鄉學未知其名。然觀《春秋傳》子產不毀鄉校，則校者鄉校也，未聞分爲三代之説者。今以理求之，蓋夏之時，學制猶略，止於鄉校而已。殷則寖詳，故州亦立學而有序。至周大備，則遍及於黨而有庠也。此論精卓。蓋夏時一萬二千五百家方有學，殷則二千五百家有學，周則五百家已有學矣。人文漸盛，則師長尤多，其勢然也。又厚庵云：庠與養，序與射，校與教，古皆同音，凡釋義多如此。如禮者履也，樂者樂也，政者正也，刑者侀也之類。射，古與御、譽叶，音近樹。藉，古讀措，音近助。

夫仁政必自經界始

謂經畫其疆界，則經爲活字。既經之則無不正，下經界不正，慢其經界，於義未順。饒雙峰謂溝塗封植之界，經緯錯綜，直者爲經，横者爲緯，舉經而緯在其中。據此，則溝洫道塗等俱可爲經，而經必有界，故曰經界耳。意戰國時經界尚存，而溝洫尺寸無定，道塗廣狹漸移，故有不正。古注云："經亦界也，必先正其經界，最爲明晰。"朱子曰："秦廢井田，開阡陌。"阡陌者，舊説以爲田家之道，即周家所謂經、畛、涂、道也。蓋陌之爲言百也，遂洫從而徑涂亦從，則遂間百畝，洫間百夫，而徑涂爲百矣。阡之爲言千也，溝澮横而畛道亦横，則溝間千畝，澮間千夫，而畛道爲千矣。阡陌之名，因此而得，其占地不得爲田者頗多，非虚弃之也。所以正經界，止侵争，時蓄泄，備水旱，爲永久之計，有不得不然者。商君以其刻急之心，行苟且之政，但見田爲阡陌所束，是以一旦奮然不顧，盡開阡陌，悉除禁限，蓋第知有目前之利，而不復爲後世計長久，於是聖賢制作之精意盡矣。

請野九一而助節

張惕庵云："野之地寬，可以畫井授之。"九夫爲井，井十爲通，通十爲成，成十爲同。同方百里，有溝有洫，有澮以環之。國中之地狹，又有城郭、溝池、市廛、園囿之類，不能行九一之法，但以人授地，有一夫則給以百畝，使自賦其十之一。五家爲比，五比爲閭，四閭爲族，五族爲黨，皆以是推之。或謂國中地近，耳目易周，用貢法以便輸將，無歉歲取盈之患。野外地遠，又多卿大夫之采邑，故行助以杜侵漁。

"死徙無出鄉"二句

鄉對國而言，一鄉之民，各得分田，故死徙無出，不肯輕去其鄉也。而鄉之有田，原不一井，其鄉田之同井者，則又相友相助相扶持如此。今拘鄉遂用貢之説，以鄉爲一方，而謂所以不出者，以鄉田同井之故。惟鄉田同井，故能相友相助相扶持，以一句而兼承上起下，費解矣。

"孟子曰許子必種粟而後食乎"節

種粟承并耕意，言許子必自己種粟而食乎？至害於耕，則事之不可耕，且爲已明，而衣與冠猶皆耕食外之事，故又緊承饔飧而治，并耕而食，謂饔飧則以釜甑，爨耕則以鐵，此皆耕與食必用之器械，而亦不能自爲，則更無可以自爲者矣。下厲陶冶、厲農夫，又針對厲民也。

“舜使益掌火”三句

此節屢言草木禽獸，其時禽獸依草木爲宅，縱横出没，爲害甚大，非下巢上窟者所能防，必先急焚之以救其患，非第爲治水者除道也。

“放勛曰”六句

向來俱以輔翼自得，總承勞來匡直，惟李安溪《劄記》疏解甚明。鼓舞而興於善者，則勞以慰其心，來以遂其志；悖逆而動於惡者，則匡以端其向，直以一其趨。至於欲爲善而未能自進，欲去惡而未能自拔者，則輔之而使之立，翼之而使之行。敷教在寬，故優而柔之，使自得之；人心惟危，故戒之用休，董之用威，勸之以《九歌》，即從而振德之。

“堯以不得舜爲己憂”二句

堯惟憂不得舜，則知自益及契皆舜所使，而必述“放勛”之辭，見堯之能善其終。又補出皋陶，以見明刑於教稼明倫之後，而治道以備，且皆舜之使也。

“詩云戎狄是膺”節

李彭山云：“‘戎狄是膺’二句，本言周公，故《孟子》兩引之，皆歸於周公，非頌僖公也。”則莫我敢承，承，繼也。言人莫有如我之敢承周公者，若曰惟魯能承之耳。吴氏又以爲錯簡，當與土田附庸爲連文。竊以戎狄是膺，本周公之法，故曰兼夷狄。詩美僖公，謂能行周公之法，則莫我敵。公車千乘與下遂荒大東相承，亦不必以爲錯簡也。閻百詩云："僖四年，經書'公會齊侯伐楚'，十年書'齊侯、許男伐北戎'，其時魯必從齊。"舒，偃姓之國，有舒庸、舒蓼、舒鳩、舒龍、舒鮑、舒龔等名，地近楚，爲楚所滅，故稱荆舒。

巨屨小屨同賈

趙注云："巨，粗屨也。小，細屨也。"如使同賈而賣之，人豈作其細哉？甚明。疏失其旨。謂大屨與小屨同價，則人必爲小屨。許子本非小大同價也，言雖多寡、長短、大小、輕重同，而其不齊者，什伯千萬之相去，如巨屨賤而小屨貴，其明徵也。

墨者夷之

自墨子之死也，有相里氏之墨，有相夫氏之墨，有鄧林氏之墨。許行并耕，是爲我。上章所以距楊，此章所以距墨也。

"景春曰公孫衍張儀"節

張惕庵云："儀相秦，首説齊攻趙，以敗從約。"自是秦先滅韓滅魏，諸侯不相救，以至於亡，儀爲之也。公孫衍與儀不相能，迨儀死，衍乃相秦，又佩五國相印爲約長，二子皆挾秦之勢，諸侯懼秦，非懼儀、衍也。"挾秦之勢"一語，尤爲中肯。即其佩五國相印，亦以秦之强恐嚇諸侯，所謂以順爲正也。其能令諸侯懼在此，其尤可鄙亦在此。

"有攸不爲臣"二節

上節不言伐桀，此節不言伐紂，蓋以章言齊、楚惡宋，故於湯言十一征，於武言東征，皆謂諸侯也。其君子、其小人，皆指諸侯之國。取其殘，謂取諸侯之殘民者，如伐奄、驅飛廉之類。言湯武之征諸侯，皆以爲民，非如宋王之滅滕，伐薛，敗齊、楚、魏之兵，欲霸天下者也。侵於之疆，即諸侯封疆。取於殘，即誅其君。若紂自焚死，不得言取。取一人而諸侯懾服，故云殺伐用張。若誅紂而衅車甲，不必言張。諸侯虐民者，皆湯之罪人，故云於湯有光。若誅其後裔，而謂於先人有光，亦太近周旋矣。有攸不爲臣，正以其虐民，故不可爲臣也。

天下之生久矣

不曰天下之生民，或謂下文多言及禽獸，是也。蓋人與禽獸皆天所生，世治則人勝禽獸，世亂則禽獸勝人，故言蛇龍，言鳥獸，言虎豹犀象。春秋時未言禽獸，以弑父與君，則亦無异於禽獸也。至言楊、墨之害，必以無父無君爲禽獸，乃與通章意貫。

"水逆行"二節

二節語意相承。水逆行，謂不就下，不入於海，故蛇龍居之，以下流言也。泛濫於中國，即不由地中行，上流亦無江、淮、河、漢之分，故爲巢爲營窟，以獸蹄鳥迹交於中國而避其害也。掘地而注之海，則下流之水不逆行，故蛇龍可驅。水由地中行，則上流之水不泛濫，江、淮、河、漢各得安瀾，故險阻遠而鳥獸可去。得平土而居之，則不爲巢、不營窟矣。洚，本音胡工反，古《釋義》皆然，猶庠者養也之類。

“周公相武王”節

或云伐奄以下皆成王時，非武王時。然成王三年伐奄，四年再伐奄，五年滅之，遷其君於蒲姑。此第言討其君，疑武王已伐奄而未滅也。李厚庵云：“滅國者五十，蓋夷狄居多。”《泰誓》云受有億兆夷人，必皆當時黨惡爲殘害者，則夷人或即夷狄，亦可證東征取殘之指諸侯也。孫奭疏云：大明文王創始之謀，大纘集武王之功。據此，則丕顯、丕承、佑啓，俱可以周公言矣，不知當在何篇，《君牙》殆未可據。

“世衰道微”節

惟洪水之亂在氣化，其後多在人事，故前云聖人之道衰，此云道微，後云閑先聖之道，與前兩言邪説，俱爲後文伏根，弑君弑父。特舉其大，亦爲下無父無君作引。

“孔子懼”節

謂匹夫假南面之權，欲正天下之僭，而先自處於僭，蓋久疑其誣矣。竊以天子之事，謂《春秋》爲周天子舊典也。列國各有史，皆以彰善惡，而魯史尤周公之典，故韓宣子謂《周禮》在是。至孔子時寖失其義，故修之以復先王之舊，非自矜創作也。夫以魯大夫修魯史，原非越分，特以有褒貶則分善惡，故有罪之者，非謂其僭也。及見《温故録》，辨正甚明，略云：“天子，周天子也。孔子憲章文武，學禮從周，爲下不倍。以周人紀周事，豈有出於周外，先自爲倍而猶以責人者?”趙注：“設素王之法”一語，便似别有一天子，蓋即從公羊家黜周王魯之説，出漢時皆爲所浸淫也。此後説者棼如，各有出入，杜預較正而例亦支。及宋以後，又多爲胡安國所浸淫，謂孔子改制行權，直以天子自處。當時之天子，聽其忽尊忽貶，甚至以天自處，天子又不足言，而《春秋》之爲罪，其可廢不止，如斷爛朝報之譏矣。惟明相國高文襄拱《春秋正旨》一卷可稱焉。此論甚快。

附典略

明堂

黄帝名合宫，堯名衢室，舜名總章。明堂之制，諸説紛紛。其用則或以享帝，或以朝諸侯，或以聽朔，或四時迎氣，或巡守年，四朝諸侯於方岳。《孟子》明堂，即朝諸侯於方岳者。張愓庵云：“古禮簡質，王至方岳之下，掌舍設幕，施以梐枑，土方氏衛以蕃籬而已。”王省風俗，施黜陟之事畢，天子率諸侯朝日禮月、祭天、燔柴，望祭川瀆訖，升壇以天揖、時揖、土揖之禮進。諸侯各升壇奠玉，行拜下禮訖，朝王乃退，相與盟於王宫之外。與宗祀文王於明堂及南門之外，朝諸侯於明堂制度亦同，但非此處明堂。

三鼎五鼎

士三鼎，正鼎特豚，配以魚腊。升豕於上鼎，升魚於中鼎，升腊於下鼎，皆設扃鼏，陳之。有四豆、四籩、兩敦、一登。大夫五鼎，雍人陳之，三鼎在羊鑊之西，二鼎在豕鑊之東。司馬升羊，司士升豕。雍人倫膚，各實於一鼎，皆正鼎，配以魚腊，司士升魚腊。

天時

孫奭疏：金旺在巳午未申酉，木旺在亥子丑寅卯，水旺在申酉戌亥子，火旺在寅卯辰巳午，土旺在申酉戌亥。孤虚之法，以一畫爲孤，無畫爲虚，二畫爲實，以六十甲子日定東西南北四方，然後占其孤虚實而向背之，即知吉凶矣。張蒿庵云："趙注環城圍之，必有得天時之善處者，蓋兵家言天時，多言向背，每日每時各有其宜向宜背之方，環而攻之，則四面必有一處合天時之善者。"襄十八年，楚師伐鄭，晋人聞之，董叔曰："天道多在西北，南師不時，必無功。"僖五年，晋侯圍上陽，問於卜偃曰："吾其濟乎？"對曰："克之。"公曰："何時？"對曰："童謠云，丙之晨，龍尾伏辰。均服振振，取虢之旗。鶉之賁賁，天策焞焞，火中成軍，虢公其奔。"其九月十月之交乎？

掌火

閻百詩云：陶唐氏掌火官，名火正。閼伯爲堯火正，見左襄九年。舜登庸則益爲之。舜即帝位後，益又遷作虞，分明各爲一職。古者火官最重，高辛世，祝融能昭顯天地之光明，以生枲嘉材。《周禮》司爟掌行火之政令，四時變國火以救時疾。火不數變，疾必興。聖人調燮微權，正寓於此。觀一藏冰啓冰間，尚足和四時而免夭札，况火爲民生不容一日廢者，其出之内之，所關於氣化何如乎？

九河

《史記》：禹抑洪水十三年，過家不入門。陸行載車，水行載舟，泥行蹈毳，山行即橋，以别九州。隨山浚川，任土作貢，通九道，陂九澤，度九山。然河灾衍溢，害中國也尤甚。唯是爲務，故道河自積石，歷龍門，南到華陰，東下砥柱，及孟津、雒汭，至於大邳。於是禹以爲河所從來者高，水湍悍，難以行平地，數爲敗，乃廝二渠以引其河，北載之高地，過洚水，至於大陸，播爲九河，同爲逆河，入於渤海。九川既疏，九澤既灑，諸夏艾安，功施於三代。

閻百詩云：河不可分，謂其上流也。若入海之處，泄之愈速，則河愈通利矣。九河之下爲逆河，謂海潮逆入，名雖爲河，其實即海也。海水内吞，九河外灌，不惟藉水力以刷沙，而海之潮汐亦藉河力以敵之，此禹之以水治水也。

顧景范云：黄河自塞外而來，盤曲萬山之中，匯合百川之水。自鞏、洛以東，已出險就平，大伾以北，地勢益復廣衍。大陸則又鍾水之區也，乘建瓴之勢，注沮洳之鄉，奔騰横溢爲甚。禹因而疏之，順其性之所便，從其地之所近，而九河以名。平成之烈，莫著於此。

濟漯

曾南豐《齊州二堂記》云：泰山之北，與齊之東南諸谷之水，西北匯於黑水之灣，又西北匯於柏崖之灣，而至於渴馬之崖，蓋水之來也衆。其北折而西也，悍疾尤甚，及至於崖下，則泊然而止。而自崖以北，至於歷城之西，蓋五十里，而有泉涌出，高或致數尺，其旁之人名之曰趵突之泉。齊人皆謂嘗有弃糠於黑水之灣者，而見之於此，蓋泉自渴馬之崖潛流地中，而至此復出也。其注而北，則謂之濼水，達於清河，以入於海，舟之通於濟者，皆於是乎達也。齊多甘泉，其顯名者十數，而色味皆同，以余驗之，蓋皆濼水之旁出者也。

漯水本出高唐，至千乘入海，自禹導河至大伾，始分河之一支。《史記》：禹厮二渠以引其河注。其一則漯川，東北流，首經東武陽，至高唐，合漯水。自合漯水，則高唐以南，武陽以北之河，皆被以漯名矣。

汝漢淮泗

《桑欽水經》："汝水出天息山，經箕山、舞陽、上蔡，至穎州入淮，僅七百里。"《爾雅》："汝爲濆。"言自汝出者爲濆也。

漢水源遠流長，力敵於江。《沔陽州志》書云：水性勁莫如濟，曲莫如漢。十里九灣，潴爲藪澤，民利其填淤，從而堤防之，名曰垸田。

張惕庵云：淮水出胎簪山，與醴水同源俱導，西流爲醴，東流爲淮，潛流地下三十里，東出桐柏山，折入兖州，會汝水入江，北會於泗、沂，東入於海。今海州也。淮由豫入揚，幾二千里，合七十二道山泉注之。汝、穎、淝、濠、池五水尤大，盡匯於洪澤湖，由湖出水之處，謂之清口，别於黄流之濁也。湖之南有高家堰，漢廣陵太守陳元龍所築，以障淮水，今并障黄水之异漲。

淮水自入海，實有三道入江：一則邗溝，吴夫差所開，一由儀真入江，一由瓜州入江，一支由盱眙、六合、天長入江，其道久塞。蓋淮水經流本不入江，泗、沂二水所會之淮，則自邗溝入江矣。

錢竹汀云：南條之水，皆先入江，後入海。世徒知毗陵爲江入海之口，不知朐山以南，餘姚以北之海，皆江之委也。漢水入江二千里，尚有北江之名，淮口距江口僅五百里，其爲江之下流何疑？《禹貢》沿於江、海，達於淮、泗，此即淮、泗注江之證。注江者會江以注海，與導水之文初不相悖也。

全謝山云：川瀆之亂，河先與汝通，鴻溝是也，通汝者，通淮之漸也。已而淮先與漢通，沘水之合於堵水、淯水是也。通漢者，通江之漸也。

王菊潭云：泗水出魯卞邑故城東陪尾山，其原有四，四泉俱導，因以爲名。西南過魯城北，分爲二，北爲洙，南爲泗。又西過瑕邱，滍水東來注之。又南與洙水合流。又東過沛縣，黄水注之，即黄池也。又東南過吕縣南，泗水之上有石梁焉，故曰吕梁。懸濤湍濟，實爲泗險。孔子所謂魚鼈不能游，又云懸水三十仞，流沫九十里是也。又東南過下邳西，沂水注之，又東南得睢水口，又東南流注於淮。

明萬恭《治水筌蹄》云：水聚爲患，則疏之使散；水散爲患，則瀹之使深。水旁浸則排之用堵築，水遲迴則決之用濬浚。四字已盡千古治水之法。

王良射御

《左傳》稱郵良，又稱郵無恤。哀二年，郵無恤御簡子，郵良曰："我兩靷將絶，吾能止之。"韓非子云："御之良，齊輯乎轡銜，急緩乎唇吻，度量乎胸臆，執節乎掌握，内得乎中心，外合乎馬志，迴旋莫不中節。馬體安於車，人心調於馬，履險如夷，御之能事。”田獵之事，御者逐禽左射之中否，御不與焉。蓋射有上殺、中殺、下殺，皆自左膘達於右，故御者逐禽左。

丈夫之冠女子之嫁

《仪礼·士冠禮》：始加祝曰，令月吉日，始加元服，弃爾幼志，順爾成德。壽考惟祺，介爾景福。再加曰，吉月令辰，乃申爾服，敬爾威儀，淑慎爾德。眉壽萬年，永受胡福。三加曰，以歲之正，以月之令，咸加爾服。兄弟具在，以成厥德，黄考無疆，受天之慶！

《昏禮》：父送女，命之曰，戒之敬之，夙夜毋違命。母施衿結帨，曰，勉之敬之，夙夜無違宫事。庶母及門内施鞶。申之以父母之命，命之曰，敬恭聽，宗爾父母之言。夙夜無愆，視諸衿鞶。

湯居亳

亳有三：蒙爲北亳，穀熟爲南亳，偃師爲西亳。《史記正義》：湯自南亳遷西亳，則湯所居亳爲穀熟偃師。盤庚遷亳爲偃師，故曰：“將復我高祖之德。”與葛爲鄰，則居南亳時也。

十一征

周理衷云：十一征，見於商頌者，有韋、顧、昆吾；見於書序者有三朡；而征有洛，征荆滅温，見《竹書紀年》；征密須見《國策》；征有卞見《路史》；并葛與桀爲十一征。

《孟子》卷之八

文登李允升藹蹊訂

《孟子》

"孟子曰離婁之明"章

通章兩節分四段，俱以故曰結。徒善不足以爲政，言仁心不可恃；徒法不能以自行，言道有待於行，引《詩》不愆不忘以起下，與天之方蹶起下一例。率，由也，遵也，皆言因也。此以上爲一截。兩故曰分，兩段結。是以惟仁者，以下爲一截，亦兩故曰分兩段結。

大臣辱高位，速官謗，不獨人君在高位也。次節上下字與上無禮下無學一例。上即朝廷，下即草野，上無道揆，言君卿大夫無道以理庶務也。下無法守，言府史胥徒以及群黎無法度可奉行也。

工，或謂即百工。朝在上，工在下，獨言工，以工尤法度所在，如爲車旗以辨等威，爲溝洫以正疆界之類，無道揆，必至於不信道。尚功利，則仁義爲迂矣；無法守必至於不信度，變舊章，則軌物盡弃矣。不信道，焉得不犯義？不信度，焉得不犯刑？下節無禮無學，即承此意申之。無禮者，毀法亂紀，暴征橫斂；無學，則自縱横游説，以及邪説詖行，各以其學亂聖人之道，尤無學之甚者。凡此者，君與臣交責。

而自戰國以來，無引其君以當道者，故又特引《詩》以儆人臣。《詩》噂沓背憎，注訓噂噂沓沓相對談語，當指上文讒口囂囂，故下云言則非先王之道。泄泄，古注本《説文》訓多言。觀《詩》緊接辭輯、辭懌，與後囂囂、訑訑相類，而沓沓則又小人之尤者，非徒優游無事之謂，下責難陳善，吾君不能，皆以言言也。

“孟子曰規矩方員之至也”章

規矩之外無方員，聖人之外無人倫，此“至”字即“止於至善”之“至”。孔子所言道二，即孟子所言道一。惟其出乎仁，即入乎不仁，故惟有仁之一途耳。三代以來之仁君皆堯舜，其不仁者皆桀、紂也。觀此與下章得天下以仁，失天下以不仁，可以知孔、孟之所謂仁矣。

“行有不得者”節

此與凡事豫則立，皆承上文推廣言之，有字、者字，皆字意如此。反求諸己，與《論語》爲仁由己、君子求諸己，《中庸》反求諸身一意。其身正而天下歸，則所謂克己復禮，天下歸仁者也。

“孟子曰爲政不難”章

陸稼書云：“春秋時巨室之權太重，戰國巨室之權太輕。”

孟子此言，蓋亦鑒於策士之弊，思鎮之以巨室歟？張惕庵云：自三卿分晋，田氏篡齊之後，各以巨室尾大不掉，恐其厲己，策士乘以投其説，立談而取卿相。諸侯亦以其易於駕馭而信之。不知此皆傾危之士，朝秦暮楚，以人國爲傳舍者也。巨室與國同休戚，視吾有以服其心與否耳。當時諸國，惟楚尚有《世家》，故云楚雖三户，亡秦必楚，有巨室故也。按，二説俱有見，然如此則當時已無巨室，何云得罪？趙注以爲賢卿大夫之家，則衹云大臣，恐非巨室，不如《集注》訓世臣大家，書梓材以厥庶民暨厥臣，達大家。注謂卿大夫及都家，不如蔡傳以大家爲巨室，引《孟子》不得罪於巨室爲證。王伯厚云：周封諸侯，與大家巨室共守之。以爲社稷之鎮。九兩所謂宗以族得民，此封建之根本。魯之封有六族，衛之封有七族，唐之封有九宗五正，皆所以繫人心，維國勢。以此訓梓材之大家，即可解此章巨室。但康叔初封，故以此爲大家。若數百年後，則不盡然。或故舊之家，素稱世閥，及大夫致仕者，皆足以當之。如《酒誥》越百姓里居，孔安國注：百官族姓及卿大夫致仕里居。蓋此等人皆諳練典故，知君心之向背，明國是之得失，爲民心所仰望，國有善政，必能悦服而傳播之，使四方欣戴。或曰：有强族奈何？不知巨室原非一家，能使人人悦服，雖有强横，亦懾服矣。

“孟子曰道在爾而求諸遠”章

道，即本立而道生之道。親親長長而天下平，即孝弟爲仁之本。知此，則不能不制田里樹畜，謹庠序之教矣。彼興兵構怨，而欲莅中國、撫四夷，可不謂遠且難乎？

“是故誠者天之道也”二節

誠爲天道，則誠爲人心之所同具，故立於此而動於彼。思誠，思字已該學問思辨在内，所謂明善也。誠則必動，即所謂誠則形，著明以至動變化也。不誠則不動，故曰：反其仁，反其智，反其敬。

七年之内必爲政於天下矣

《論語》：“比及三年，三年有成，教民七年。”與前云“大國五年，小國七年”，聖賢於此，皆實有按時度勢，計日告成者，非空談無補。《學記》七年小成，九年大成，義亦猶是也。

“故善戰者服上刑”節 俱王菊潭著

言戰事者，至春秋而大備。逼兩卒伍，陣法日精，支離勾卒，訓練日熟，至夾攻横擊，蒙虎燧象，且奇謀百出矣。

然大棘之戰，俘馘不足四百，魯郊之戰，甲首僅獲八十，艾陵之戰，齊已覆師，而所獻甲首僅有三千，何其戰之善而禍未烈也。蓋春秋之戰，不廢車乘，方軌而進，反轡而退，無馳驟衝突之能，有山林溝瀆之限，勝不足以殪滅，敗亦不至於覆没，誠先王立制之善也。

迨晋魏舒毁車用卒，爲變法之始。趙武靈胡服騎射，以長技足恃，天下靡然從之，而車戰不足用矣。兩國對壘，聯騎輒數十萬，將之者操縱由心，變化肆出，或批亢以搗虚，或料敵而合變，或減竈以誘敵，而馬陵設伏，或增壘以欺人而北山先據，皆太史公所謂善戰者出奇無窮也。然兵刃一交，斬首動越數萬，迨至伊闕，戰而斬者二十四萬，長平勝而坑者四十五萬，生民之禍，慘於洪水猛獸矣。夫奢牧起翦之善於將兵，孟子未及見之，而即以服上刑爲天下明告焉，誠不知其禍之伊於胡底，而思有以誡之，思有以挽之也。

自齊桓、晋文倡霸於中原，於是有摟諸侯以伐諸侯之事，然所尊信者王命，所翼戴者天子，故雖爲罪之魁，亦爲功之首也。自宋盟以後，晋楚之從交相見，而天下之勢一變，至田氏篡齊，三卿分晋，小國日就滅亡。七雄各自稱王，而天下之勢又一變。

爲合從之説者，則連六國之諸侯以抗秦，而使秦不敢窺函谷關者十五年。雖因己之不用於秦，而思有以報之，然使天下能守其約而不敗，則秦必不能遠交近攻以圖中原。故蘇秦之連諸侯，猶無惡於天下也。

爲連横之説者，則連六國之諸侯以事秦。然從約既堅，敗之爲難，於是奮其詐謀，肆其兵力，以恐嚇之，此張儀之連諸侯而罪有可誅也。至於公孫衍者，不從不横，任一己之喜怒，而忽秦忽魏，其連諸侯之罪更不容於誅矣。故曰：連諸侯者次之。

"商子墾令"篇

食口衆者，敗農者也。以其食口之數賤而重使之。辟淫游惰之民無所食，則必農，農則草必墾矣。廢逆旅，則逆旅之民無所食而必農，農則草必墾矣。

重刑而連其罪，則褊急之民不斗，狠剛之民不訟，怠惰之民不游，費資之民不作，巧諛惡心之民無變也。五民不生於境内，則草必墾矣。重關市之賦，則農惡商，商疑惰，而草必墾矣。此之謂辟草萊也。

《周禮·遂人》：以彊予任甿。上地田百畝，萊五十畝；中地田百畝，萊二百畝。是萊者，先王用以調劑田之上下，而遺民以分外之利也。今皆開墾，盡歸公田，百姓之餘利盡矣，故亦爲刑罰之所必誅也。不然，土不墾者，辟在司寇，周制有明訓矣，豈得而誅之哉？

任土地始於魏李悝。《漢書·食貨志》李悝爲魏文侯作盡地力之教，以爲地方百里，提封九萬頃，除山澤邑居參分去一，爲田六百萬畝，治田勤謹，則畝益三升，不勤則損亦如之。地方百里之增減。輒爲粟百八十萬石矣。是李悝之任土地也。至秦商鞅以遂塗洫路占田已多，於是廢井田，開阡陌，無不毛之地，有土皆可耕矣。是商鞅之任土地也。然李悝猶守先王井田之舊制，不過重粟課農，以富其國，正孟子所謂君不行仁政而富之者也。至於商鞅者，舉黄帝、大禹所創立之井田，曠然大變其制。民之受田既多，國之取民亦重，故既廢井田，復更賦法，富國之罪小，而變古之罪大矣。

“孟子曰事孰爲大”章

此章蓋有爲言之。守身非徒身體髮膚不敢毁傷而已，不枉道，不辱己，乃可謂不失其身，乃可以養親之志。不然，依阿澒涊以求富貴，妻妾且有羞而泣者，况其親耶？《列女傳》載：孟子擁楹而嘆，孟母喻以三從，曰：子行乎？子義意在此時乎？

“孟子曰仁之實”章

實對虚而言，不必對華言。若第曰仁義之道，隨處發見，無往而不存，則虚而無着矣。核其實，則衹在事親從兄之間，智禮樂皆不外此。故曰：堯舜之道，孝弟而已，舜盡事親之道而化天下，其明徵也。張惕庵謂：坐不中席，立不中門，行不中道，長者异席之類，是足之蹈之；請席請衽，授几執爵，以至疴癢抑搔之類，是手之舞之。俱不脱孝弟亦得。

“孟子曰舜生於諸馮”章

前二節及“地之相去”四句俱作開，“得志”二句作合。地相去承上二節，世相後又添一層。“得志”二句，以舜文言，先聖後聖，則推言中國，對上“夷”字。揆即道揆之揆。趙注：揆，度也，言聖之度量同也。《書》云：“懋遷有無。”《史記》：“舜就時負。”夏注：“就時，猶逐時。”《尚書大傳》：“販於頓邱。”則遷負夏，即貿易之時。

“子產聽鄭國之政”節

子產爲政，伍田疇，有封洫，豈獨無津梁。曹寅谷云：周安王二十一年，韓滅鄭，烈王元年徙都之。顯王元年爲韓懿侯，三年，韓改國號曰鄭。孟子時之鄭即韓也。故或疑子產即韓景差。要之，《春秋》子產無此事，或好事者托爲此説與？

“孟子曰人有不爲也”章

有不爲，固知所擇，然有擇乎《中庸》而不能期月守者矣。李厚庵云：辨之明，則其心有主，而其有爲也，釋然不疑其所行；守之嚴，則其氣自充，而其有爲也，沛然莫禦其所往。行一不義，殺一不辜而得天下，皆不爲也。即此意。

“孟子曰仲尼不爲已甚者”章

已甚，與人而不仁，疾之已甚，是皆已甚一義。孔子不拒童子之見，往拜陽貨之門，即不爲已甚之證。

“孟子曰大人者言不必信”章

必信必果者，爲硜硜小人，則大人自不必信果矣。如孔子不踐要盟，是不必信也。圍城弗克即止，是不必果也。公山、佛肸召，欲往而卒不往，皆此類。天下事實有不必信果者，若云未嘗不信果，則求全而愈以自難矣。

孟子曰大人者不失其赤子之心者也

赤子之心，所謂孩提知愛，稍長知敬者也，不失其心，則愛敬達之天下者也，不得將純一無僞説向空虛，成一蠢愚人。誠者天之道，故赤子之心一也；思誠者人之道，故惟大人不失其赤子之心。

“孟子曰君子深造之以道”章

深造之爲句，以道連下讀。深造即必有事焉，勿忘勿助長之謂。道即仁義之道。以字乃申明語氣，言君子之學，所以必深造而不容止息者，正以所學之道，必欲其自得之，而非可襲取也。自得之，則仁爲我之仁，義爲我之義，非色取行違者比。如我有屋而我居之，非僑寓者比，故居之安。居之安，則由己及人，以育萬物，而仁不可勝用；以正萬民，而義不可勝用。如富人之多錢善賈者然，故資之深。資之深，則仁非煦煦之仁，義非孑孑之義。生人爲仁，殺人亦爲仁；守經爲義，行權亦爲義。術有萬變，道歸一原，如水之放四海而有本者然，故曰取之左右逢其原，而要非自得不能，夫如是，安可不自得之，即安得不深造之乎？

“徐子曰仲尼亟稱於水曰”章

逝者如斯夫，《論語》記川上之嘆，嘆其本也。此章正發明其旨，非因徐子干譽而言也。“原泉混混”，即所性仁義禮知；“不舍晝夜”，即擴而充之，盈科而後進。如愛其親以及人之親，敬其長以及人之長，放乎四海，則達之天下也。無本者，矯情飾貌色取仁而居之不疑，赫然動人，如溝澮之皆盈，然其行必違，其真立見。則已涸矣，故以聲聞過情結之。上節乃集義所生，下節即義襲而取之，與深造逢原義正相通。

“孟子曰人之所以异於禽獸者幾希”章

幾希，或曰心，或曰性，或曰道義，實則衹是人倫耳。物無倫而人有倫，存者，存此也。聖人爲人倫之至，自舜禹至孔孟，皆維持人倫者也。下節點明人倫不與庶物平重，其藹然相接者爲仁，其秩然有序者爲義，皆不外乎人倫而已。孫奭疏：舜能明於庶物之無知，而存乎异於禽獸之心，詳察人倫之類，而由仁義之道而行之，亦重人倫也。竊以裁成輔相，聖人自有所以盡物之性，不必單言庶物之异於人，而大旨則趨重人倫耳。

望道而未之見

程子云：文王望至治之道而未之見，以天子在上，諸侯善化及民，安得謂之至治？此正未洽於天下之意。今則以爲别有所求之道，空洞無際矣。觀周公思兼三王，以施四事，待旦而行，無非指諸實者。保邦致治之外，安有所謂道乎？或曰："而讀爲如。"朱子《或問》："《詩》'垂帶而厲'，《鄭箋》'而亦如也'。"此亦以而爲如。《春秋》"星隕如雨"，以如爲而。又據《新序》引鄒陽書白頭而新，傾蓋而故，此皆而字作如字解也。

"孟子曰王者之迹熄"章

先王所以維持天下者有三：曰謚，曰詩，曰史。謚有美惡，詩有美刺，史則記其行事以聞於列國，皆所以存是非，示勸懲，俾君卿大夫有所懼而不敢自恣。謚猶待於後日，詩與史則在當時。故當其盛莫重於詩，而及其衰，猶幸有史。

周之初，巡狩大典，命太師陳詩，政治風俗於是乎見，天子之慶讓於是乎行。東遷以後，王政雖不行於天下，而迹猶留，天下猶據其迹以議當時之得失，而詩猶存。

今所讀《國風》，固多東遷以後，即大小《雅》亦非盡東遷以前也。洎乎定哀之際，則并其迹而亦熄，天下以勢相競，恬不爲怪，并美刺亦不復聞，而詩亡矣。今所讀《國風》，無定哀時之作也。夫有詩，則慶讓雖不行，而是非猶未泯；詩亡，則天下自此無是非，尚安得有人心乎？

而猶幸史之存也，故因魯史而作《春秋》。《春秋》之褒貶，猶詩人之美刺，以存列國之是非，以昭一代之勸懲。且魯史爲周公之典，所以存天子之事。

自隱桓以後，寖失其舊。詩亡於孔子之時，而修《春秋》

則自隱桓以來，明前事之得失，所以昭今人之法戒也。所謂義者，存是非，示勸懲，明天子之事，存天下之公，以維持天下之人心者也。孔子以大夫而修國史，非僭也，曰竊取者，猶竊比老彭之意云爾。謂《黍離》降爲《國風》，誰降之耶？謂詩亡爲雅，亡《國風》獨非詩耶？謂詩亡爲迹熄之驗，則詩亡爲贅，於《春秋》何涉耶？惟吕成公謂變風終於陳靈，爲不刊之論。而《小雅》所謂"赫赫宗周，褒姒滅之"者，尤爲東遷以後之詩無疑云。韓笠山云："詩亡，風、雅俱亡，非但指雅詩也，且風、雅各自成體，本無升降，豈得據何休《公羊傳序》爲定論乎？"

謂《黍離》降爲《國風》，臆説也。風自爲風，雅自爲雅，二《南》爲王化之基，然不得升而爲雅，則雅豈能降而爲風？《黍離》爲《王風》，或以爲王都之風。考平王四十八年，岐豐始盡入於秦，前此未爲秦有，而周亦不能有也。第指其地爲王都，而以其咨嗟愁怨之詩爲王都之風，故曰《王風》原不得比於雅也。孟子曰詩亡，非曰雅亡也。

"孟子曰君子之澤"節

以德言，則小人安得有澤？澤即澤加於民之澤。蓋有德者不以勢位拘，即今之鄉里中有德行學問者，或立條規以厚俗，或明古籍以立教，皆可及百餘年，况大聖賢澤之所及，尤不僅此耶？蓋自舜禹以來，聖人爲天子，周公爲相，孔子不得位。然天下之澤能及人者，無論有位無位，皆可及五世，而况孔子乎？三十年爲一世，五世則百五十年。親盡服窮之説，衹作比例耳，孔孟豈有服等乎？

“鄭人使子濯孺子侵衛”節

庾公果以私廢公，何以爲端人？竊以春秋時列國君臣原與後世不同，軍有三日之糧，可以其情告敵，而君不之罪，決非後世所可行。且使孺子大舉伐衛，而庾公以師弟之情，不與力戰而敗，則罪不容於死。今第曰侵，不過擾邊，曰追，則已遁逃，殺一孺子，於衛奚益？免一孺子，於衛奚損？窮寇固不深追，而況其誼屬師弟？當日朗朗數語，不惟三軍之士共聞之，即告諸衛君亦以爲應爾也，不然孟子奚取焉，而臚其事以爲美談耶？

“孟子曰天下之言性也”章

唯天下至誠，能盡性以盡人物之性，以其知之明，故處之當也。蓋天下人物各有其性，知性則知所以待天下之人，處天下之物，要皆順其自然而無所拂。若好人之所惡，惡人之所好，是謂拂人之性矣。

首節言故言利，所以知性也。知性則能順其性而謂之智，不順其性則謂之鑿。鑿則以治一事一物而不足，智則以治萬事萬物而有餘，利與不利之分也。性之自然者謂之利，猶水之就下爲自然，天與星辰之運行無非自然也。知性者之能治人，與治水、治歷一也。

時解以可坐而致爲推算千年以上之日至。但思故者已然之迹，造歷必溯其元，此其已然之迹也。故也，則上古甲子朔夜半冬至爲歷元，此即其故。依此以求，則千歲以後之日至可致矣。疏言千歲之後，其日至之日，可坐而計之，語甚明。金仁山云：求其故者，謂推千歲以前之日至也。千歲之日至可坐而致，謂推以後之日至也。大旨朗然。

“公行子有子之喪”章

謂有子之喪爲有子職之喪者，非也。禮，父爲長子斬衰三年，君使人吊，卿大夫咸往會焉，是也。入門有進而與右師言者爲一句，蓋右師入門，衆人進門内而與之言，及右師就位，衆人又就其位而與之言，若紛紛然進右師於己之位，則右師恐不憚煩矣。門字與位字對，非以入門領下二句也。《周禮》大夫士之喪，職喪以國之喪禮莅其禁令，即末節不逾階，不歷位之證。

“齊人有一妻一妾”章

幼時嘗以此事爲可疑。乞人有妻妾，一也；乞食必饜酒肉，二也；丈夫行乞而婦不知，三也。及適京都，於寒食祭墓之地，親見此事，一一吻合。其人衣冠楚楚，大抵一時餬口無策，非常作乞人者等其妻不必盡知，乃益信古人不我欺也。每思墦間多富貴人盡富貴句，齊人真善詼諧，非誑語也。或云卒之東郭墦間爲句，之祭者乞其餘爲句，不足又顧而之他，三之字俱跟良人之所之，亦有味。又其妻歸，告其妾爲句，已將上事詳告其妾，故下云今若此，若此二字指所告。

牟平橋云：此與上儲子曰爲一章，嘗以試人，罕能信者。愚嘗以“齊人節”，其事可疑，而其文亦不似記事體，味此其爲饜足之道及而良人未之知等句，皆談論語氣，何爲無孟子曰？及聞此説，乃知首節祇對果有以异於人句，齊人以下方對王使人瞷句，言我有何可瞷，不似汝輩畏妻妾瞷也。意儲子爲相，固求而得之與。

“夫公明高以孝子之心”至“何哉”

若是於上文無可指，下四句乃所謂恝也。言我竭力盡子職，祇求無愧於心耳。父母之不我愛，何關於我，置之度外可也。與後章仁人固如是乎略同。近見管緘若文，尤爲明暢。

“萬章曰父母使舜完廩”節

古注：後説謂捐階者舜，即旋從階下，瞽瞍不知其已下，故焚廩也。似與下出字一例。又疑章所述語甚古朴，當是古經，惟從而掩之不類。或云：而字乃穴字之訛，蓋古篆二字相近，《史記》所以有匿從空旁出之説也。

林皋言云：自古骨肉相殘，起於相争。貧賤之兄弟争財，富貴之兄弟争國，未有無故而動於殺者。殺之而有益於己，而後殺之機以萌；不殺則有害於己，而後殺之計以决，此千古忍人所以甘被惡名而不辭也。

据《史記》，舜出黄帝，据《路史》，亦出於幕神明之後，固當世有封土，有虞其國號也。後受堯禪，遂以爲有天下之號，亦猶唐堯起自唐侯，遂定有天下之號爲唐耳。

《虞書》之志釐降也，曰嬪於虞，與《周詩》曰嬪於京同文，則是下嫁於諸侯之國，而非下嫁於庶人之家也。《春秋傳》曰：自幕至於瞽瞍，無違命。無違命者，不違天子之命也。蓋謂瞽瞍雖愚，猶循世及之常，而僅亦守府。若如《史記》所云，窮蟬以降，微爲庶人，則又何命之可違？惟虞有分土，舜爲世嫡，瞽偏愛少子而欲廢嫡，象垂涎富貴而欲奪嫡，而舜之盛德在躬，人心悦服，不可得而廢，亦不可得而奪也，乃忍而出於殺。獨是舜爲有虞之冢子，胡爲而耕稼陶漁耶？曰：此如泰伯之有托而逃，舜順父命而讓弟，遁於荒野，而瞽與象得其所欲，亦遂相與安之，而殺之之謀以寢。《虞書》所以有烝烝義，不格奸之説也。

迨舜以元德升聞，帝眷日隆，瞽與象復疑且懼，以爲將奪我之國而畀之，而同室之戈復興，勢有必至，無足怪者。説者曰："夫獨不憚堯乎？"憚堯，故不敢顯然殺之而陰圖之也。觀琴朕弤朕數語，固將欺堯以所不知，而援兄終弟及之例，其愚妄固不經，而其欲得國之心，已昭然若揭矣。故知完廩浚井，均屬實録，不得以萬章之言爲傳聞之誤矣。

不及貢以政接於有庳

古注云：不及貢者，不待朝貢諸侯常禮乃來也。其間歲歲自至京師，謂若天子以政事接見有庳之君者。《集注》謂不及待諸侯朝貢之期，而以政事接見有庳之君。而字一折，正與古注同意。今乃合貢與政爲一，誤矣。

"聖人之行不同也"五句

此概論古之聖人也。遠如夷，近如惠。古注謂遠而不仕，謂在有莘之野；或近而仕，謂三聘而往見之。去亳適夏，所謂或去也。既醜有夏，復歸於亳，所謂或不去也。説亦可存。竊意或去可指去桀，或不去可指就湯。

“伊訓曰天誅造攻自牧宫”節

《集注》造載皆始也，甚明。今講章多云造可攻之罪，衍古疏之誤也。不如從《尚書・孔傳》。然謂始攻從鳴條之地而敗之，義亦未備。大意言攻伐無道始於桀，則十一征而無敵於天下皆在其内。趙注：“《孔傳》皆以朕爲湯，《集注》似指伊尹自言，於章意更切。”天誅二字尤重。蓋奉天行討，誅一無道桀，而天下之無道者，皆伏其辜，所以正天下也。朕載自亳，則正己以正天下也。

主司城貞子爲陳侯周臣

《集注》但云主於司城貞子，於末句無明文。今或云司城貞子向曾，爲陳侯周臣，或云孔子至陳，適貞子方仕陳，而因而主之，而其後貞子乃仕宋爲司城，語意皆贅而迂。趙注則以二句爲兩事，似始在宋則主司城貞子，至陳則爲陳侯周臣。疏：又據《史記》，至陳主於司城貞子，謂貞子爲陳卿，或陳亦有司城也，皆以孔子爲陳侯臣較直捷。

“百里奚自鬻於秦養牲者”二句

爲人食牛，猶甯戚飯牛耳，何足爲辱？而萬章疑之，而孟子辨之耶？且僅爲富人牧牛，何能要秦穆公？蓋牛之供祭祀與君膳者曰牲。《周禮》膳夫：膳用六牲。充人：凡散祭祀之牲，繫於國門，使養之。則此養牲者即爲秦穆公養牲者也。故可因養牲者以要之，猶商鞅因景監見也，故曰汚。

知虞公之不可諫而去

讀至去字爲句，之秦連下讀。蓋天下固有知其不可諫，而貪位苟祿不能去者，奚則？知虞公之不可諫而決然遂去，其能潔身如此。此時年未甚老，遲之又久，而之秦則年已七十矣，反不如當時之能潔身，而忘食牛干主之爲污乎？

“孔子之謂集大成”二節

以樂喻孔子至始條理，終條理而集大成之義已明，當爲一節。下又於始終見聖知，而喻以射，見聖之由於智也，則始條理者四句，似當合下文爲一節。李文貞云：“鐘磬懸於庭，其與歌相應者爲頌鐘、頌磬，其與笙相應者爲笙鐘、笙磬。”奏樂之時，鐘必先鳴，故曰金聲；磬必後應，故曰玉振。金聲而衆音之清濁高下隨之，故曰始條理；玉振而衆音之清濁高下定焉，故曰終條理。然非謂一成之始終，鐘磬一擊而已也。起調畢曲所用之律，及中間轉折所雜用之七律，每律變處，則必敲金戛玉以調和之。特其序則鐘先而磬後耳。一成始終未作而先擊鎛鐘，既闋而後擊特磬。

此説於經傳未有考也。據此，則一成中之始終甚多，皆有聲振，猶孔子之應事，每一事中皆有智與聖也。蓋衆音之清濁高下不同，皆以鐘聲之宫商引於先，而後宜高者高，宜下者下，猶事不同，而以智開於先，然後宜清、宜任、宜和，各得其宜也，意鎛鐘、特磬，朱子必非無本，而厚庵此論尤爲精切可存。

“北宫錡問曰”章

議禮者，貴得先王立法之意，然後可以因時變通，法古而無泥古之失。

章内言爵言禄，條分縷析，恢恢乎綱舉目張矣。然祇一略字盡之，而其意乃重代耕，於班禄，屢言代耕，末節特申代耕，言禄之所由起，起於農夫，即庶人在官者之準此，而諸侯卿大夫之無不準此，可知也。而諸侯卿大夫之不能治事，而坐縻厚糈，其有愧於農夫之耕而食，可知也。蓋諸侯卿大夫之修職以得禄，與農夫之力耕以得食，其義一也。

是故班禄者天子，而所以班禄之義，則自農夫起，例至天子而止，其養厚者其責重，所謂各致其能以相生也。食焉而怠其事，必有天殃，雖謂自天子諸侯以至庶人無异焉可也，而先王公天下之意以明，而先王所以體上天立民牧之意，亦昭然可見。

戰國時，周已無王，天下之爲人牧者，皆爲人害，民不得力田以食其人，徒輸天下之粟，以供列國所集鷄鳴狗盗之雄，先王班爵禄之意蕩然無存。此北宫錡之所以慨然有問，而《孟子》述其略，已得其意，不必屑屑然更問其詳也。後世因時立制，但得先王所以公天下之意，任賢位能，郡縣之設，與封建同功，子厚之議，良不誣也。必謂復先王封建之舊而後可，此迂儒不足與論天下事矣。

“天子一位”節

爵出於天子，而天子亦爲爵之一；擅政令者君，而君爲爵之一。孟子之言，蓋以天臨之，謂其奉天命爲天子，爲人君，故亦以爵言，以示位在德元，不敢褻越之意。至《王制》《白虎通》，皆以公、侯、伯、子、男爲五等，卿以下爲五等，則後世儒者所爲，鮮能識此義矣。

“殷受夏周受殷”五句

趙注：三代相傳以此法，不須辭問也，於今爲烈。然明法如之何受其饋也，於文義甚順。趙鹿泉云：注語簡直可用，惟不須辭問，酌改爲無所辭罪，則更明晰，猶今律法無可貸。

“孔子有見行可之仕”節

此節與前文似不甚貫。李文貞云：獵較一事，正孔子行乎季孫之時，即所謂見行可者。見猶示也，示人以行吾道而可也。因此連類及孔子之交際，於靈公則交際而可，於孝公則公養而受，夫交際非仕也，公養又交際之卑，愈非仕也。然與見行可通謂之孔子之仕，則知聖人一適館授粲，無非寓行道之意矣。《論語》君子之仕也，行其義也，當即準此。亦以見孟子之與諸侯交際，不爲矯激之行，猶孔子仕止久速各當其可之意。

“告子曰性猶杞柳也”章

此章“禍仁義”句，首揭立言之旨，執拗如告子之説，聽之而已，而必與之反復辨論者，何也？蓋其言性，非徒言性也，將以蔑弃禮義也。先王制爲禮義以教天下，而彼以爲此桮棬也。皆束縛斯人之具，而非其性也。聞者樂其便於人，而翕然從之，不至蕩然無廉耻不止。其爲仁義禍，即爲天下生民禍，非細故也。

其始由於原壤、莊周之輩以放浪爲高，告子皆其流亞，一時效尤者衆，與魏晋清談等。誤天下蒼生者，必此人也。後數章因問而答，但以輕行浮彈折之，俾無從置喙，不能惑衆而已。孟子固知其不得於言，勿求於心也。

“告子曰性猶湍水也”章

言性之可以善，可以惡，則是善不足以勸而惡不足以懲也。禮樂刑政皆屬無用，而天下之亂起矣。孟子折之，以爲爲善者其性，而爲惡者非其性也，所以使人遷善遠罪無難也。湍水，趙注以爲縈水，《集注》從之。疏又據《説文》“疾瀨”，言其流甚疾也，尤有味。

“告子曰生之謂性”章

李文貞云：“告子以杞柳、湍水喻性，而孟子皆折之，故遂道其論性之本意。”生對死而言，言人之生處即是性，初無善惡之分，又可引而爲善爲惡，皆是物也。孟子未知其意，以爲生中有性，抑生便是性，故問之曰：“猶白之謂白與?”而告子曰然，蓋謂生即是性也，又未知其意，以爲就生中有幾等，抑凡生者皆即其性，故又問之曰：“羽之白猶雪之白，雪之白猶玉之白與?”而告子又曰然，蓋謂凡生者皆即是性也。若於孟子初問，便云凡物之白者同謂之白，更無差别，似侵再問意。初問是極緊切處，蓋言指生爲性，生之外無可以説性者，猶之指白爲白，白之外無可以説白者與?此句是辨理氣，未是辨人物。再問方有辨人物意。能知人、物之别，庶幾猶可悟以理、氣之分也。

“告子曰食色性也”章

以仁爲内，似窮而將遁，而以義爲外，則其自外於名教之心，至此益著，何者？飲食男女，人之大欲存焉，而羞惡之心即寓乎此。先王因其性而制爲禮，釋回增美，廣教化，美風俗，海内又安。而彼曰“食色性也”，吾恣吾甘食悦色之性而已，何沾沾於以禮食不以禮食，親迎不親迎者，蔑弃禮義，敗常亂俗，必自此始。其“食色性”一語，最足惑人，至今學者猶以爲然。不知萬物各有食，各有色，如其言，何以别於禽獸？孟子第以其矛刺其盾，不足與深辨也。

行吾敬故謂之内也

顧林亭云：先王治天下之具，五典、五禮、五服、五刑，其出乎身加乎民者，莫不本於心以爲之裁制。親親之殺，尊賢之等，禮所生也。酌鄉人、敬尸二事，皆禮之用也，而莫非義之所宜。自此道不明，而二氏空虚之教，至於搥提仁義，絶滅禮樂，從此起矣。

“孟子曰乃若其情”三節 二條皆安溪《劄記》

“無善無不善”，蓋直指性體言之，而以性爲虚也。可以爲善，可以爲不善，蓋驗之於情，而以性爲混也。有性善，有性不善，蓋驗之於才，而以性爲有多品也。孟子一一破之，故曰人之情無不可以爲善者，非可以爲善。可以爲不善者也。以是而驗其性，則但可謂之善，不可云無善無不善矣。若夫有不善者，人以爲所禀之才使然，而孰知亦非才之罪也，則云有善有不善者，亦非也。祇此數語，俱已針對矣，以下又申説上文。“惻隱之心”四句，申情之可以爲善也。惻隱之心，仁也。至弗思耳矣，申性之所以謂善也。求則得之以下申所謂非才之罪也。按，孟子之意，非謂人之才無殊也，以爲雖降才參差，而無害於性之善，人不可諉於才而自弃其性耳。夫子嘗言之矣：“生而知之者上也，學而知之者次也，困而學之，又其次也。”此即才之説也。其言用功，則“人一能之己百之，人十能之己千之”，亦即才之説也。然“雖愚必明，雖柔必强”矣。夫自其相較言之，則十一於千百，奚啻於倍蓰，是亦才有罪焉。自其同歸言之，則才有優劣，而要不可謂未嘗有才也。加之千百之功以盡其才，則其能均也。未嘗用一日之力，則相去豈但千百，而且至於無算。才之不盡者罪也，而豈才之罪也哉。

“詩曰天生蒸民”節

此引孔子之繹詩言者，亦與前三節相應。“有物有則”對“無善無不善”之説，蓋謂之有則非無矣。“民之秉彝”對“有善有不善”之説，蓋既秉爲常，則人人有之，非或有而或無矣。“好是懿德”對“好善好暴”之説，蓋所好者懿德，則非好善而又好暴矣。

附性善論

人之有性，猶物之有性，皆出於天而不可强也。蜂蟻何以有君臣，雎鳩何以有夫婦，性實然也。以及牛之耕，馬之乘，犬之守，一草一木之能療病，無非其性。人之有仁、義、禮、智、信也亦然。氣陽而質陰，氣與質不可以言性，猶習不可以言性也。性猶水，天一所生，不能不麗於地，或流沙石，或入污泥，所謂氣質也。在山泉水清，出山泉水濁，所謂習也。要皆可澄之使清，所謂愚必明，柔必强也。探其本曰陰陽五行，指其端曰惻隱、羞惡、辭讓、是非。本於天者不可名，接於物者可共見也。孔子曰“性相近，習相遠”，以人之有善惡而言也。孟子言“性善”，則以人之謂性有不善而言也。夫知性之善，則知所以修身，知所以治人。使以性爲不善，則仁義視爲桎梏，而入於禽獸不難矣。使人性而有不善，則見善不愛，見惡不憎，上作而下不應，雖堯舜不能以治天下。此其關於天下萬世者甚鉅，故論之切，辨之詳，而非馳思元渺，空談性命之學也。

“今夫麰麥”節

孟子深明五穀。他穀之熟，有後先不同，獨麰麥皆應候而熟。氣候有早晚，即山東一省内，有芒種、夏至，先後迥然不同者，而此一方之内，熟則皆熟，非如稻粱、黍稷之有遲速也。“其地同”，蓋指此一方而言。雖有不同，仍以熟言。凡麥之人力勤而得時雨者，熟必早也。今云“雖有多寡不同”，則添設矣。

“孔子曰操則存”節

聖賢無空言心學者，“操則存，惟狂克念作聖”也，“舍則亡，惟聖罔念作狂”也。天下事之得失，一念之敬肆爲之。舜與跖之分，在利與善之間，故曰“出入無時，莫知其鄉”。蓋逐物則失，反求則得。安有定時？爲善不卒，則移而爲惡矣；回頭是岸，則轉而向善矣。孰知其鄉，養之如何？敬以直内，義以方外，澤之以《詩》《書》，董之以師友，俾旦晝之所爲，不離乎仁義而已。《朱子語類》云："操存者，衹是於應事接物之時，事事中理，便是存。若處事不當，便是不存。若衹管兀然守在這里，驀忽有事至於吾前，操底便錯了。却是舍則亡也。"此論可以服膺矣。

"孟子曰仁人心也"章

言惻隱莫切於孺子入井，言羞惡莫切於呼蹴不受。孟子之言仁義，無餘藴矣。至此又渾舉之曰"仁，人心也；義，人路也。人之所以爲人者，此也"。蓋其心即天地坱然生物之心，自君臣父子以至民物之衆，所以歡然交通者，恃此心也，故曰"先天下之憂而憂，後天下之樂而樂"。其路即天下古今共由之路，自辭受取與以至言動之微，所以秩然不紊者，恃此路也，故曰"遇經事而知其宜，遇變事而知其權"。舍此而不由，則必非人路；放而不知求，則且無人心矣，豈不可哀？仁統四端，且仁爲惻隱之心，義亦羞惡之心，故但言放心。放心者，即上失其本心，放其良心也。人生博學審問，論世知人，功固多矣，而語其要道，非有他也，將以講明仁義，祛其錮蔽，使已放之心，仍復其故而已矣。所謂"思則得之，擴而充之"者，皆此也。能此則爲真學問，不然則支離泛濫而無所歸也。李厚庵云："《集注》以收放心爲學問之本，似非《孟子》此章本意。《孟子》所謂求放心者，養其仁義之心，外此更無學問也。"語意最爲直截。

"學問之道無他"節

此節朱文公與李文貞皆兩說。先言求放心爲學問之本，後言學問皆所以求放心。王巳山調停之，而意重後説，因取《集注》而曲解之，然非《集注》本意也。《注》中"在於"二字，言其從入之道專在乎此，非謂皆所以求放心能如是。"如是"二字，緊跟"求其放心"，言能收攝此心，則志氣清明，義理昭著，猶言心静則讀書有得也。不然，則昏昧放逸，言不求放心。下又引程子之言，言求放心自可以學問也。其所謂上達，亦衹是下學人事，上達天理，專説致知一邊，非聖賢所謂上達也。幼時看《集注》，謂如此解，及見《匯参》則謂不如此解，是亦釋回增美之意，但終覺牽强。謂"能如是"指能學問，則下文"從事於學"句欠順矣。至"義理昭著，有所發明"等語，皆學者所宜服膺，而實無當於《孟子》此章之旨。惟伊川謂"心本善，而流於不善，便是放。"此語得之。蓋放心者，即前文喪其良心、失其本心、求其放心，即復其仁義之心。故李文貞"養其仁義之心"句最爲簡當，言所以汲汲於學問者，非有他也，特以此求復其仁義之本心而已矣。故曰"外此更無學問"，原非束書不讀，寂守此心之謂。王巳山引饒雙峰之説甚是，但言仁而不及義，則於本章之旨未備耳。

"孟子曰仁之勝不仁也"二章

單言理能勝欲，終屬空談。孫奭疏云："湯武之至仁，然後能勝桀紂之不仁。今之爲仁，但以轉粟移民之仁，而望民多於鄰國；以羊易牛之仁，而欲朝秦楚而撫四夷。""五穀"節亦云

“齊宣有愛牛之仁，而功不至於百姓；梁惠有移民之仁，而民不加多於鄰國，是爲仁不成之過也”。較時説最切實。但此處前後不必專爲時君言。吾人存心處事，以一念之仁，一事之仁，而欲化人之不仁，難矣。故曰“愛人不親反其仁，君子固無往而不求諸己”也，所謂“熟之”者，亦即擴而充之之意。

“曹交問曰”章

“夫子之道，忠恕而已矣；堯舜之道，孝弟而已矣。”修己治人，不越此二語。曹交固不免淺率，《孟子》實示以切近，非必受業而後爲教也。明時講學，至有受業十餘年，聞訃後歸者。其人自謂學道，不知所學何道？“有親不事，徒誤一生耳，歸而求之”一語，豈非至訓？

小弁之怨親親也

趙注謂“尹吉甫之子伯奇所作”，孫奭疏謂平王作，蓋本小序。然平王詩不應入《小雅》，或以其傳作故與？要其爲親親則一也。即以爲平王詩，《孟子》此章固無責平王以不孝之意，且平王所處，時勢甚難，非宣王可比。《書》載《文侯之命》，所以著西周之亡，亦以著東周之存，在位五十一年，無大失德。後世儒者痛詆平王，一唱百和，皆事後之論，未敢以爲據也。

凱風親之過小者也

《鄭箋》云：“序云：‘不安其室。’不言已嫁，則仍在室，但心不安耳。孝子自責，母遂不嫁，故謂能慰其心。此《詩》之所以傳也。若嫁，則不得謂之過小矣。”

“乃孔子則欲以微罪行”句

以微罪屬君相，非也。謂使人咎其以細故去國，似亦未可言罪。趙注云：“燔肉不至，我黨從祭之禮不備，有微罪乎？”乃聖人之妙旨。不欲爲，誠欲急去也。意古人以從祭禮不備爲罪，故不賜胙。孔子以燔肉不至爲己有微罪也，但無所考。《朱子語類》亦云“以其不致燔爲得罪於君也”。

“孟子曰君子不亮”章

謂不信則不能執，此何待言。孫奭疏云：“君子之道，惟明爲能明善，不明乎善，不誠其身矣。”此説當不可没。且人而不明，必有非所執而執者矣。

“入則無法家拂士”一節

趙鹿泉《温故録》：“中智以下，忘創業之艱難，習守文之故事。承平日久，兵草不試，遠人來賓，以爲長治久安矣。因而驕惰日生，窮極耳目，厭老成，弃忠讜。昔之敵國外患，誠幸其寧，而法家拂士，日見其少。然患或中於隱微，伏於近小。知者不敢言，言者不必當，浸淫遷流，一旦肘腋釁成，倉卒難作。是故秦之亡，不亡於六國，而亡於一夫；漢之亡，不亡於匈奴，而亡於外戚宦監；唐不亡於突厥回紇，而亡於藩鎮；明不亡於土木，而亡於流賊。聖賢立言，皆若燭照而數計。”

“孟子曰盡其心者”章

“盡”即“能盡其性”之“盡”，“心”即惻隱、羞惡、辭讓、是非之心，性即仁、義、禮、智之性。如見孺子入井而惻隱，此有其心而不能盡者，所謂曲也。盡則擴而充之，使無往而不惻隱，所謂“致曲”也。盡其惻隱之心而無虧闕者，知其爲仁之性也。羞惡以下皆然。人之性出於天，元者，善之長；亨者，嘉之會；利者，義之和；貞者，事之幹。故知己之有性，則知天道，而非徒索之冥冥之表矣。惟知性出於天，則凡存其惻隱、羞惡、辭讓、是非之心，以養其仁、義、禮、智之性，而於天之與我者，不敢有失。所以事天也，猶事君者守其職而不敢曠也。存即固而存之，不失其本心也；養則順而養之，不致梏亡也。皆有實事，非空空寂守之謂。夫人所以放其心、戕其性者，由於不知命。窮通得喪，日攖其慮，身外有所希冀，即身内多所廢弃，惟至妖壽不貳其心，則死生且不計，而窮通得喪無論已。夫是以爲所當爲，仁義禮智根於心，措於事，修身以俟天命之自至，則命自我而立，非但安命已也。立命者，道所當爲，不諉諸氣數，而必責之一己。自古聖賢，即或道不行於時，而功必垂於後，皆此類也。

“孟子曰萬物皆備於我矣”章

萬物者，萬物也，非萬事也。我有生而萬物之責歸焉。自君臣父子以至民物之衆，皆於我乎繫屬矣，備矣。是故未觀物，先觀我，使反求諸我之身，而有不誠，則物莫之應。能誠其身，則悦親信友、獲上治民，畢具於此，不愧不怍。以一心而觀萬物之通，其樂孰大於是！夫誠能動物，物我無間，仁在是矣。而其功則在於行恕。恕者，己所不欲，勿施於人。以愛己之心愛物，始於勉强，久而自然。以此求仁，何遠之有？

“孟子曰無爲其所不爲”章

志士勵行，守之於爲，哲人知幾，誠之於思。或以之詁此章，是矣。然過作用力語，便非立言本旨。若謂我之所謂，居仁由義，求放心者，非迫人以所難能也。人各有其所不爲，人各有其所不欲，但令因其本然之天，率其自然之性，無爲焉，無欲焉而已，無餘事矣。其爲機甚順，而其用力亦至易易也。

德慧術知

《集注》明云：德之慧術之知，今人乃謂德而又有慧，術而又有知，誤矣。蓋其慧從德來，是謂有德之慧，而非小慧；知由術生，是謂有術之知，而非私知。德慧者，誠能生明術者術業。樂正崇四術以造士，古人謂不學無術，則德以志行言，術以學問言也。

孽子

若以孽爲庶，則自古以庶子而有寵者多矣。賈斗樞云：“當爲罪孽之孽是也，或以讒人交構而獲罪，或以母后被廢而并黜，其爲疾也大矣。”

“觀水有術”節

《爾雅》“大波爲瀾，小波爲淪”，非言本也。本曰原泉，原泉無瀾。瀾者，水勢既盛，一遇坎窞，則波流瀠迴，曲折善入。大哉聖人之道，乃在三千三百之間，即其不遺於小，可以知道之大。日月有明，特作指點。觀於容光之照，益可以知水矣。其瀾也，其勢之所及也，盈科意正從此得之。

摩頂放踵

《集注》“摩突其頂”，《字説》：“突，禿也。”浮屠以削髮爲摩頂，正此意。言由頂及踵，皆去其毛，與拔一毛針對。又墨家托於禹，禹之治水，胼胝無胈，膚不生毛，正勞其身以爲天下也。可證。

居移氣養移體

二句不平重。居以位言，言居則能移氣，養則僅移體耳。此蓋成語，而孟子述之，以見王子之异人，在居而不在養也。如以養論，則王子宫室、車馬、衣服之養多與人同，而王子之氣象獨不同於人者，以其位爲儲宫，居使然也。

“孟子曰形色天性也”章

謂形色即天性，則偏性，豈獨在形色？謂盡性以踐形者迂，孟子何不云盡性？大意言人之有性，不獨根於心者，有仁義禮智也，即形色之間，亦天性所在。如目司視，耳司聽，形也；視能明，聽能聰，性也。惟聖人之耳目，然後可謂真聰明，所以無負其形，故曰踐形。如衆人者，已自失其形，又何論盡性乎？我有言而能自實其言，則爲踐言；我有形而能自實其形，則爲踐形。言踐形則淺而入妙，言盡性則深而少味矣。

“孟子曰仁也者人也”章

“仁者人之所以爲人”説本古注，然義禮智皆然，不獨仁也。蓋仁者，人與人相親愛之謂。《説文》二人爲仁。《中庸》仁者人也，古以爲相人偶之意，與此正同。使宇宙間非人與人相流通，無以言仁矣。惟合仁於人而言之，則所以爲仁者，不離乎人與人相接之地。親親而仁民，仁民而愛物，道於是在矣。孟子之意，正爲不能求道於實者而言。而或謂釋仁道二字，或重仁，或重道，歸諸空空，所謂抱薪救火矣。

“孟子曰孔子之去魯”章

此專言去國之道，非重出也，兩“道”字對舉，即去國一端，而孔子之生平見矣。

“孟子曰君子之厄於陳蔡之間”章

陳、蔡之間，以地言，非以人言，厄者，資斧不給之意。無上下之交，言無人焉周其困乏也。觀“絶糧”章，子路衹曰窮可知也，若果有被兵之事，則且有性命之憂，豈但曰無上下之交而已？言此以見聖人，雖厄窮時亦不苟交，非必有感慨時事之意也。

“詩云憂心悄悄”節

引詩無與本義相懸者，以衛事而謂孔子，當非無因。觀《猗蘭操》多用古語，則孔子生平歌謠或用此語，然不可考矣。“家語誅少正卯事”，孔子曾引此語，然其事之有無，尚未有定論也。

至肆不殄厥愠，則詩實咏文王，非太王也。蓋綿九章，前七章俱言太王，後二章俱言文王。文王初年，尚事昆夷，故曰不殄厥愠，後乃伐昆夷。故曰昆夷駾矣。後人因末章有文王字，遂以上章仍爲太王耳。

“孟子謂高子曰”章

徑與蹊疑複。趙注：“山徑山之嶺有微蹊介然。”蓋山之横平者爲嶺，其勢可行則爲徑，其略有人迹處則爲蹊矣。至介然，則謂其間之微小介然也。此正喻人心一線之明，可以擴充耳，《易·繫》詞憂悔吝者存乎介，傳以介爲辨别之端，正與此同。當讀至“介然”爲句。

牟陌人云，馬融《長笛賦》，是以間介無蹊，人迹罕到。据融用《孟子》義同趙注，皆讀“間介然”三字爲一句，蓋古讀如此，間介是雙聲，蓋言微小之甚，僅僅有之曰間介然。

“高子曰禹之聲”章

此章豐氏之説，俱本趙注，謂追爲鐘鈕，如蟲嚙而欲絶，然擊鐘何傷於鈕？下節謂轍深，日久所致，白文無“久”字意，且言用之多，則與高子附合矣。玩趙注城門之軌，嚙其限之深處，當即城門之限。蓋初有門限時，必有兩凹處可度兩輪，不然則車不可行。想禹之鐘鈕有空隙，乃當日鑄鐘時爲之，非擊者使然；猶城門限之深處，亦當日設門限者爲之，非車馬使然也。一車兩輪，故古人以車爲兩。詩曰：“百兩御之。”此人所共見，故舉以曉高子，存此待質。

或以《考工記》爲遂之，遂即上文隧鐘受擊處也。與追形聲相近，故訛爲追。然擊處當更有堅光，不應如蟲嚙。

"孟子曰口之於味也"章

此章之説，愈精愈密而不及古注之直截。味色單指佳味，美色，聲臭亦然，與安佚一例。下節仁之於父子，義之於君臣等，亦當以得盡其仁義者言。

趙注云：仁者得以恩愛施於父子，義者得以義理施於君臣，好禮者得以禮敬施於賓主，智者得以明智知賢達善，聖人者得以天道王於天下。此皆命禄。遭遇乃得，君而行之，不遇者不得施行，凡人皆歸之命禄在天而已，不復治性。君子則修仁行義，修禮學智，庶幾聖人亹亹不倦，不坐而聽命，故曰不謂命也。

此説極明晰，今即其意推之，仁之得施於父子者，如成周之作述；義之得施於君臣者，如唐虞之喜起；好禮者得以禮敬施於賓主，則必其財賄之足；智者得以明智知賢達善，則必其汲引有權；聖人得以天道行於天下，則必其爲帝，爲相。凡此皆有命焉，不可强而致也。

然仁義禮智乃性所固有，遇瞽瞍而孝益篤，遇桀紂而忠益力，以至待友務盡其誠，好賢至於易色，道不行於時而憂世之心日切，此則所謂盡其性者而不諉之於命也。今則各句俱兼厚薄言，與上節不一例，與下意不甚貫，且命兼氣數，氣稟稟則近於性，《中庸》天命之謂性是也。

李厚庵專主氣質言，尤偏。惟以五者皆以其至言，則甚確矣。要之，兩節性命雖不一而不甚相懸。

四書與經傳言命者多矣，無二説也。死生有命，得之不得曰有命。道之行廢，命也，莫之致而至者，命也。以及天命不僭，峻命不易，順天休命。左氏“威儀定命”下云“養以之福”“敗以取禍”，皆謂此也。惟民受天地之中以生，則推其本亦非以氣稟言命。氣稟則有清濁厚薄，不得以命言矣。凡遇之不齊者皆曰命。凡心之所具者皆曰性。命有定，而吉凶因乎惠逆，故亦可立命。性皆善，而嗜好不盡義理，故亦曰忍性。

此章之論性命，上下節雖略有别，而實不相歧。上節以嗜欲言性，下節以義理言性，要皆心之所具者也。上以得遂其嗜欲者爲命，下以得盡其義理者爲命，要皆遇之不齊者也，皆以氣數言者也。即或他處命字，有不以氣數言者，亦義各有當，不宜一語而兩解。

“夫子之設科也”句

趙注：“孟子曰：‘夫我設教授之科。’”孫奭疏亦云：“夫我之設科以教人，蓋以予與子形相近而訛寫。”臧玉林《雜記》以經省曰字，故趙注特下“孟子曰”以補之。南宋時已有誤本，朱子亦用其本，偶未檢耳。其人直言從者廋，安能復爲此語？

人能充無受爾汝之實

趙注：“爾汝之實，德行可輕賤人。所，爾女者也，言苟德行可重，人雖有爾女之稱，而我自無受爾汝之實。”説似可存。

“士未可以言而言”節

林皋言云：“上言人，此變文言士，爲縱横捭闔一流人言也。一部《國策》，機鋒盡出於此四句，末句下得甚冷。”

“孟子曰説大人則藐之”章

龜山謂以己之長形人之短，孟子猶有此氣象。然“我”字不必皆自謂，此爲説大人者言，故戒曰勿。“我”字指説大人者，猶云我輩般樂飲酒何等事。而孟子自誇其不爲哉！

“孟子曰養心莫善於寡欲”章

養心者，養其仁義禮智之心。《集注》欲如口鼻耳目四肢之欲，即聲色貨利能使人放其良心者。存，即存其心，不存，即梏亡之謂。古注以爲亡國，若欒黶之類，誤矣。至伊川教人，不要人寫字，不要人作文，以爲寡欲，則又好高之論，而無當於《孟子》之旨。

“君子反經而已矣”節

鄉原非即邪慝，恐其亂德，而邪慝由此起也。經者，經常不易之道。仁足以育萬物，而非煦煦之仁；義足以正萬民，而非孑孑之義。忠信可以貫金石，廉潔可以厲頑鈍。狂者進取，取以此，狷者有守，守以此。不務此而苟焉以悦人，是爲鄉原。鄉原者，不知有經者也。惡鄉原者，所以正其經也。君子得志則正其經於上而道以行，天下無偏黨反側之弊，不得志則正其經於下而道以明，萬世無邪説詖行之害，蓋不知仁，則庶民相習於不仁；不知義，則庶民相習於不義。不仁不義而邪慝作，經正則無慮此。孟子與時君言仁義，稱堯舜，而不肯苟焉以隨俗，皆此意也。既不可不正經，烏容聽鄉原之亂德乎。

“孟子曰由堯舜至於湯”章

謂有見知而後有聞知，則文王非有藉於伊萊，孔子又何藉乎望散？且見知皆同時，本非絶續之交。

《孟子》此章，與豪傑之士雖無文王猶興同意，蓋以道自任也，若曰自古聖人間世而生，豈必生聖人之時，然後可以知聖人之道哉？由堯舜至於湯，五百有餘歲，相去若此其遠，若禹、皋陶則幸見而知之矣，若湯則固聞而知之也。先提至於湯，則以湯爲主，言湯於五百餘歲之後，猶能聞而知之，不必盡如禹皋之見而知也。文王與孔子皆然，况予之去孔子僅百餘年。且地相去又近，雖未及見知，而視古人之聞知，則較易矣。

如此而遂無有知之者，則自此以後，將不復有知之者乎？人貴自立，何至靡靡若是？當今之世，舍我其誰也？“然而”二字非轉語，然，如此也，與然而不王者正同，二句特反言以明之，言此時而無有知者，則將終無有能知者。守先王之道以待後之學者，誰之責耶？而我竟自安於昧昧耶？至所知者道，道即自古帝王修身治人、興養立教之道，危微精一、禮樂刑政皆在其内。孟子一生所言仁義者，此也。危微精一，亦正於禮樂刑政見之，所謂用其中於民也。

自後世好言心學，言心法，而又有道統之名，遂若别有元妙，爲人所不及知者。門户日分，徒黨相師，日率天下而趨於無用之途，道其所道，非孔孟所謂道矣。

附典略

行辟人

王菊潭云：《周禮》野廬氏，凡有節者及有爵者至，則爲之辟。條狼氏掌執鞭以趨辟，王出入則八人夾道，公則六人，侯伯則四人，子男則二人。此乃辟行人正典也。至閽人爲之辟，乃掌王宫門之禁，命夫命婦之出入宫門者，則爲之辟，於行無當也。

西子

趙注："古之好女，西施也。"《集注》云："美婦人，俱不言吴越。"王菊潭云："《管子·小稱》篇'毛嬙、西施，天下之美人也'。"管子前二百年，豈知越有西子，似古有此美人，而後世因借以相美，如善射者稱羿之類。

班爵禄

《白虎通》云："天子者，爵稱也。"爵所以稱天子者何？王者父天母地，爲天之子也。故《援神契》有曰："天覆地載。"謂之天子，上法斗極。爵有五等，以法五行也。或三等者，法三光也。或法三光，或法五行何？質家者據天，故法三光；文家者據地，故法五行也。

《含文嘉》曰："殷爵三等，周爵五等，各有宜也。"所以名之爲公侯者何？公者，通也，公正無私之意也。侯者，候也，候逆順也。人皆千乘，象雷震百里，所潤同。伯者，白也。子者，孳也，孳孳無已也。

男者，任也。卿之爲言章也，章善明理也。大夫之爲言大扶，扶進人者也。故《傳》曰："進賢達能，謂之卿大夫。"士者，事也，任事之稱也。

故《傳》曰："通古今，辯然不，謂之士。"大夫但有上下，士有上中下何？明卑者多也。天子之士獨稱元士何？士賤不得體君之尊，故加元以别於諸侯之上也。孫奭疏："父天母地而爲之子者，天子也。爵位盛大以無私爲德者，公也。斥候於外以君人爲德者，侯也。體仁足以長人者，伯也。"

子，字也。字，養也。而其德足以養人者，故曰子也。男，任也。任，安也，而其德足以安人者，故曰男也。出命足以正衆者，君也。知進退而其道上達者，卿也。智足以帥人者，大夫也。才足以事人者，士也。

張惕庵云："天子六卿之下，有中大夫，即少宰至少司空也。次爲下大夫，天官之宰夫、大府是也。"膳夫爲上士，内府、外府爲中士，甸師爲下士。他官仿此。侯國大國三卿，次國二卿，小國一卿，皆命於天子者，無中大夫，其大夫皆下大夫。諸侯之卿，司徒、司馬、司空，無宗伯，非天子不議禮，避尊也。下大夫五人，有小宰、小司徒、小司馬、小司寇、小司空。天子之上士三命，中士再命，下士一命。諸侯、公、侯、伯之上士一命，子男之士不命。

據《周禮》，地官制域，諸公之地封疆方五百里，諸侯之地方四百里，諸伯之地方三百里，諸子之地方二百里，諸男之地方百里，其數與《孟子》不合。江慎修云："諸侯之地，土田爲實封。若附庸在其封内，雖爲社稷臣而不得有其地。名山大澤有不以封者，其餘山川藪澤斥鹵磽确之地，與夫城郭宫室溝塗皆不可食者，統而計之，大國宜有數百里，小國亦不下百里。"此《周禮》與《孟子》《王制》所以不能同。《周禮》就其虚寬者言之，《孟子》《王制》惟舉土田實封耳。

《春秋》疏，中國附庸例稱字夷，狄附庸例稱名。又云：

“附庸凡四等，方三十里者稱字，若郳儀父、蕭叔；二十里者稱名，若介葛、盧來、黎來；十五里者稱人稱氏，若牟人、葛人、英氏、甲氏。”

《困勉録》云：“天子之卿受地視侯，以田論，侯之禄，爲田三萬二千畝，卿如之。伯之田，二萬四千畝，大夫如之。子男之田，一萬六千畝，元士如之。”據此，則中士下士視附庸，亦可例推。按，天子九卿視百里者九二十七，大夫則視七十里者二十七、八十一，元士視五十里者八十一矣。中士下士又當視附庸，有三十里、二十里、十五里之分可推也。

王菊潭據《尚書大傳》，謂古者諸侯始受封，則有采地，百里諸侯以三十里，七十里諸侯以二十里，五十里諸侯以十五里。受地視侯、視伯、視子男者，亦其采地與之相同耳，存參。

趙氏德云：“由卿而上，三等之國异；由大夫以下，三等之國同。蓋卿之禄厚，不從殺，則國不足以供。大夫以下其禄薄，薄而遞減之，則不足於用。”

《天官·冢宰》：“府六人，史十二人，胥十二人，徒一百二十人。”賈疏：“下士之禄，比於上農，不復降等。在官之人，府食八人，史食七人，胥食六人，徒食五人。”宰夫辨入職，由正師司旅以及府史胥徒。府掌書契以治藏，史掌官書以贊治，胥掌官叙以治叙，徒掌官令以徵令。注：府，主蓄藏者，史，起文書草者，胥爲什伯之長，徒拱奔走之役。據此，見庶人在官者，皆有其事，非同素食，然其禄不過與農夫等，不得貪縱奢靡，爲國之蠹。

百畝之糞

月令：季夏之月，燒薙行水，利以殺草，可以糞田疇，可以美土疆。此以卉物爲糞者。地官草人，掌土化之法。騂剛用牛，赤緹用羊，墳壤用麋，渴澤用鹿，鹹潟用貆，勃壤用狐，埴壚用豕，强檕用蕡，輕爂用犬，此以獸物爲糞者。

顏般

或據《顏氏譜》，謂黄帝之後，上世小邾子以父字伯顏，始以顏爲姓，世世仕魯，七世至無繇，無繇生回，回生般，般與王順同師子思。此以顏般爲顏淵之子，存以備考。

亥唐

《左傳》問絳縣老人年，史趙云："亥有二首六身，下二如身，是其日數也。"或云："史趙以亥字推算其年，蓋以亥乃絳縣人之名，即孟子所云亥唐。"《韓非子》言晋平公於唐亥，或即此人耶？其時使爲政，辭以老。使爲君復陶，以爲絳縣師，適當晋平公時，或以其爲民望，故特尊禮與？

孫叔敖

《史記》稱敖爲楚之處士，進自虞邱。《吕氏春秋》以爲期思之鄙人，游於郢三年，聲問不知，修行不聞。其友沈尹莖薦於王，王以爲令尹，十二年而莊王伯。杜注《左傳》以蔿艾獵爲孫叔敖，或曰非也。

《史記·滑稽傳》："叔敖死，其子窮困負薪，莊王聽優孟之言，封其子於寢邱，即期思。本叔敖故居，故因以封之。”若蔿艾獵爲公族，其子馮爲司馬，則世卿也，何故負薪？或曰：“杜以蔿敖爲孫叔敖是也。”宣十二年士會曰：“蔿敖爲宰，擇楚之令典，軍行，右轅，左追蓐，前茅慮無，中權後勁，百官象物而動，軍政不戒而備。”

萊朱

趙注：“萊朱，亦湯賢臣，一曰仲虺。”或曰仲虺，以諸侯相天子，爲湯左相，奚仲之後。《左傳》薛之皇祖奚仲居薛，以爲夏車正。仲虺居薛，以爲湯左相。唐宰相世係表，仲虺爲湯左相，臣扈、祖己，皆其胄裔也。《史記》作中鸓，《荀子》作中蘬。

散宜生

趙注：“散宜生，文王四臣之一也。吕尚有勇謀而爲將，散宜生有文德而爲相，故以相配而言之。”曹寅谷云：“《禮》載丹書之訓，太公非不足於文；《書》稱劉敵之威，散宜生非不足於武。”《尚書大傳》言：“散宜生學於太公，見文王於羑里。”

鄉黨句解

〔清〕王宗嶽 著
趙 陽 涂謝權 點校

整理説明

《鄉黨句解》四卷，清平度王宗嶽撰。王宗嶽，字卓五，生卒年不詳。嘉慶十五年庚午（1810）中山東鄉試解元，次年入京參加會試，未第而歸，卒於家，詳見清道光《重修平度州志》卷十九《國朝人物》本傳。著有《鄉黨句解》一卷，《學庸詳解》一卷，以及《三禮集解》。

《鄉黨句解》，道光《重修平度州志》王宗嶽本傳作《鄉黨彙解》，誤。是書前有陳肇序，云："孫尚山先生携《鄉黨句解》一書，謂余曰：'此吾邑庚午鄉解王卓五授徒講義也。卓五爲先嚴門人，著述甚富，未及更定而卒。是書傳抄尤衆，亥豕不免，今欲校正，何如？'余披而讀之，見其新詞妙義，叠出環生，信手拈來，粒粒是珠，洵足饋貧而益智矣！因校正歸之，使廣其傳焉。"可知此書爲王宗嶽平日授徒講義，是其讀《論語·鄉黨》的心得體會。

是書采用傳統的章句解經法，先於每章之下總括章節大義，然後逐句釋義，圍繞《論語·鄉黨》，對孔子的日常行爲及用度等方面作出詳盡的解讀，突出了孔子尊禮的性格特質。尊禮，首先表現在敬君上。王宗嶽在概括《執圭章》主旨時稱："此記夫子聘於鄰國之禮。以聘爲主，享與覿皆聘中事。方聘則專以敬，將君命也；既聘則漸以和，達君意也。非敬無以盡聘問之禮，非和無以通聘問之情。要之，聘以敬爲主。享禮則敬，而將之以和；私覿則和，而一本於敬，正聖人動容中禮處。”（卷二）孔子於“賓退”時，必告國君以“賓不顧矣”，則是孔子體恤君勞、敬君愛君的體現：“公送賓於大門之内，再拜，而賓不顧。其不顧，何也？禮有終也。……賓無反顧之禮，君若有反顧之心。夫君已勞矣至此，而猶佇立以須焉，禮將何時終也？夫子必以賓之不顧告，敬君之至也，亦愛君之至也，而君可以反路寢矣。其敬形於禮畢之時者如此！”（卷一）孔子退朝歸位，“復其位，踧踖如也”，亦是孔子始終如一敬君之心的自然流露：“復其位而踧踖，蓋夫子終始惟一也。是漸遠於君，而敬之未嘗或懈也又如此。”（卷一）孔子所謂敬君，乃是通過尊禮得以體現。王宗嶽指出，孔子於國君賜食、賜腥、賜生，雖有應對不同，但都是盡禮，都是敬君：“食之以禮，祭之以禮，畜之以禮，無非因君貺之，及而見其盡禮之思。所賜既殊，而所處亦别，恩以逮下，孝以奉先，仁以育物。雖同一敬君之忱，而各有中節之妙。○三‘必’字單看、排看、互看，俱有義在。單看者，賜以君重也。排看者，食與腥與生，各致其敬也。互看者，所賜既殊，而所處亦异，隨時而中也。要皆以敬君也。”（卷四）在概括《君賜章》主旨時，更是明確指出：“此見聖人事君之禮，雖細節亦無不謹也，當以‘禮’字作骨。章中所記，《禮》有不盡載者。然自聖人行出便是禮，所謂‘亡於禮者’之‘禮’也，其動也中。首節受君賜之禮，次節侍君食之禮，三節承君視之禮，四節奉君召之禮。……此祇就君前飲食起居，無往不敬，不以常變而有殊，益見聖人中禮之妙，正記者

善觀聖人處。”（卷四）

除了敬君之外，王宗嶽認爲，尊禮亦體現在孔子與朋友的交往之中。孔子從禮的角度出發，待友以信義。王宗嶽指出，朋友之交在乎義而輕乎物：“朋友以義爲重。朋友之饋，均可受之而不拜者也。其不拜也，輕乎物，正以重乎友也，義固如是也。”（卷四）故對於朋友所贈車、馬等物品，孔子可以“受之而不拜”；至於祭肉，因涉及朋友的祖、父，拜而受之，乃是“敬於祖考，同於己親”。“此節正義，在車馬不拜，以友之所重，在義不在財。車馬是財，故不拜。祭肉則拜，正以形車馬之不拜。重不拜，上敬其祖考，同於己親。是説所以拜之故，却正説所以非此不拜之故。賓主須要認分明。”（卷四）這也正是孔子與朋友交往以義爲重的表現。

季康子饋藥，按禮孔子應於使者當面“嘗以拜”，孔子却衹“拜而受之”，對使者直言“丘未達，不敢嘗”。王宗嶽認爲，孔子拜受就是盡禮，直言“丘未達，不敢嘗”，而不以虛辭應對，看似違背禮儀，實則以誠相待，是爲至禮：

> 拜受矣，盡其禮矣，又必有拜受之辭焉。《禮》：“凡受人饋者，不虛其饋。”故車馬則乘以拜，衣服則服以拜，飲食則必嘗以拜。而藥物則有异，惟其必達也，而後可以嘗之也。假令未達焉，而輕以疾試，則或以妨乎己之生；假令未達焉，而輕以弃擲，則又以虛乎人之賜，其將何以對乎使哉？意惟是以心却之，而以他辭飾之，對使者曰：“某受賜，將退而嘗之，以卒大夫之貺。”既不失在己謹疾之意，亦不排乎大夫饋

> 藥之情，庶幾兩全無害者乎？君子曰："隱情避嫌。"是一言一動，無非虚僞之念，將交道而有□心矣。子則直告之，曰"丘未達，不敢嘗"，蓋無往非誠意之流通也已。(卷三)

孔子尊禮，還表現在其日常生活行爲之中。"鄉人"二條，本記孔子鄉居時與鄉人的互動，上條記孔子與鄉人飲酒，下條記孔子觀鄉人儺戲。王宗嶽認爲，此二條體現了孔子敬老尊神的古禮："此記夫子居鄉之事。上條敬老，下條尊神。敬老，則人知高年之宜重；尊神，則人知古禮之當遵，皆以敬行之。俱在'鄉人'字上，見人輕之、我重之之意。"(卷三) 孔子之於肉，"割不正，不食"。王宗嶽指出，在日常生活中，割不正乃常態："若夫日用之常，家人親中饋、操宰制者，安必厚薄之中其度？朝夕之需，庖人掌膳羞、供刀匕者，安能大小之中其程？是割之不正，其常也，亦其偶也。"(卷三) 孔子之所以於日常生活中割不正不食，是遵從享禮、燕禮的標準："物之傷生者，固不食；即未必傷生者，亦豈苟食乎？即如一割焉，固以正爲貴也。割有升之於俎者，當夫享禮之行，體解節析，固宜辨其宜割；有實之於豆者，當夫燕禮之行，庶羞加羞，固必辨其體。……蓋聖人從心自有矩，故一食之頃，而不違其則；聖人制事各有方，故一物之供，而亦惡其偏也。"(卷三) 正如他"席不正，不坐""寢不尸，居不容""升車，必正立執綏"等，皆是如此。

王宗嶽認爲，孔子動靜以禮，朝夕不逾矩，是孔子堅持"時中"原則的結果，"時中"是《鄉黨》篇要義核心之所在。他指出，《鄉黨》篇以《色斯章》作結，正在於"時哉時哉"

一句，此句中兩“時”字，體現了“君子知幾之哲”，而人之“色舉”與雉之“翔集”，均是應時而動，順時而處：“此見君子知幾之哲，重二‘時’字。色舉、翔集，即得時處。下雌雉之息於山梁，時乎集而集也；三嗅而作，時乎舉而舉也。”（卷四）《論語》編者將此置於篇末，意在總括全篇，以“見孔子言貌、衣食、日用、交接，以及用舍行藏之大、仕止久速之宜，無非時中之道，而無意必固我於其間也。”（卷四）這也合理地解釋了孔子“异地而言貌各殊”的原因：“异地而言貌各殊，非聖人之時中，其孰能之！”（卷一）

王宗嶽解經的總原則是征聖宗經，力圖對《鄉黨》篇所記的孔子的言行舉止作出合理的解釋。如《鄉黨章》指出，孔子在鄉黨與在朝廟時，因時因地出現了言貌之不同。孔子之於鄉黨，信實誠篤，恂恂如似不能言；在朝堂則“便便言”，説話明白暢達。兩種情况，看似等差有别，實則共同體現了孔子一以贯之的謹小慎微的性格特征：

> “恂恂”“不能言”，固已見孔子之謹矣。雖然，聖人之謹，豈第於不言時見之哉？孔子固無時無事而不謹者也。無言之時，固見其恪恭也。即有言之時，而豈改德音之常度？寡言之時，固形其敬慎也。即辨言之時，而豈移寅畏之素履？是故人以言之辨而或不謹，而夫子則言固無不謹者也；人以謹而或不足於言，而夫子則言固無害於謹已耳。（卷一）

孔子之言，因人而异，對下大夫的“侃侃如”與對上大夫的“誾誾如”，皆是孔子“剛而不屈，直而不阿”性格的體現，衹不過是説話方式上有着“明以行其直”與“婉以行其直”的區别。針對孔子在國君面前“踧踖如也”，王宗嶽認爲，孔子之踧踖，與他人的恭敬有着本質的不同，他人的恭敬，往往至於惶恐失措；孔子則恭敬适度，從容不迫：“夫子則威儀中適，而與與如也。中則中節，而非已甚之恭；適則安適，而非過勞之恭。從容自然，而無矜持拘迫之態，乃夫子之敬也。”（卷一）孔子“膾不厭細”，王氏認爲其追求精細，并非爲了口腹之欲，而是屬於養生之道：“聖人固不爲口腹之故，以窮其欲，然食與膾之精細，則能養人。飲食之道，原以衛生，豈有不取其養人，而取其害人之理？”（卷三）孔子“食不厭精”，并非不食粗糲，衹是順其自然，不刻意去追求而已：“‘不厭’云者，無之，不必求；有之，亦不必矯也。人皆欲之，聖人未嘗必欲之；人皆欲之，聖人未嘗不欲之，見不任情、不矯情之意，聖人正不遠於人。彼世人厭精、厭細，總與厭粗念頭均之無别。貪夫之嗜味，畸人之矯俗，皆反乎中庸者也。”（卷三）

具體到解經方法上，王宗嶽往往能够抓住關鍵字眼進行分析，做到提綱挈領。如《入公門章》即從“出入”二字入手，指出“入”包含了入門、過位、升堂三節，涵蓋了孔子靠近君主的過程；“出”則包含了降階、没階、復位三節，描繪的是孔子遠離君主的過程。又以門、位、堂作綱領，詳述孔子不同階段的容貌身姿，指出孔子無時無刻不尊君的心態：

> 此夫子在朝之容，始終一於敬也，以“出入”二字作關鍵。入則入門、過位、升堂三節，漸近於君而敬亦

漸加。出則降階、没階、復位三節，漸遠於君，而敬亦不懈。按，此章亦可以門、位、堂作綱領。始而入門也，撤蓋下車，天威尚遥，而已不覺其躬之磬折，且戒夫立之當尊，戒夫行之不恪也。蓋敬乎君，即敬乎君之門也。繼而過位也，退適路寢，天顔已違，而敬之至不覺其色之變，常畏之至不覺其足之盤辟，謹之至不覺其言之謇吶也。蓋尊乎君，即尊乎君之位也。終而見君於堂也，其升而漸近於君，則攝齊拾級，鞠躬登階，屏氣致肅。其出而漸遠於君，則降等、怡顔、疾趨、張翼、復位、不安，皆以君之在此堂也。有夫子而君始尊，而君之門位與堂，亦無不尊矣。(卷一)

《君賜章》釋義亦作如此觀。王宗嶽認爲，此章重在通過細節來展示孔子事君禮節上的謹小慎微，故“禮”字爲此章核心内容："此見聖人事君之禮，雖細節亦無不謹也，當以‘禮’字作骨。"(卷四) 要參透“君賜食，必正席，先嘗之；君賜腥，必熟而薦之；君賜生，必畜之”要義，人們須就三“必”字上着眼："三‘必’字單看、排看、互看，俱有義在。單看者，賜以君重也。排看者，食與腥與生，各致其敬也。互看者，所賜既殊，而所處亦异，隨時而中也。要皆以敬君也。"(卷四)《紺緅章》節義亦如此："此章以上，記夫子之容貌。容貌無一定之象，故以‘如’字、‘似’字形容之，‘不’字僅二見焉。此以後，記其衣服飲食，則有一定之則，故但以‘必’字、‘不’字直言之，而‘如’字僅一見焉。"(卷二) 此類分析，俯拾皆是，限於篇幅，不再枚舉。

王宗嶽解讀《鄉黨》，亦常參考群經。王氏曾潛心禮學，著有《三禮集解》。習慣使然，其將《鄉黨》篇視作禮儀之書："章中所記，《禮》有不盡載者，然自聖人行出便是禮，所謂'亡於《禮》者之'禮'也，其動也中。"（卷四）因此，《禮記》成爲王氏解經的重要參照。《執圭節》即引用《禮記》中《聘禮》《曲禮》等内容以作參考，并以此來印證孔子舉動皆合乎禮，如"執圭，鞠躬如也，如不勝"，符合《聘禮》中"執圭，入門，鞠躬如也，如恐失之"的記載；"上如揖，下如授"，與《曲禮》中"執國君之器則平衡""奉者當心""執龜玉，舉前曳踵"等要求高度一致；孔子"足蹜蹜，如有循"，亦是根植於《禮記·玉藻》："執龜玉，舉前曳踵，蹜蹜如也。"除《禮記》外，《尚書》《春秋》《爾雅》《詩經》等典籍也多隨手徵引，如解讀"狐貉之厚以居"引《爾雅》釋"貉"，引《詩經·豳風·七月》解讀狐貉之用[①]；解讀"食不厭精"引《尚書·周書》《易經·繫辭》，説明食以精爲貴有其淵源[②]。引《春秋》考證孔子爲承擯傳辭之事[③]，引《魯論語》證康子饋藥不過是虚文浮禮[④]，引《孔子家語》力證"君賜生"實有其事[⑤]等。

---

① 詳見"狐貉之厚以居"注解："考《爾雅》之文，貉亦狐之醜，而其性不同，要之，其毻毛之美、養之成豐者，皆足以却寒風之栗烈，制以爲裘，倍於狹纊矣。覽《豳風》之句，狐與貉同取，而爲用各异。"（卷二）

② 詳見"食不厭精"注解："食者，食之主也。五穀生於天，而所以治之者，則恃乎人之功。故《周官》有舂藁之職，《大易》明杵臼之利，食固以精爲貴矣。"（卷三）

③ 詳見"衣前後，襜如也"注解："傳辭之事，考之《春秋》，孔子仕魯時，未見國君來朝，亦無卿來聘，意其爲大夫行問聘禮，主君亦以交擯待之。"（卷一）

④ 詳見"康子饋藥"注解："有問則必有饋，不書者，義不在乎饋也。然而當時固有饋於夫子者矣。《魯論》不嘗記康子饋藥乎？夫子之歸魯也，康子實召之。康子於夫子，其有繾綣之情乎？特惜問政患盗，雖良言無以去其疾；田賦諮訪，即善醫何以受其益？兹之饋也，或猶虚文之羈縻已耳，而亦不必然也。"（卷三）

⑤ 詳見"君賜生"注解："《家語》：'伯魚生，魯昭公以鯉魚賜孔子。孔子榮君之賜，因名子曰鯉，字伯魚。'此亦君賜生之事。"（卷四）

王宗嶽解讀《鄉黨》，亦多借鑒前哲，綜合諸説，然不出前人藩籬。如針對孔子“食不語，寢不言”，范寧倡言聖人存心説：“聖人存心不他，當食而食，當寢而寢，言語非其時也。”楊氏則以氣爲主：“肺爲氣主而聲出焉。寢、食則氣滯而不通，語言恐傷之也。”王宗嶽認爲“范説主理，楊説主氣。范爲優，楊亦不可廢”，於是兼綜二説，於“食不語”條明言存心：“豈惟祭祀至於存心？亦可驗其飲食之節焉。如時而食也，則不與人語也。……方其食也，口有事矣。有事者，不遑他事，對人喋喋胡爲者？方其食也，心有存矣。有存者，更無二心，隨人云云何爲者？蓋語自有語之時，而食非語之時也。”（卷三）解讀“寢不言”時，在“存心説”的基礎上補入“主氣説”：“時當寢也，亦不與人言也。天道有二候，夜則萬物消藏，而時主乎靜。君子有四時，寢則神栖於寤，而時主乎默。蓋言自有言之時，而寢則非言之時也。況言則氣主於發，寢則氣主於斂；言則氣主乎動，寢則氣主乎靜。寢而言也，更非養生之宜乎？”（卷三）孔子“升車，必正立執綏”，范寧注云：“正立執綏，則心體無不正，而誠意肅恭矣。蓋君子莊敬無所不在，升車則見於此也。”王宗嶽認爲：“妙甚！蓋聖人本無不敬，特見於此耳。若於升車時求肅恭，則非‘必’字之義矣。”（卷四）其解讀此句，亦如范氏，重點關注“正立”：“立，立於車下也。車從後升，升車執綏，人之所同，重在正立上。”（卷四）

在前哲之中，王宗嶽尤尊朱熹，其解《鄉黨》，多從朱子。如“袗絺綌，必表而出之”，孔安國注云“暑則單服。絺綌，葛也。必表而出之，加上衣”；朱熹注云“袗，單也。葛之精者曰絺，粗者曰綌。表而出之，謂先着裏衣，表絺綌而出之於外”，二者於“表而出之”有明顯的分歧。孔安國認爲，“表而出之”，乃是在絺綌之上，須另穿上衣，方可出門。朱熹則以爲，絺綌爲外穿之服，须先穿裏衣。二者之間，王宗嶽取其後者：“《集注》改舊説，今宜從《集注》。”（卷二）又，馬厩被焚毀，孔子祇問傷人否而不問馬，朱熹認爲孔子雖與人之常情有异，但孔子“非不愛馬，然惟恐傷人之意多，故不暇問”。王宗嶽對此深表認同，以爲朱熹見解，“真見得聖心之等殺”（卷四）。他在解讀“不問馬”時亦持此種觀點：“蓋當子之問也，或告之曰某某者傷矣，則咨嗟痛悼之不暇，而何暇問馬？抑子之問也，或告之曰人之無差也，則欣喜慶幸之不遑，而何遑問馬？要之，非聖人第愛人而不愛馬也，惻隱之發，於人獨切，於物稍緩，仁也，義也，皆理也，而夫子固無容心也。”（卷四）

总的来看，王宗嶽解讀《鄉黨》，大致因循多而創新少，并未跳出前人窠臼。陳肇序“新詞妙義，叠出環生，信手拈來，粒粒是珠，洵足饋貧而益智矣”的評價，未免有同鄉溢美之嫌。

《鄉黨句解》版本，今存道光十五年（1835）膠東熔經堂刻本，山東省圖書館有藏，此亦爲我們目前僅見版本。本次整理，即以此爲底本，僅作標點。是書四周雙欄，白口單魚尾，半頁八行，行二十字。篇首有陳肇序。每卷題下署“膠東王宗嶽卓五甫著，同邑陳肇履元甫校”，今删去。原書《鄉黨》原文，皆單獨成行，以示區别，今從之。字詞漫漶不清處，則以□代替；依稀可辨者，則以疑似某字出校記；偶有誤刊者，或借原典，或據本書，或以理校，加以更正，并以按語形式説明之。書中异體字、生僻字較多。本次整理，原書中的舊字形原則上改爲新字形，异體字、俗體字除必要的保留外，儘量改爲標準繁體字。

陳肇序

今年夏，余閉户課子侄輩讀。孫尚山先生携《鄉黨句解》一書，謂余曰："此吾邑庚午鄉解王卓五授徒講義也。卓五爲先嚴門人，著述甚富，未及更定而卒。是書傳抄尤衆，亥豕不免，今欲校正，何如?"余披而讀之，見其新詞妙義，叠出環生，信手拈來，粒粒是珠，洵足饋貧而益智矣！因校正歸之，使廣其傳焉。

時道光[1]辛卯六月朔日丁丑，翰林江南道監察御史常州知府小瀛陳肇拜序。

① 按，底本爲示尊崇，"道光"二字另起一行頂格，今改。

鄉黨句解　卷一

鄉黨章

此章見聖人在鄉黨、朝廟言貌之不同。合三節看，正於相反處見聖人之時中。上節重“恂恂”，“似不能言”正形容“恂恂”之狀。下節重“便便言”，又以唯謹之貌足之。或謂單重言者，非也。“似不能言”，即於“恂恂”内見之；“唯謹”，即於“便便”内見之，則貌已該言，言自有貌，拆看不得。

孔子於鄉黨

孔子者，生民未有，豈鄉黨之人哉？然鄉黨不足以囿孔子，而孔子亦未始不以鄉黨見也。孔子生於陬邑，其鄉則昌平也，其黨則闕里也。迨長而遷居曲阜，其鄉與黨，亦以此爲名。我夫子始教闕里，年則二十有二；後日反魯，年則六十有九。不有居鄉黨時乎？居鄉黨之地，亦即爲鄉黨之人已矣。吾黨正樂於此觀聖人。

恂恂如也

恂恂，信實貌，對文飾言，不對詐僞言，所謂“父黨無容”也。鄉黨之震驚我夫子，非一日矣，乃習與相處，轉覺其平易無奇，則恂恂如也。其貌之誠篤也，丰采不露高明，依然不離不琢之天。其貌之温恭也，意象胥歸渾穆，無在非毋憮毋敖之容。蓋父兄宗族，無非以恩相接之人，孔子惟敬宗、收族之誼篤，故其貌之恂恂如此；禜酺飲射，無非以情相接之事，夫子惟洽比、孔云之念切，故其貌之恂恂如此。或問“恂恂，信實貌”，亦有温恭之意。總是不以賢知先人父兄長者之側，聰明才辨之資，一無可用；文采風流之目，悉無所施也。須從鄉黨透，所以“恂恂”之故方可。

似不能言者

其恂恂何似乎？夫與人相接以貌者，即與人相接以言。凡事有是非利害，夫子亦非不言也，特多聞不以自矜，博學非以資辨其言也。出之以卑遜，非長者問之而不敢言，即長者問之，而亦不敢多言也。故世有侗愿之資，所知無幾，有欲言而跲於辭者矣。孔子豈跲於辭者哉？而其恂恂也，則與無能言之識者若爲似之。世有朴拙之姿，簡默自守，有欲言而吶於口者矣。孔子亦豈必吶於口耶？而其恂恂也，則與無能言之才者適相似焉。蓋惟其信實在心，故發於言貌之間者，無非渾穆温恭之氣象也。孔子之居鄉黨，其言簡而禮恭如此。

其在宗廟朝廷

恂恂、不能言，孔子之在鄉黨如此。夫孔子豈第在鄉黨已哉？考定公九年，孔子由中都宰而爲司寇，及哀公十一年，自衛反魯，間亦朝吉月，聞國政，不有時而在宗廟朝廷乎？諸侯之廟有五，皆可以宗廟該之；其朝有三，俱可以朝廷統之。魯之宗廟，兼用四代之服器，其禮則備；魯之朝廷，恪守元公之典章，其政則全。迨至昭、定而後，丁丑再烝，乙亥急嘗，壬午猶繹，宗廟之禮法安在？丘[1]甲書作，中軍書舍，田賦書用，朝廷之政事奚存？夫非我天子暗然而傷心者哉？唯然，正可以於鄉黨之孔子，而更觀其在宗廟朝廷矣。故猶是夫子也，前之在鄉黨者，而今在朝廟矣。所在者已异其地，所在者已异其時，所在者已异其人與事矣。

便便言

朝廟固當言之地也，然以居鄉之恂恂者例之，得毋亦有所慎重而不出者乎？吾觀世之人，平居鄉曲中，往往自矜才辨，及一旦登廊廟，即使建一議、樹一論，而有所不能，況夫子之本不欲以言見者哉？然其言也，則便便矣。其或古制之所垂，凡《魯頌》所歌，《周官》所載，無不悉考其精微。其或今時之有失，凡《春秋》所書，魯史所記，無不胥正其源委。在宗廟而明辨，則可以識制度文物之精蘊、升降揖讓之委折。在朝廷而明辨，則上之所布者不悖於理，下之所受者不被其害。蓋聖人固禮法之宗也，故言於宗廟無不詳；又政事之備也，故言於朝廷無不悉。

唯謹爾

"恂恂""不能言"，固已[2]見孔子之謹矣。雖然，聖人之謹，豈第於不言時見之哉？孔子固無時無事而不謹者也。無言之時，固見其恪恭也。即有言之時，而豈改德音之常度？寡言之時，固形其敬慎也。即辨言之時，而豈移寅畏之素履？是故人以言之辨而或不謹，而夫子則言固無不謹者也；人以謹而或不足於言，而夫子則言固無害於謹已耳。○謹即在"便便"之

---

① 按，底本爲避孔子諱，"丘"原作"邱"，今改。全書同，下不出注。
② "已"，底本作"巳"，今改。又，下同者徑行改正，不再出注。

中。此句重“唯”字，言，但不至於不謹耳，而其言之辨可知矣。衹就他無害於謹處，見便便之極致。唯“爾”字是直下，不是轉語。孔子之在廟朝，其言辨而禮恭，又如此尊親。异地而言貌各殊，非聖人之時中，其孰能之！

朝與章

“朝”字提起作冒。上節是接下之言，直而當；下節是事上之容，恭而安。

朝

“朝”字活看，謂夫子之在朝也。諸侯雖有三朝，此當指朝於治朝。説“恂恂”“不能言”，夫子之在鄉黨也。有，然猶未記其在朝時也。即便便、唯謹，猶兼宗廟而言之，猶未專言在朝時也。夫孔子仕魯之日，以及致仕朝月朔之頃，不有入朝之時乎？

與下大夫言，侃侃如也

諸侯下大夫五人。孔子仕司寇，亦下大夫也。凡朝儀，貴者未至，賤者先盈。夫子與下大夫先相見矣，於是乎事有未行，而言則已聞。獨是其體相敵，則易涉游嬉之語；其人亦衆，則易開聚訟之門，言之而得其宜者恒難。夫子則侃侃如也，是是非非，毫無委曲。吾見其剛而不屈，直而不阿也。設下大夫而有賢而忠直者乎？如子服、景伯，其人是也，夫子固樂以讜言共商確。下大夫而有愚而童昏者乎？如公父、文伯，其人是也，夫子亦願以正言爲匡救。蓋兩卑相見，則其言可以多；兩敵相見，則其言可以遂也。夫子與下大夫言，而明以行其直者如此。

與上大夫言，誾誾如也

諸侯三卿，皆上大夫也。當是時，後下大夫而至者，有上大夫矣。其分則尊，則魁柄宜讓；其望既隆，則晋接宜審。夫子爲下大夫，則其屬也。與之言而偶涉於亢激，何以見和衷之雅？夫子則誾誾如也，雖守正不阿，而出之從容；秉義不回，而將之和順，所謂“健而悦，决而和”也。蓋和則不失事上恭順之道，諍則不失在己義理之正。夫子與上大夫言，而婉以行其直者如此。

君在

及乎日出而視，則君在矣。君在，亦當就立於路門外之治朝時言，然即□在燕朝時言之，亦無不可。君在，視於治朝也，立於寧焉，則在虎門之外矣。所謂司士爲擯、孤卿特揖、大夫旅揖、士旁三揖，在此時也。君之視於燕朝也，立於堂焉，則在阼階之上矣，所謂太僕爲擯、南鄉爾卿、卿爾大夫者，在此時也。我夫子固無時不凛凛乎有君在也，而况天威不違咫尺間與！

踧踖如也

“踧踖”二字皆從足，蓋心懼而立不安也。當是時，君既揖群臣，群臣受揖者，皆逡巡却避焉，而後各就其位，凡以敬乎君也。而夫子則更有進焉者，蓋心肅者，容自敬，敬而猶可少安，則其心之肅者猶未至。容斂者，足愈重，重而至於不安，則其容之斂者始無餘，夫子則踧踖如也。立則如山，立則如齋，爲居恒立容之常，而夫子於此更悚然，而不勝戰栗之意。立而垂佩，立而委佩，亦在朝立容之恒，而夫子於此更惕然，而時有隕越之懼。○或謂此句不專指足容，包一身儀容而言也。

然夫子之踧踖，豈過乎恭哉？他人恭敬之至，或至於惶懼惕栗，而有錯履之虞。夫子則威儀中適，而與與如也。中則中節，而非已甚之恭；適則安適，而非過勞之恭。從容自然，而無矜持拘迫之態，乃夫子之敬也。○“與與”，皆敬也。“與與”，正形容夫子之從容中節處，非敬外别有“與與”之容也。

君召章

此記夫子爲君擯相之容，始終一於敬也。首節敬見於被命之初，中二節敬見於行禮之時，末節敬見於禮畢之後。“揖所與立”節，孔子爲承擯傳辭之事；“趨進”兩節，孔子攝上擯相禮之事。“襜如”“翼如”，詳其容也；“賓不顧”，記其辭也。蓋傳辭相拜，《禮》必有其辭，而難在容。賓退復命，《禮》不載其辭，故記其辭。聖人盛德之至，無不中《禮》，可以補《禮經》之闕，爲後世法也。

君召使擯

出接賓曰擯，入贊禮曰相。古者兩君相見，賓則有介，主則有擯。《聘禮》有之，卿爲上擯，大夫爲承擯，士爲紹擯。夫子位司寇，下大夫也，宜爲承擯。一日者，嘉賓式臨，爰修邦交之典，君之召也，其以是與？然以其官而召之，子當爲承擯。以其知禮而召之，則定公之十年，夾谷一會。孔子嘗攝相事，擯亦可以兼乎相者也。昔日襄寡君於壇坫，惟吾子是任。今日詔禮儀於廟朝，非夫子又將誰屬哉？故君命嚴矣，召之而使爲擯，則君命愈嚴；擯事重矣，召之而使以擯而攝相，則擯事愈重。○“擯”當兼承擯、上擯而言也。

色勃如也

勃，色變也。使者至，夫子出而迎之，堂下北面，再拜受命。斯時也，夫子心敬於中，容變於外。觀其色，則勃如變動也。色容温，此燕居告語之常也，而此易其和煦之色，而著爲嚴恪。色容莊，亦尊敬齊遬之恒也，而此變其肅恭之色，而形爲惕栗。蓋以擯事重，夫子之心，若惟恐不勝其任者，故見之於色者，不覺頃改常也。

足躩如也

躩，盤辟不進貌。君召使擯，此預召之，非質明行事之時也，則所謂不俟駕而行者，可無容矣。然而夫子之足容，已有可見者。觀其足則躩如，其盤旋若有所不能進也。執主器者，則有圈豚之步，玆則手無所執，而儼乎若有傾躓之虞；辟君拜者，則有逡巡之容，玆則大君未臨，而凛凛乎不勝躑躅之容。當其堂下受命也，北面稽首，足若盤桓而不進也。迨其送使門外也，西面再拜，足若趦趄而不行也。蓋心重乎君命，而足容且若有愈形其重者若此者。“勃如”則顔色之易，“躩如”則足容之變，其敬形於承命之始者已如此。○敬君之心，不可見者也，故舉色與足之容，而敬君之心可知。舉色與足，上下之容，而周身之容亦可知。○按《曲禮》：“君命召，雖賤人、大夫、士必自御之。”又云：“君言至，則主人出拜君言之辱。使者歸，則必拜送於門外。”蓋當使者至，主人迎於門外，西[①]面拜。入門，揖讓升堂。使者升自西階，主人升自阼階，使者述君命，主人降西階之間，北面再拜，稽首受命。使者反，則送之大門之外，亦西面再拜。夫子之色勃、足躩，皆對使者已受命之時，而見其然也。

① 按，底本此字漫漶不清。從下文“使者反，則送之大門之外，亦西面再拜”來看，當爲“西”字。

揖所與立

當質明行事之會，賓出次直闑西，北面；主人迎賓在門内，南面。斯時也，凡爲擯者，皆以次立於門闑之東矣。夫子爲承擯，固必有所與立者。維是交擯傳辭，必舉手以爲容。於是乎有所立，即有所揖。主君之請來事於賓也，上擯傳之，吾子受之，以達紹擯，於是乎有揖。其揖紹擯也，猶上擯之揖吾子也。賓之告來意於主人也，紹擯受自末介，吾子傳之，以達上擯，於是乎有揖。其揖上擯也，猶紹擯之揖吾子也，是謂一辭。至於主人一辭而賓一請，是謂再辭，而子之揖其所與立者如初。主人再辭而賓再請，是謂三辭，而子之揖其所與立者亦如初。《禮》所云交擯三辭之儀，於是乎備矣。

左右手

當斯時也，傳賓主之命，則口宣其辭；表揖遜之度，則手齊其容。夫揖則必以手矣，其揖乎左也，則左其手矣，然使徒謹之於左，不使有所妨於右焉，則左恭乎左者無難；其揖乎右也，則右其手矣，然使第謹之於右，不令有所妨於左焉，則右恭於右者無難。若夫子之爲承擯也，立當南北之中，揖則用其偏位，處上下之間，手必用其兩，則不能不左右其手矣。其傳主命以出也，必傳之於左。左臂縮而右臂伸，則右手亦隨之而左矣。獨不思立於夫子之左者，雖末擯乎？然左之又左，直闑西而北面者，則擯也，果何以左之？左之而不乖乎敬賓之儀。其傳賓命以入也，必達之於右。右肱短而左肱長，則左肱亦因之而右矣。獨不思立於夫子之右者，雖上擯乎？然右之又右，立門内而南向者，則君也，夫何以右之？右之而不失乎敬君之常。

衣前後，襜如也

揖而左右，斯時不難於手之容，而難於身之容也。夫附在吾身者，不有衣乎？吾黨於是乎觀夫子之衣。觀夫子之衣前後矣，蓋擯之立也。手之左右，以南北而分；衣之前後，又以東西而别。蓋人之衣，有一定之前後焉。前則面乎人，後則背乎人，不變者也。而當其事間，左右則或抑或揚，衣固處乎至變之勢。即擯者之衣，亦有一定之前後焉。前則向乎西，後則背乎東，不易者也。而當其儀判，左右則於彼於此，衣又當乎屢易之地。假令揖左人而身亦與之俱左，則以前向賓，而以後背君，將輕褻者在國體；揖右人而身亦與之俱右，則以前向君，而以後背客，將積嫌者在四鄰。而以觀夫子之衣，前則常面乎西也，後則常背乎東也。負繩應直者襟裾，無少偏倚之形；齊衡應平者邊幅，無非畫一之勢。〇此節重在“衣前後，襜如也”，若揖而左右手，則凡爲承擯者皆然。蓋此時不難於手容之恭，而難於身容之正也。衣之襜如，正手動而身不動之驗也。身不動，是不背君賓之意。衣之襜如，洪氏以爲非心平體正、敏給安詳者不能。〇按，《聘禮》“厥明，迓賓於館。賓皮弁，聘至於朝。賓入於次”“卿爲上擯，大夫爲承擯，士爲紹擯”“公皮弁，迎賓於大門内，大夫納賓”。注疏：“主君，公也，則擯五人；侯、伯，則擯四人，子、男，則擯三人。”於是時，賓出次直闑西，北面；上介在其北，東面；公在大門内，南面；上擯在闑東閾外，西面；末介、末擯東面，相去三丈六尺。其賓主相去，公之使者七十步，侯、伯之使者五十步，子、男之使者三十步，此旅擯耳，不傳命。上擯入向公前，北面受命。出門，南面，遥揖賓使前。上擯漸南行，賓至末介北，東面；

上擯至末擯南，西面，東西相去亦三丈六尺。二人俱立定，乃揖而請所爲來之事。賓對訖，上擯入告公。公乃有命，納賓也。《秋官·司儀》“諸公之臣，相爲國客”“大夫交勞，旅擯三辭”“及將幣，旅擯三辭”。疏“旅擯”者，於主君大門外各陳擯、介，不傳辭。三辭者，賓告於上擯，辭其主君，以大客禮待己也。三辭訖，主君乃命上擯納賓。〇按，《聘禮》《司儀》所載，皆臣聘，用旅擯；君朝，乃用交擯。《鄉黨》説“揖所與立，左右手”，乃交擯。傳辭之事，考之《春秋》，孔子仕魯時，未見國君來朝，亦無卿來聘，意其爲大夫行問聘禮，主君亦以交擯待之。周末文勝，不盡如禮制也。《司儀》“及將幣，旅擯三辭”，三辭者，上擯以君命請事於賓，賓對以君命臣來之意，此一辭也；主人辭不敢當，而賓對，此二辭也；主人又固辭不敢當，而賓又對，此三辭也。三辭訖，乃許而納賓禮。一辭而許，曰禮辭；再辭，曰固辭；三辭，曰終辭。終辭者，终不受也。此賓固辭，并初請事，共得三辭。所謂三辭者，當如此。疏謂辭其以客禮當己，誤矣。《司儀》言“旅擯三辭”，聘禮不言三辭，文不具耳。如注疏説，一請即納賓，是并無禮辭也。《禮器》云：“七介以相見也，不然則已慤。三辭三讓而至，不然則已蹷。”此通朝聘言之，倘無三辭而遂納賓，則已蹷矣。故當依司儀，雖旅擯亦有三辭。若《鄉黨》“揖所與立”，則爲交擯三辭。邢疏云：“主人先傳求辭之言於上擯，上擯以至次擯，次擯以至末擯。末擯傳於末介，末介以次傳之於賓。賓答辭隨其來意，又從上介至於末介。末介、末擯以次傳之主人，而後迎賓至門。"[1] 按，傳次既竟，主人又有一辭、再辭，賓又有一請、再請，然後主人有許辭，當云："寡君固辭，不得命，敢不敬從？"然後納賓。通前後辭，主有四，賓有三。邢疏不言三辭，非也。

趨進

夫子門外傳辭之事既畢，試更觀廟中相禮之時。夫入廟相禮，非承擯之事也。蓋魯君以夫子之知禮，而使之攝上擯以行，夾谷之會，是其例也。當夫迎賓入廟，賓主之未升也，擯者自負東塾而立。賓主之既立也，擯者則退至中庭而俟。斯時，賓未授幣，擯者如不敢遽進也。迨賓已致命，公左旋北向，維是擯者進矣。由中庭而至左階之西，將以釋辭於賓，相拜於主人也。其或以擯君之聘享與？則進而致辭曰："子以君命在寡君，敢拜君命之辱在此時矣。"或以擯夫人之享與？則進而致辭曰："君以社稷故在寡小君，敢拜君命之辱在此時矣。"《禮》不言"趨"，然進則未有不趨者。蓋其進也，所以釋辭於賓也。賓已致命，則事既至而甚遽，而安得緩其步？亦所以相拜於君也。公已左旋，則時已迫而莫待，而安得不捷其足？此進之所以趨也。

翼如也

獨是足趨，而手未有不因之而移者，則雖足容之無失，而難言手容之必恭矣。夫子則張拱端好，足無移者。手亦張直於行者，復端於拱，則翼如也。〇上"襜如"是手動而身不動，此"翼如"是身動而手不動。不難其翼如，難其趨而翼如。

---

① 按，此語引自邢昺《論語注疏》，文字略有出入。

“張”謂開張，而手不倚乎身也。“拱”言高拱，而手不垂乎下也。以“翼如”形之，見聖人兩手端好，無偏倚之失、高下之誤，不但手之易散、臂之易掉也。

賓退

當夫子趨進而相禮，斯時也，賓方有事，主君以此立而待之，所謂束帛乘皮以享、束帛乘馬以覿者，在此時矣。質明行事，日幾中而後禮成。雖日暮人倦，猶不懈怠，以成禮節，蓋謹於始而必嚴於終也。及公事既行，私事亦畢，告無事而出就館，於是而賓退矣。斯時也，賓之行禮於主者，於此而無不盡，故於一退而可以觀賓之禮有所止也。主之行禮於賓者，亦已甚勞，故於一退而可以見主之禮有所終也。且擯之相儀也，於賓之未退而無不昭其慎，豈於賓之方退而遂畢其事？故於賓之退，又可以見擯之禮，不忽於末也。

必復命曰

賓退，君送之大門内，再拜。賓出，公命上擯送賓於門外。斯時也，君猶伫[①]立門内以待也，可不復命乎？夫禮固無復命之文矣，然則命之復也，亦在或然或不然之數乎？夫子攝上擯，代送賓，則必復命矣。蓋以禮而言之，君言在耳，而若委之而不復命也，推之敬君之心，而有所不敢；以情而言之，君立於門，而忽忘之而不復命也，推之敬君之心，而更有所不忍。故雖禮無其文，而自聖人行之，即爲禮矣。

賓不顧矣

公送賓於大門之内，再拜，而賓不顧。其不顧，何也？禮

① “伫”，底本誤作“宁”，今改。

有終也。其在鄉飲、鄉射之禮，主人送賓於門外，賓不答拜；公食大夫之禮，主君送賓於門内，賓不答拜，皆所謂賓不顧也。顧賓退，至常也。斯時也，君在大門之内，賓出大門之外，賓之不顧也，上擯之送賓者見之，而君固未之見也。故再拜之餘，不忘恭敬。賓無反顧之禮，君若有反顧之心。夫君已勞矣至此，而猶佇立以須焉，禮將何時終也？夫子必以賓之不顧告，敬君之至也，亦愛君之至也，而君可以反路寢矣。其敬形於禮畢之時者如此！

入公門章

此夫子在朝之容，始終一於敬也，以“出入”二字作關鍵。入則入門、過位、升堂三節，漸近於君而敬亦漸加。出則降階、没階、復位三節，漸遠於君，而敬亦不懈。按，此章亦可以“門”“位”“堂”作綱領。始而入門也，撤蓋下車，天威尚遥，而已不覺其躬之磬折，且戒夫立之當尊，戒夫行之不恪也。蓋敬乎君，即敬乎君之門也。繼而過位也，退適路寢，天顏已違，而敬之至不覺其色之變，常畏之至不覺其足之盤辟，謹之至不覺其言之謇呐也。蓋尊乎君，即尊乎君之位也。終而見君於堂也，其升而漸近於君，則攝齊拾級，鞠躬登階，屏氣致肅。其出而漸遠於君，則降等、怡顏、疾趨、張翼、復位、不安，皆以君之在此堂也。有夫子而君始尊，而君之門位與堂，亦無不尊矣。

入公門

諸侯三朝，亦三門。外朝在庫門之外，人臣趨朝，當先至其地焉。然而是朝也，非詢國危、國遷不立。且國之凡民，平時皆得往來於其間也。故吾黨記夫子之朝也，此可不書。書之，當自入公門始。夫天子五門，皆可統之以王。諸侯三門，皆可統之以公。由外朝而進，則先入庫門。魯之庫門，擬天子之皋門，所謂“皋門有伉”者，其規模不亦宏歟？由庫門而進，則次入雉門。魯之雉門，擬天子之應門，所謂“應門将将”者，其制度不亦偉歟？獨是公室日弱，則公門亦日卑，强臣擅權，且視公門爲私門，又何足論其入公門時乎？况夫公門之去公寢，其地則尚遥也；入公門之距視朝，其時猶有待也，然而夫子之入也，必有异乎人之入之者。魯之公門，於是乎始尊矣。

鞠躬如也，如不容

魯之臣日强，吾知入門時，大抵趾之高而容之仰也，孰肯少屈其身者？夫子則鞠躬如也。位非益高，豈步先人之循墻而門大，而躬益小者，依然是傴僂之風？時非奉使，豈同他日之執圭而門高，而躬益卑者，自形爲磬折之容？《禮》曰“入門而皇”，子之鞠躬，其爲皇也大矣；《禮》曰“入門主敬”，子之鞠躬，其爲敬也至矣。試爲擬之，有如不容者焉。夫魯之公門，异於他國矣。宫則九雉，臺則九雉，大扃幾個，路車幾個，我夫子雖有魁梧之軀，何不可容？而此之畏首而畏尾、局天而蹐地者，非不容也，而自如不容也。蓋心下則躬爲之卑，躬俯則門爲之小矣。

立不中門

門有棖、闑，棖之間有中。中門者，尊位也，是路車之所由，路馬之所步，人君出入之地也。蓋門有二扉，無事則左扉常闔，而右扉常闢。門以向堂爲正。右扉者，東一扉也。然士大夫與君得同出入於右扉，而不得與君同出入於右扉之中也。《禮》曰“入不中門”，雖他邦之臣且然，而况本國之臣歟？此固禮之不可易者。若夫未出入之先，既出入之後，於門之中，而偶有所立焉，豈非人之所易忽者哉？夫子則立不中門焉。其或立當中門之內歟？是聘使至朝，公立於此，以迎國客之地也，夫子何敢擬其位？其或立當中門之外歟？是諸侯來朝，公立於此，以迎大賓之地也，夫子何敢止其所？蓋君之所在，無不用其中，故公田處井地之中，公宮處國都之中，公路由道塗之中，豈必於門也而或异之？故孝子之事親也，立不中門焉，别父母而等嚴君之義，猶臣之事君也，立亦不中門焉，則尊君而如事親之誠。

行不履閾

棖、闑之下有閾焉。閾也者，内外之限也。《爾雅》："柣[1]謂之閾。"閾固非爲人之所履而設者。然而人情好佻步，平則爲常，升高則爲异，或有有心而履之者矣。有心而履之，固失之不重。人情多忽，或以先左足，或以先右足，更有無意而履之者矣。無意而履之，亦失之不謹。履之踐也，君子猶必嗔焉。席之踖也，學者且必謹之，况當辨色入朝，而跬步之頃，偶有不慎，豈非錯履之咎乎？我夫子固非禮弗履者也，當此闕門，趨蹌彌加謹焉，而何至失足於行？又與時偕行者也，當此大廷，對揚悉中禮焉，而何至偶違於履？凡此者，當入門之時，雖未近君，其身容、行容、立容已如是也，蓋敬已無不至矣。

過位

由庫門而入雉門，治朝在焉。門之内有屏，屏之内有寧，人君寧立之位在焉。當夫日出視朝，大夫特揖，士則旅揖，百

---

① 按，底本"柣"原誤作"秩"。"柣"，門檻。今從《爾雅注疏》改。

爾臣工，孰不凜凜天威之咫尺也哉？然當朝議既畢，君退，適路寢聽政，則其位虛矣。當是時，君苟不視燕朝，則第與諸大夫治事於官府而遂退。君苟猶視燕朝，則得與諸大夫侍御於君，所以獻謀議於我后，於是乎有過位之事矣。君之位重矣，君南面而莅之，臣北面而答之。今雖天嚴已違乎，然固吾君之所赫然而臨之者也。其去虎門凝立之時，曾幾何而漫然過之乎？吾觀人臣之敬君也，見君服御之物，如見君焉。故乘車路馬過之，猶必式焉，而況今之顯示以位也哉？○江慎修後二比云："《春秋》於襄之二十九年書曰：'公在楚。'明乎公之不在國也。不在國，必書君之所在，欲臣子之不忘君也，況乎君實在國，而過者儼然君之位乎？於昭之末年書曰：'公在乾侯。'明乎公之不在朝也。不在朝，猶書公之所在，則臣子之知有君也，況乎君實在朝，而過者依然君之位乎？"

色勃如也

魯之臣，習於驕倨，雖臨朝之時，驕矜且見於面，況虛位耶？而夫子之色則有异。心肅者色自栗惕，若咫尺之威；志敬者色自恪恍，如神明之對。蓋勃如也，色容何其莊耶！

足躩如也

魯之臣，衡而委蛇，至此或有高其趾者矣。□[1]夫子之足更有异，如有所臨於前，而不勝圈豚之步；如有所質於旁，而不勝盤桓之狀。蓋躩如也，足容何其重耶！

其言似不足者

當斯時也，非議政之地，又非趨避[2]之時，可無言也。或諸

---

① 底本此字漫漶不清，似作"而"。
② "避"，底本原作"辟"，今改。

大夫有問，亦有不能不言者。然在他人，或言之而鄰於肆、言之而近於縱者，比比然矣。子之言更有异，一吐一茹者，語若不能盡其聲；若囁若嚅者，貌又類乎跆於辭，蓋似不足者，言何吶也！夫子過位之容如此，則位虛而敬君之心不虛也。以視入門之時，而敬有加矣。

攝齊升堂

由治朝而入路門，是爲燕朝諸侯。三朝，惟燕朝有堂焉。魯，侯國也，其堂高七尺，階七級。當其時，君立於堂上阼階，南面。群臣立於中庭，卿則西面，北上。士則東面，北上。夫子，大夫也，立宜北面，東上。或君有命，臣有復言，於是乎升堂焉。其或從容謀議，則拾級以升；抑或急趨君命，則栗階以升。獨是升則升矣，而衣之下齊足，或履之不傾跌失容乎？子則必攝齊以升焉。夫圈豚之步齊，則見爲如流者，以其猶在堂下也。而方其升也，足欲起而衣則垂，苟無以攝之，將動成爲牽制之形。抑侍君之時齊之，見爲如履者，以其已在乎堂上也。而方其升也，級則高而衣則俯，苟無以攝之，將恐失於造次之頃。

鞠躬如也

夫子自入門以來，業已鞠躬矣，豈至升堂而或改此度哉？獨是足欲高而身欲卑。言鞠躬於升堂之時，其力爲已勞，手欲上而容易仰；言鞠躬於升堂之時，其勢爲甚難，而子則又見其鞠躬如也。人臣之侍君也紳必垂，紳垂而躬鞠矣。此猶未侍乎君之側也，而紳之不與齊而并攝者，已見其垂於階矣，鞠躬故也。人臣之近君也佩必委，佩委而躬鞠矣。此雖未及於君之前也，而佩之不隨衣而俱攝者，更見其委於級矣，鞠躬故也。

屏氣似不息者

人之充乎體者，氣也。氣帥於志，志縱則氣必暴，志斂則氣必靜。故觀於氣之容，而人之矜肆可見矣。獨是升高者則氣疏，勢將至於喘吁之有聲；俯下者則氣伏，甚且同於噎唾之無儀。而子則屏氣似不息者，然氣之發也，必有其聲，而肅恭之至，乃氣之一出一入者，若絶不聞其聲。氣之見也，亦有其形。乃敬謹之至，而氣之若滅、若没者，若絶不見其形。蓋氣有呼吸，亦猶乾坤之有翕闢也，而此之退藏於密者，固無以測其吸之爲翕，呼之爲闢。抑氣有往來，亦猶陰陽之有通復也，而此之靜斂如無者，更無以識其往之爲復，而來之爲通，蓋不第氣容之肅已也。夫子升堂之容如此，其視過位之時，而敬愈至矣。

出降一等

出猶退也，謂出乎堂也。當見君禮畢，君有命辭，臣已無不識於心；臣有復言，君已無不入於耳，固不得久立於君之堂，以妨臣之後復者，固理也，亦情也，於是乎可以退而出矣。出則前之斂步以升者，今且循級而降，獨是階則聚足連步以下者，必數武；階則七尺層累而至者，越七級，降固未能遽降也。試觀其出而降一等焉。前之升也，升一等則於人君漸近一等，而爲升之始；今之降也，降一等則於人君漸遠一等，而爲降之始。此一等也，與地之相違者固猶遠也。足方一聚，級方一陟，瞻仰天威，不啻身在左右也。而堂廉之地，無以相隔，然此一等也，與堂之相去者已漸遥也。降於東階，降於西階，咫尺天顔，固已面分向背也，而堂陛之界，於焉以分。

逞顔色，怡怡如也

前此侍君於堂，氣則斂矣，氣之斂者容自栗；氣則肅矣，氣之肅者容自嚴。至於漸遠於君矣，氣已舒，而顏色亦用之而逞矣。蓋天道至教，而陰陽之流行者，翕極而闢，屈極而伸，固自有顯藏之節。聖人至德，而容貌之呈露者，斂則必舒，凝則必解，亦自有張弛之宜。吾見其顏色之逞，則怡怡而和也，若春風之宜人，若旭日之和物，非復嚮者嚴凝之未舒；則怡怡而悦也，若向榮者之已發，其秀若含葩者之微吐，其妍非復嚮者凜栗之未釋。〇此二句連説“怡怡”，正形容其顏色之逞非放縱，而但和悦也。“怡怡”固是和，然却是敬中之和，當跟上節屏氣不息説。上節不言顏色，而顏色在其中。此句言顏色，而氣亦在其中。故注於解顏之上，補出“舒氣”二字也。

没階趨，翼如也

方其降一等也，猶未離乎階也。魯之堂高七尺，級亦七等，必聚足以升，亦必拾級以下，固無所容其趨也。無何而階已没矣，其去中庭北面之地，尚數武也，則當趨之時矣。有以不趨爲敬者，若執玉、執龜之類是也；有以趨爲敬者，若端行、弁行之類是也。今者人君在堂，則庭間不可以緩步，趨固所以敬君也。特是趨則趨矣，起屨剡剡，而足欲發者手亦移；亟行惕惕，而身之動者臂以掉。以觀夫子没階之趨，好以整，好以暇，其手足之無移也，若將翱而將翔，不少偏，不少倚；其張拱之端好也，更如革，而如飛，蓋翼如也。

復其位，踧踖如也

位堂下，北面之位也。諸侯之視朝也，卿立東方，西面；大夫立南方，北面；士立西方，東面，凡三朝之位皆然。夫子，大夫也，宜位北面。翼如以趨，趨於其位也。曩之始入朝也，與諸大夫同班，列於斯矣，而兹則仍復其位焉，以俟諸大夫之降階，而後出路門，以共議政於官府治事之所。夫君在之始，夫子固有踧踖之容矣，而今則猶如故也。夫當即位之初，朝儀方肅，莫不有恭敬之心。而當復位之時，班聯將退，或不禁有跛倚之容。且入門而後，力亦憊矣，幸有此位焉，可少憩也，而何必過爲謹凛？降階以來，足亦勞矣，幸有此位焉，聊以息也，而何必過爲惕厲？而夫子豈其然乎？君猶在堂而勸政也，下臣敢稍有慢易乎？卿猶在位而俟事也，小臣敢偶涉怠忽乎？復其位而踧踖，蓋夫子終始惟一也。是漸遠於君，而敬之未嘗或懈也又如此。〇復其位有二説，一云去朝之班位，前此朝士以鞭呼趨辟，此意未忘於心，故踧踖如，此説固非。何氏駁之，則以爲治朝之位。然君在路寢，大夫亦不得立於治朝。《曲禮》"君子下卿位"，此路寢堂下之位也，卿有位，大夫亦有位，《燕禮》可考，則以爲治朝之位者亦非。

鄉黨句解　卷二

執圭章

此記夫子聘於鄰國之禮。以聘爲主，享與覿皆聘中事。方聘則專以敬，將君命也；既聘則漸以和，達君意也。非敬無以盡聘問之禮，非和無以通聘問之情。要之，聘以敬爲主。享禮則敬，而將之以和；私覿則和，而一本於敬，正聖人動容中禮處。

執圭節

統就"將行聘於廟説鞠躬"句，據《儀禮》，就入廟門時言，他時不必盡鞠躬。此句是身容之肅也，"如揖""如授"，是手容之恭；"戰色"，是色容之莊；"蹜蹜"，是足容之重，皆是入門以後時如此。有庭、有階、有堂、有楹、有序，當設身處地，一一詳求之。〇此節執圭之身容、手容、足容，《禮經》皆有明文。《聘禮》曰："執圭，入門，鞠躬如也，如恐失之。"《曲禮》曰"執國君之器則平衡"，又曰"奉者當心"，又曰"執龜玉，舉前曳踵"。惟色容之戰，《禮》不載其文，或以色根於心，不可作而致之與？則此節自重戰色，況下有容色，正對此句。謂身容、手容、足容如初，惟發氣盈容，不若初之戰色也。似不可作四平看。

執圭

諸侯邦交之典，世則相朝，殷則相聘。聘必用圭，所以由信也。聘用瑑圭，下其封圭一等。魯，侯國也。瑑圭六寸，繅藉再就，雖視桓躬之瑞而有降焉，要之，制自玉人，藏之典瑞，其爲國之所寶，固與命圭等。惟然，正可以觀夫子之執矣。當未入境也，則有壹肄之禮，然而朝服畫階，猶是習其儀，而未嘗有所執也。迨既入境也，則有三展之儀，然而坐拭即退，祇以告其在，亦不敢有所執也。至如入廟將幣，擯者請事，賈人啓櫝而授，使者垂繅而受，入門當霤之後，東楹授玉之先，識者將於是乎觀禮焉。以觀邦家，以睦鄰封，在此時矣，而敢漫言執哉？出聘之初，大君朝服而臨，使者垂繅以述命，不嘗有所執乎？然前也受寡君之命，兹也行列侯之庭，則其事爲更重。既聘之後，大夫還玉於館，使者碑内授上介，不亦有所執乎？然後也於館而受命，此也於廟而修好，則其儀爲愈多，吾黨於是乎觀夫子。玉人瑑圭璋八寸、璧琮八寸，以頫聘；侯伯六寸，子男四寸。

鞠躬如也，如不勝

不觀夫子之身容乎？立必如山，君子之恒也，而非所論於睦鄰修好之日；身必罄折，臣子之常也，而況爲入廟將幣之時。《禮》曰："執圭入門，鞠躬如也。"夫子固亦有然者。賓之入門也，容宜皇，惟其鞠躬，乃以見其謙尊而光之度，其爲皇也大矣；賓之入門也，容主敬，惟兹鞠躬，乃以昭恪恭小心之儀，其爲敬也至矣。試爲擬之，則如不勝焉。夫聘之禮，至大禮也，惟强有力者能勝之。我夫子知禮而更有勇，豈不勝而裕餘哉？然而力從乎心者也。心之下者，雖力之所能勝者，而亦覺其不足，力帥乎志者也。志之謹者，雖力之所可承者，而亦不見其有餘。夫子之身，容何肅也！

上如揖，下如授

《禮》曰："執國君之器則平衡。"稍上焉，則爲上衡矣，是驕也，驕則伉。稍下焉，則爲綏之矣，是卑也，卑則替。以觀夫子於入門，以至升堂，身有俯仰，即手不能無低昂。然其上也，固不至如伉；其下也，亦不至如墜，蓋身自有其準也。何以準之？即準之於揖授焉。可當賓之始入大門，則每曲而有揖矣；繼入廟門，則中庭而有揖矣。而夫子之上也如之，則上不在上矣。賓之未入也，則上介屈繅以授賓矣。賓之既升也，則東楹執玉以授君矣。而夫子之下也如之，則下不在下也。且夫揖與授亦不同矣，"天揖同姓，時揖异姓"，夫子之上，固不如天揖者之舉手而高，適如時揖者之推手而平；"授立不跪，授坐不立"，夫子之下，固不如授坐者之磬折其躬，僅如授立者之不下於帶。若是者，揖與授，若有區别之分；上與下，祇判微茫之界，夫何至或失乎平衡之度也哉？

勃如戰色

不觀夫子之色容乎？臨事而懼者莫如戰。戰而懼於心，則必形於色，夫子之色則如之。修好鄰封，非戰之時也，第以主命式臨，而其色之不寒而栗者，雖俎豆之際，而如當折衝。將幣廟中，非戰之地也，特以重器在握，而其色之不嚴而威者，當冠裳之會，而如臨兵戎。端冕非介胄，而其謹凜之意覺，却萊兵無此懼，墮三都有是戒，色容何其莊也！

足蹜蹜，如有循

不觀夫子之足容乎？堂上接武，堂下布武。而他時之布武者，今且徐行而圈豚；他時之接武者，今尤彌蹙而趦趄。《禮》曰："執龜玉，舉前曳踵，蹜蹜如也。"夫子有然。雖授玉東楹，君一臣二，亦有志趨之時。抑君還后退，下階舉足，更志"又趨"之文，然非時也。自門至階，自階至堂，固無不見其足之蹜也。取而擬之，其如有所循焉。凡物有所繫，則莫之或移。若夫足以履乎地，而非以繫乎地也，而玆之圈豚而不舉者，亦若繫之而莫能離。凡事有所制則不能或前，若夫足以踐乎地，而豈其制乎地也？而今之曳踵而不前者，亦若制之而無以進，足容何其重也！夫子執圭行聘之時，其色容之敬如此！

享禮

聘禮既行，於是賓奉束帛加璧，請享。夫小聘曰問，使大夫有獻而不享。夫子以大夫而奉使，异於卿行，何享之有？雖然，禮以時异，時尚多儀。以玉帛爲禮，聘與問之皆有享也。列國行之，魯亦安得不然哉？故夫子執圭之後，猶有享禮焉。賓之出聘也，夕幣受書，行於授圭之先。加璧受享，即繼於受圭之後。以至入境而展幣，入廟而陳幣，再三慎重，凡以重比享也。且夫享與聘，有同焉者，亦有异焉者。圭爲國之寶，璧亦主之器，故升堂致命，猶是以公事行；入門而左，依然以□禮見，此其同者也。圭以申其信，璧則通其□①，故束帛有加，非復時達之文；皮馬入設，更有□②財之義，此其异者也。故手之所執者，猶是主器也。而玉則有藉，以視聘之無藉者，固有

① 底本此字漫漶不清，從下文"享以通情，禮貴於和"來看，當作"情"。
② 底本此字漫漶不清，似作"通"。

尚質、尚文之殊。身之所衣者，猶是皮□[①]也。而衣則用裼，以視聘之衣，則相襲者又有充美、見美之别。

有容色

享也者，以君之情，達於鄰國之君也。蓋圭以申信，事尚於嚴；享以通情，禮貴於和。《禮》曰："及享，則發氣盈容。"[②] 以觀夫子，其身容、手容、足容，猶不异執圭之度也，而色則不若臨戎矣，蓋有容色焉。夕幣受書，吾君之命使也，吾知其有温循之語矣，乃以一於嚴者將之，何以通其情好？公裼降立，主君之接賓也，吾知其有和煦之顔矣，苟以過於畏者行之，何以將其柔嘉？夫子斯時，雖入門主敬，升堂主慎，三揖三讓者，猶如初乎，而情稍動而神稍恬，氣少舒而顔少解，則敬也，而將之以和矣。至如璋聘者，亦以琮享，其容色悉準諸此。

私覿

享禮既畢，於是賓奉束錦、總乘馬以請覿焉。夫人臣無外交之禮，所以有不敢私覿之文。然此爲大夫之從君於朝覲者言之，非爲大夫之出使而聘者言之也。故享禮之後，又有私覿焉。始也入門而右，奠幣而再拜，則以臣禮見；繼也入門而左，授幣於東楹，則以客禮見。斯時也，不執玉而執幣，禮則漸殺；不束帛而束錦，贄則彌文。蓋享以達君之情於鄰國之君，覿更以達己之情於鄰國之君也。

愉愉如也

《禮》曰："私覿，愉愉焉。"夫子此時，其身容、手容、

① 底本此字漫漶不清，似作"弁"。

② 按，語出《儀禮·聘禮》，而與原文略有出入，《儀禮·聘禮》作"及享，發氣焉，盈容"。

足容，皆不若執圭之儀也，而色則又异滿容矣。夫階下而奠幣，展幣而進授，其儀則益多。然儀之多者，更必有温和之色以將之，抑降階而拜送，歷階而升拜，其禮則愈嚴。然禮之嚴者，固必有柔嘉之色以行之。夫子則一讓三讓者如故，而顔之逞者，不覺其益怡也。至於有私獻者，亦有私面，其愉愉大率類此。和敬兩至，各當其可，非大聖人，其孰能之？

紺緅章

此記夫子衣服之制。一定不易者，制也；化裁變通者，亦制也。首二節辨采色，皆所以大居正也。“當暑”四節順時令，夏則葛用之於公，爲絺，爲綌。其上衣，祭服、朝服也，表而出之，公服始尊用之，於私曰絺，曰綌。其上服，深衣、長衣也，表而出之，私服亦謹。冬則裘用之於公，緇衣宜羔，素衣宜麑，黄衣宜狐。公服之色，取其稱用之於私。褻裘則長，右袂則短，狐貉則厚，私服之制惟其便。“去喪”二節，以“佩”與“裳”對。佩則備所當備，裳則殺所當殺。“羔裘”二節，以“吊”與“朝”對。吊則哀所當哀，朝則敬所當敬，是則服有公、有私、有吉、有凶，而君子固無在而不致其慎也。○此章以上，記夫子之容貌。容貌無一定之象，故以“如”字、“似”字形容之，“不”字僅二見焉。此以後，記其衣服飲食，則有一定之則，故但以“必”字、“不”字直言之，而“如”字僅一見焉。

君子不以紺緅飾

飾，飾冠與裳之邊，不止領緑。君子無事不合於宜，即衣服之間，有定制焉。如衣必有飾，或純或緑，或裼或紕，皆飾也。飾必有以，曰采、曰纉、曰青、曰素，皆飾之所以也。若夫紺，赤多而黑少，南方也，而已雜乎北；緅，赤少而黑多，北方也，而不離乎南。凡服之飾，不當以者也。然則君子之飾，當何以乎？《禮》有之："具父母、大父母，衣純以纉。具父母，衣純以青。孤子，衣純以素。"夫子不逮事王父母，固無望於以纉矣。至於少年失怙、中年失恃，則青之飾又不以。孤子當室，冠衣不純采。纉與青，皆采也，夫惟純素，衣以志終身之戚耳。彼紺緅胡爲者？或曰："紺，齋服也，然齋則元端緇衣，不聞以紺。緅，練服也，然祥則練衣縓緑，不聞以緅。"然則君子之不以，豈以其近於齋喪之服哉？

紅紫不以爲褻服

閒色之不正者，不第紺緅已也。又有紅紫、紅色、赤白，火尅金，南方之間色也；紫色、赤黑，水尅火，北方之間色也。八卦之位，離爲南方，而得赤之義；兑屬西方，而得白之道。紅則何如乎？位乎離，而白以間之；位乎兑，而赤以雜之，是陰陽之戰也。五行之序，火曰炎上而其色尚朱，水曰潤下而其色尚黑。紫則何取乎？行屬於火，而黑以韜之；行屬於水，而朱以參之，是水火之互争也。君子於此，豈惟朝祭之服必嚴其辨哉？雖褻服，亦所不以矣。褻服有服之於内者，則中衣是也；有服之於外者，則長衣是也。揜則繼尺，純則用素。有定制，即有定色，夫豈以閨閣艷冶之飾，以爲丈夫章身之需哉？○注"間色不正"，是正。疏"且近於婦人女子之服"，又一層意。蓋既爲間色，便非所宜服。但不言他間色，而獨言紅紫者，則更以婦人女子之服也。○褻服，私居服，若長衣、中衣、裏衣是也。裏衣即袙衣，又名澤。《詩》"與子同澤"，以其親膚近澤垢也。褻服有四等，禪爲絅，帛爲褶，用之春夏；纊爲繭，緼爲袍，用之秋冬。

當暑，袗絺綌

袗，單也，謂衣無裏也。服因乎時，當暑之時，服以輕淺爲宜。《周官》有"掌葛"之文，《禹貢》列"卉服"之名。爲絺、爲綌，非當暑之所用哉？衣以章身，有時取其密，亦有時取其疏。絺綌者，取其疏也。則纊也而爲繭，緼也而爲袍，固非其制矣。衣以蔽體，有時尚其温，亦有時尚其凉。絺綌者，尚其凉也，則因禪而爲絅，以帛而爲褶，亦非所宜矣。故暑之宜絺綌，絺綌之宜袗，大抵皆然。夫子豈其與人异哉！

必表而出之

當暑固宜袗絺綌矣。然其爲體也疏，結體也薄，既不等紈綺之純，又不同縞紵之密。得毋掩映漏泄，而有見體之虞乎？而子則必表而出之。凡衣必有工服，或爲長衣，或爲深衣，固儒者燕居之恒也，豈當暑之時而不然乎？則卉服之外，未嘗無上服也。抑服必有裏衣，或爲中衣，或爲袒衣，亦斯人蔽體之常也，豈當暑之時而或异乎？則夏葛之内，又未始無裏衣也。其或綌以表絺乎？是從乎"衣錦尚絅"之例也。其或絺以表綌乎？是不忘乎"以帛裏布"之義也。時雖煩也，而衣必爲之因而重，則絺綌之袗，何至於見體？氣方炎也，而服必爲之比自内，則絺綌之袗，何至於見膚？〇袗絺綌，人所同。子之异人，在表而出之。人亦有或表而出之者，子之异人，更在一"必"字上。〇"袗絺綌"二句，孔注："'袗'，單也。'表而出之'，加上衣也。必加上衣，然後出之，爲其形褻故也。"按，此則以"表"爲在絺綌外，"出"之爲出門。《集注》改舊説，今宜從

《集注》。然絺綌内雖有裏衣，絺外仍當有上衣。

緇衣羔裘

夏則葛，冬則裘。《禮》曰："表裘不入公門。"則必有衣以裼之。而裼取其稱，所以表其義之一也，如禮服之裘，羔裘其一也。羔裘者，施於朝服與元端者也。朝服之布十五升，其衣則元，其裳則素。元端即朝服之衣，唯易其裳韠焉耳。此諸侯視朝，君與臣之通服也，亦列國大夫自祭之服也。《詩》曰："羔裘如濡。"蓋言大夫也。何以裼之？則緇衣之宜矣。我夫子位居司寇，當辨色。始入則朝服矣，苟非緇衣也，則服之不衷，何以答沐浴之誠？抑祭以少牢，當奉薦而進，則朝服矣，苟非緇衣也，則色之不純，又何以繼幽陰之思？或曰："此緇衣也，用之於朝，取北面之儀；用之於祭，取格幽之文，而不知。"非也！朝服之色，緇則所以裼此羔裘者，安得别有所取哉？《禮》曰："羔裘豹飾，緇衣以裼之。"夫子亦猶行古之道也。

素衣麑裘

禮服之裘，又有麑裘。麑裘，施於皮弁服者也。皮弁服之布，亦十五升，素績素裳。列國諸侯服之以視朝，列國大夫服之以出聘。至於孟冬大蜡，合聚萬物而索享，則又服之以祭先嗇與司嗇。若此者，皆以麑裘，而果何以裼之哉？《禮》曰："麑裘、青豻褎，絞衣以裼之。"非其正也。吾夫子告朔從君，執圭行聘，爲賓與蜡，皆服麑裘，要非别有所以裼之也，夫亦曰"尚之以素乎爾"。

黄衣狐裘

又有狐裘。夫狐裘不一，錦衣以裼之者，則狐白也，此君、公之服，君子不敢僭也。元綃衣以裼之者，則狐青也，此冕服所用，君子不必備也。若夫大蜡之後，臘祭先祖，五祀於廟，因以息民，其事君與臣，皆得與焉，則所謂狐裘黄。黄，惟其宜也，將何以裼之哉？元冥司冬，準以北方幽陰之義，則服以元端，而裼此裘者，可用夫緇衣。歲功告成，律以息老送終之文，則服宜皮弁，而裼此裘者，不嫌乎素衣。而君子則裼以黄衣焉，取於狐之稱也。臘之祭，所以報歲功也，當時序之既晚，草木則黄落矣。裼裘以黄，所以順天時，所以息老夫也。當舉國之若狂，野夫則黄冠矣。裼裘以黄，亦所以協民情。《禮》曰："黄衣黄冠而祭。"夫子詎有异焉？若此者，皆欲其色之稱也。公服之裘如此。

褻裘長

私居之服，則有褻裘。公服之裘，負純必至於及踝，固無所謂長也。若夫褻裘者，家居燕閒，初無升降拜跪之容，則雖衣之被土，亦無妨於起履。庭宇幽静，絶少奔走趨蹌之節，則雖齊之如履，又何至於窘步？裘欲其温也，取諸長焉可？裘有定制，而褻裘無定制，當此觱發栗烈之秋，惟期朔風之不至襲體，則雖長幾被土所不嫌也。裘有定用，而褻裘則無定用，當此固陰沍寒之日，惟使寒氣之弗及侵膚，則雖長過及踝所不恤也。天之於時也，舒慘各有其候，值冬日之烈，陰勝則有餘，陽微則不足。聖人以長者救之，可以補天運之窮。人之於身也，尺寸無所不愛，值歲時之晚，上體覺有餘凉，下體詎有餘温，聖人以裘之長者救之，可以調人事之平。○褻裘長，則禮服之裘宜短，以其行禮時，有升降上下之儀，長則不便於行禮也。若家居，不必有此，故褻裘惟取其温而長焉。

短右袂

公服之裘，反詘可以及肘，固無所謂短也，豈褻裘之□[①]而不然乎？況裘則取乎長矣，手足無异情，豈於袂而异之？且左無取乎短矣，彼此無偏愛，豈於右袂而殊焉？袂以應規，取諸圓也；袂以回肘，取諸廣也。夫子初不异人也，而右袂則短也，何居？蓋手之爲體也，左恒静而右恒動，家庭閒居，詎無佶据之勞，則手動而袂因之，故於右而短，使静者處其贏，動者處其縮，斯無在，有牽制之形。手之效力也，左則逸而右則勞，几席從容，自有取携之宜，則手勞而袂隨之，故於右而短，使逸者取諸益，勞者取諸損，斯所在，皆從容之應。褻裘之制，長短各協其宜如此。〇下“狐貉”即褻裘。《玉藻》云“犬羊之裘不裼”，注謂“庶人無文飾”，然則犬羊是庶人之裘，非君子所宜服也，惟宜狐貉而已。禮服之狐裘欲其文，以輕暖爲貴，其毛當與褻服之狐裘别。褻裘之外，當服深衣，别無裼衣，蓋燕居無裼裘之義也。

狐貉之厚以居

褻裘者，聖人之用以居者也，而以何者爲之乎？裘必取其裼之稱也，而褻裘則無所謂裼，取以禦寒焉已矣。裘必取其色之純也，而褻裘不必辨其色，資以適體焉已矣。不有狐貉乎？不有狐貉之厚乎？考《爾雅》之文，貉亦狐之醜，而其性不同，要之，其氄毛之美、養之成豐者，皆足以却寒風之栗烈，制以爲裘，倍於狹纊矣。覽《豳風》之句，狐與貉同取，而爲用各异。要之，供被服之借，資以適體者，遠勝乎袍繭之坐擁，用

① 底本此字漫漶不清，似作“袂”。

以爲裘，自有餘温矣。君子服之以居家，而函丈講習，固無憂凄凉之襲體；服之以居旅，而客館蕭條，亦無慮沍寒之侵膚。褻裘之制，惟取其適如此。

去喪，無所不佩

服必有佩也。佩者，衷之旗也。其爲德佩歟？則上有葱衡，下有璜琚，徵角宫羽之應，皆足養人心之和平，而匪僻無自而入。其爲事佩歟，左則紛帨，右則玦捍，文武金木之備，皆足便日用之因應，而緩急咸有所備。惟夫居喪之時，去文就簡，非所宜佩。苟其不然，自家居以至朝廷，凡玉以象德器、以備用者，君子無所不佩焉。佩服之用，所當備如此。

非帷裳，必殺之

服必有裳也。裳者，下之飾也。其在朝祭之服，裳與衣殊。前以奇用三，後以耦用四。幅取其正，因此方而彼直；襞多其積，自上斂而下張。故無論冕服之纁裳、黼裳、蟻裳、彤裳，冠弁服之素裳、元裳、黄裳、雜裳，采色各异，而其制之也，皆如帷焉，帷則無所用其殺矣。然不有非帷之裳乎？則深衣及長衣、中衣者是已。是非裳與衣之不殊者乎？假令於此而不殺焉，將使腰縫無以半下，齊縫無以倍腰，衣服也，而等於囊橐，既非法度之宜；將使腰有襞積之痕，旁無斜裁之縫，續衽者，而等於屬衽，又何以判公私之分？君子則不然，圓袂以應規、曲夾以應方者猶是也。而裳幅之應月者初不□[①]，□□□□[②]之月，負繩以應直、下齊以應平者依然也。而□□之□□者，□[③]

① 底本此字漫漶不清，似作“裳”。

② 底本前四字漫漶不清，似作“取乎方正”。

③ 底本此字漫漶不清，似作“雖”。

不□[①]乎□[②]離之形，若此者，豈以省費云爾哉？凡以□□之法服，其制固如此也，裳服之省所當省如此。○帷裳不殺。□□[③]帷裳不殺，則無以别於公矣。必殺者，所以别公私，則此節意在深衣一邊。蓋當時深衣或有變古不用殺，而用帷裳之襞積者，故夫子必殺之。非"帷裳"句，雖當□[④]起帷裳，而語氣亦歸重"非"字，與他處全在虚位者不同。

羔裘元冠，不以吊

若夫吊以□[⑤]死，必變而素服，所以稱其情也。若羔裘元冠，朝祭用之，服之，吉者也，君子則不以吊焉。服制之謹於吊者又如此。

吉月

《魯論》一書，記聖人之言動備矣，而皆不書其事，蓋非紀月編年之例也。乃一□者，嘗書吉月矣。歲必有其初，月亦必有其始，以□[⑥]象之先明則爲朔，以人事之履新則爲吉。其爲歲首之吉月，則始□[⑦]於以布令，象魏於以懸書，所謂月正元日者是也。天子則布治於邦國，諸侯則受法於王朝，在此時矣。其爲每月之吉月，則州長讀法於四時之辰，黨正讀法於每朔之辰，所謂某月初吉者是也。天子聽朔於明堂，諸侯告朔於太廟，在此時乎？夫子《春秋》一書，每月朔必書矣，然彼則筆之於書，

---

① 底本此字漫漶不清，似作"嫌"。
② 底本此字漫漶不清，似作"華"。
③ 底本此二字漫漶不清，似作"若非"。
④ 底本此字漫漶不清，似作"拾"。
⑤ 底本此字漫漶不清，似作"哀"。
⑥ 底本此字漫漶不清，似作"天"。
⑦ 底本此字漫漶不清，似作"和"。

此則實當其時也。魯自文、宣而降，告朔之禮不行矣。然人之事有□[①]，而天之運未改也，夫子果何以處之哉？

必朝服而朝

吉月，則君有告朔之禮。告朔既行，斯朝禮以舉。《禮》曰："朝服而朝。卒朔，然後服之。"固其常也。我夫子爲司寇之時，辨色入朝，升堂過位，吾一一詳之矣。迨至自衛反魯，竟以致仕告老，日朝者不與矣，即不與月朔之朝焉，亦何不可？然而國有老臣，雖當致仕之日，國有大政，猶將與聞焉，況夫子之事君盡禮者乎？故雖問政有對，備舉方策而不能田[②]；陳恒請討，遍告三子而不見聽，即月必有朝，亦無救於魯。而揆之夫子惓惓忠告之念，則惟以望見天顔爲甚幸，必朝服而朝，烏容已哉！服制之謹於朝者又如此。〇此句自重"朝"字，蓋致仕之時，人多不朝者有之，未有朝而不以朝服者也。〇若是者，因色以辨邪正，而亦不失寒暑之宜；因制以嚴公私，而亦不違常變之用。一衣制而正大之情，忠孝之意，天時人事之别，皆於其中見之矣。

齋必章

此記夫子謹齋之事，前段就衣服上説，所謂致潔以盡敬；後段就食息上説，所謂變常以盡敬也。有明衣，有寢衣，則清潔之志，不以晝夜而有殊矣。曰變食，曰遷坐，則誠敬之志，不以食息而有間矣。君子之致敬，無所不用其至也。蓋齋之爲言齋也，聖人非必有不齋，侍此衣服、飲食、居處之際，以養此敬也，而

① 底本此字漫漶不清，當作"變"。
② 按，"田"字語意不可解，當作"用"。

聖人之心，固自必有以致其齋耳。四“必”字，宜着眼。

齊

禮莫大朝、祭二者。《鄉黨》一篇，過位、升堂，言夫子之朝者詳矣，而未詳夫子承祭之事也。祭必有齋，觀於夫子之齋，可以知夫子之祭矣。致齋則三日，散齋則七日。夫子之齋，必有與人异者，故於服制之後，特記夫子之齋。

必有明衣

齋必沐浴，既已身致其潔矣，使仍服燕私之衣則已褻，是以必有明衣焉。明衣者，新衣也。夫大夫以上，齋與祭异服；大夫以下，齋與祭同服。元端、緇衣，夫子之祭服，亦即齋服也。《禮》曰：“齋之以元也，以陰幽思也。”服不有定制乎？然而上服尊嚴，非可使之蔽體。明衣者，所以明其體也，亦猶夏葛之必有裏衣，冬裘之必有裼衣焉耳。蓋志之精明者，衣必欲取其潔；心之寅恭者，衣亦必用其新也。

布

明衣以何者爲之乎？蓋纂組非不華也，用之於齋，則不惟其華而惟其朴；錦繡非不文也，用之於齋，則不取其文而取其質，則以布焉耳。其或祭於公歟？則爵升絲衣也，而此布也，不妨與之异；其或祭於己歟？則朝服緇衣也，而此布也，不妨與之同。明衣以潔其體，夫子謹齋於晝之時，有如此矣。

必有寢衣

晝有明衣，而寢之時將何如乎？向晦入息，亦斯人之常，而齋之時，則必欲致其慎。衾裯蔽體，亦偃息之恒，而齋之時，又嫌其近於褻。夫子則必有寢衣焉。寢則無衣，而以寢之故制爲衣，可以見聖人化裁之微權；衣非就寢，而以衣之用通於寢，又以見聖人謹凛之至意。然則夫子之慎於晝，而更慎於夜者，不又可見哉？

長一身有半

寢衣之制何如乎？曲夹應方、袂圓應規者猶是也，而不用之，以曳婁則負繩，不至於及踝；纊則爲繭、緼則爲袍者猶是也，而服之，於偃息則下齋，何嫌於被土？蓋“長一身有半”，云衣有定者也，以身爲度，不惟其損，而惟其益，則又處於無定；衣無定者也，以身爲程，不主乎减，而主乎盛，則又處於有定。寢衣以潔其體，夫子謹齋於夜，又至矣。

齋必變食

此“齋”字袛作“食”字，與“居”字對，不必提起。衣必致潔，而與衣爲類者，不有食乎？食有常品，酒以養老，葷以和味，豈非膳羞之常？然而齋則非其宜也。蓋葱薤之味，足以散人之神明；麴蘖之性，足以昏人之志氣，子必變食焉，潔其氣，正以潔其心也。而口腹之故，不以累其清明之志氣矣。

居必遷坐

類於食者，不有居乎？他時以當户爲燕閒，以函丈對賓客，豈非日用之恒乎？然而齋則非其宜也。散齋七日，則於外也，初未嘗栖遲於寢興之地，以家人之出入旁午，擾其萃涣之神；致齋三日，則於内也，亦未嘗委蛇於函丈之間，以舄履之交錯紛紜，役其靜謐之志。蓋易其身正，以易其心也，夫子之謹於食息者又如此。人心易於玩忽，故飲食起居，亦必變而异之。所以提撕此心，使無時不致其清明也，聖人之心亦是如此。然袛是自然動處，而“必”字正須善會。蓋聖人一欲對天地，交神明，則誠敬之心，自然而動，所以變遷之不容已也。

鄉黨句解　卷三

食不章

此記飲食之節，見聖人頤以養正之道也，在不多食上斷。上是飲食之節，下是因飲食而類及之。首節不辭美，善其養也。次節嚴絶惡，遠其害也。三節解苟且，謹其微也。四節平多寡，防其貪也。雖人之當飲、當食者，亦有酌量。五節謹外來，慎所忽也。六節謹常食，用物備也。七節總結，統言飲食之節。以上總見養生之周、衛生之嚴。八節推其類，又以通於神明。己之食有節，神之食亦不敢褻也。九節推其類，又以關於語默。食入於口者必謹，言發於口者亦必謹也。十節推其類，更以及於細微。食不忘本，雖疏菜之食，而亦必慎也。○口腹有人欲，自聖人出之，則纖細皆是天理之正焉已矣。

食不厭精

食者，食之主也。五穀生於天，而所以治之者，則恃乎人之功。故《周官》有舂藳之職，《大易》明杵臼之利，食固以精爲貴矣。蓋五穀禀陰陽之粹，其糠粃周於外，揚其浮而堅者存，而後菁華獨留。六米皆草木之英，其粹美藴於内，惡者剥而美者呈，而後品質益純。其食而必欲其精者，是謂欲而貪；

食而反惡其精者，則又節而苦矣。夫子則不厭精，云有時期於精，而精者不至歟？雖疏食脫粟之供，豈不足下咽乎？夫子固未嘗曰粗糲不飽，必求盡美。有時不與精期，而精者適臨歟？彼九稗八鑿之味，不更足資養乎？夫子又未嘗曰粢食不鑿，吾欲昭儉，蓋食而未得其精耶？雖元山之禾、不周之粟、陽山之穄、南海之秬，斯世嘉種之産，而亦不足養營衛之和，是人所皆不欲者也。聖人固未嘗與人有异，德食而已。得其精耶？即春日之芒，夏日之角，秋日之遂，冬日之棱，生人日用之需，而皆是以養神明之壽，是人之所皆欲者也，聖人又未嘗與人有畸好。

膾不厭細

有食，則必有佐乎食者，則膾其一也。凡庖厨之供，大者爲軒，小者則爲膾，固不同豚解、節解，無煩刀匕之屢試。抑肉腥之和，長者爲菹，微者則爲膾，又不等炮豚、炮牂，祇用火齋之必周。膾固以細爲貴也，或爲麕辟，或爲兔脾，其名不一，而聶切、而復報切者，要皆條分而縷析；春則用葱，秋則用芥，其和各殊，而大切、而更小切者，又貴分肌而劈理。蓋膾必有葱薤以和之，惟細而後葱薤之氣爲易入；必實諸醢醷以柔之，惟細而後醢醷之味亦易劑。夫子何如者？其或宰夫善調芒刀之嬰，善於排解刀匕之巧，悉中却窾，則膾也而已細矣，夫子固願爲食胾而辨，而未嘗以不欲細者，拂飲食之經。抑或庖人失職，割諸牲牢，而報切未遑；炮彼鰋鯉，而大□[①]以獻，則膾也而非細矣，夫子亦不聞投箸而起，而未始以必欲細者，

① 底本此字漫漶不清，似作“臠”。

成嗜好之僻。其養生之節有如此。○聖人固不爲口腹之故，以窮其欲，然食與膾之精細，則能養人。飲食之道，原以衛生，豈有不取其養人而取其害人之理？“不厭”云者，無之，不必求；有之，亦不必矯也。人皆欲之，聖人未嘗必欲之；人皆欲之，聖人未嘗不欲之，見不任情、不矯情之意，聖人正不遠於人。彼世人厭精、厭細，總與厭粗念頭均之無别。貪夫之嗜味，畸人之矯俗，皆反乎中庸者也。

食饐而餲

食固以精爲貴矣，然而加之蒸浮，又自有道焉，而奈何有出於饐者，或傷於熱歟？則物亦漸糜，所謂“摶者謂之糷”是也；或傷於濕歟？則飯中有腥，所謂“米者謂之糪”是也。蓋火就燥，其或庖人燀薪，不能調火之齊，而使過焉，則穀之氣，不能勝夫火之烈，雖爲薌萁、薌合之品，亦見其氣之如焚也。水流濕，其或饔人執爂，不能適水之宜，而使過焉，則穀之氣不能勝夫水之濡，雖有釋叟、蒸浮之用，猶見其粒有餘漬也。若是者，水火之偏勝，燥濕之分争，則傷者在氣矣，而奈何又有出於餲者？“稼穡作甘”，而餲則易作甘者而作酸；“黍稷惟馨”，而餲則變惟馨者而惟餞。其或歷乎時之久，而將以復進郁漬之餘，因有此餲矣；抑或惜乎粒之餘，而吝爲太甚，蓋口之密，因致此餲矣。餲有見於先時者，倉有積粟，而不憚取其陳，則紅腐之氣，聞之而已爲蹙頞；餲有見於後時者，庖有積饋，而或偶遲於進，則穢惡之味，啖之而適足腐腸。若是者，則傷在味矣。就二者而分觀之，既以爲饐，更以爲餲，先時之與後時，其失則維均也；二者而合言之，以其爲饐，遂以致餲，變形之與變味，其失則相因也。即爲食之精也，夫豈足貴乎？○

饐是先時，傷於濕，則飯猶濡；傷於熱，則飯已焦。餲是後時，或置之非所，或稽之過久所致。“而”字兼分合二義，“不食”字在下比句，不可預侵。

魚餒

“膾不厭細”，膾之中，不有魚乎？魚曰“作之，取其新也”，魚曰“挺祭，惟其鮮也”，奈何有變其常者？或鮑肆陳饋，原非新登諸網罟；或度閣久貯，又不急溉諸釜鬵，則魚也，而已餒矣。進魚者右腴，而兹則穢已内積，幾莫辨腴之所在；治魚者去乙，而此則腸已中潰，更何有乙之可去？生之爲鮮，乾之爲薨，而腹疾已甚，雖有鹹鹺，不能變已糜之質，而使之堅，則鮮與薨，均無所宜。刳之無膴，切之爲膾，而内潰已久，雖有醯薤，無以調已楛之味，而益其芬，則膴與膾，皆不可施。我夫子天暑市遠，曾來仁人之饋，因鯉命名，亦榮魯君之賜，夫亦猶是餒者否耶？

而肉敗

膾之中，不又有肉乎？天子日食少牢，諸侯日食特牲。夫子雖從大夫之後，固不得日給於鮮，然而膳羞之用，必求新殺之佳，其囗畜耶？執之於牢，無不用其新，其田獲耶？取之於野，無不貴其鮮，而奈何肉有變其常者？或取自膳夫已經稽留之久，或治之庖人更歷信宿之時，則肉也而已敗矣。大享有尚腥之文，夫惟其肉之腥也，所以可貴也。六十有宿膳之典，然聞其肉之宿也，不聞其或朽也。春以韭，秋以蓼，脂以葱，膏以薤，肉各有所和也，至於敗，則和之而無可和；燒爲炮，炙爲燔，腶爲脩，析爲脯，肉各有所用也，至於敗，則用之而無所用。

不食

饐、餲、餒、敗，皆夫子所不食者也。

色惡，不食；臭惡，不食。

又有未至於餒、敗，亦足以害人者，則當於色與臭辨之矣。物各有正色，乃猶是色而已，非其色，則色惡矣。物各有正臭，乃猶是臭而已，非其臭，則臭惡矣。色、臭之惡，有本於天者。陰陽有愆伏，而物畜遂以受其灾，故生有瘯□[①]。黑脊、赤股，而疵癘外呈；膻臊狸螻，而腥穢遠播，色與臭固不可掩也。有致於人者，器覆久湮郁，而庖人或以遲於薦。故時經信宿，煎熬燔炙，已失其形；膮膷豕膮，已非其味，色與臭又均可辨也。若是者，不可以目治矣，而詎可適於口？不堪以鼻向矣，而豈堪果吾腹歟？故夫子皆不食也。〇此二句即指魚肉之物言。言不但餒、敗，但色、臭變亦不食也。或兼承饐餲説，亦可有考，見後。

失飪，不食

又有無關於色、臭而不可不慎者，則□□[②]一也。賓禮之致饔也，腥鼎與飪鼎并陳。飪也□[③]，所以别於腥也，則所謂齊以水火，調以煎和，無論□□[④]炮、□[⑤]燔，曰蒸、曰饎，固自有其節矣。過之者，物不勝□[⑥]之烈，而味則作苦，□[⑦]則已焦，

---

① 底本此字漫漶不清，似作“蠡”。“瘯蠡”，疥癬之类的皮肤病。
② 底本此二字漫漶不清，從上下文來看，當作“飪其”。
③ 底本此字漫漶不清，似作“者”。
④ 底本此二字漫漶不清，似作“其爲”。
⑤ 底本此字漫漶不清，似作“爲”。
⑥ 底本此字漫漶不清，似作“火”。
⑦ 底本此字漫漶不清，似作“臭”。

但不適於口，而其損人也猶淺；不及之者，火未攻物之堅，則熱而尚□[①]，飯而猶粒，既不利於咽，而其傷於生也則多，夫子不食也。○按，飪，熟也。注中生熟之節，自重不熟一邊。

不時，不食

失飪，致慎於人事，又必致慎於天時。蓋物各有其時，過之者，固其時已至；不及者，亦其時未至。五穀皆稟陰陽之粹，要必歷寒暑、雨露之滋長，而後由苗而秀，由秀而實，精氣乃充然而各足。百果亦受氣化之精，要必資溉灌、培植之既久，而後因穉而壯，因壯而老，體質乃凝然而日堅，故食之足以養人也。彼夫人情過急，必未至其時而有之，乃足以適口；人情好异，必先乎其時而有之，乃足以見奇，而夫子則不食焉。若此者，皆以遠害也。

割不正，不食

物之傷生者，固不食；即未必傷生者，亦豈苟食乎？即如一割焉，固以正爲貴也。割有升之於俎者，當夫享禮之行，體解節析，固宜辨其宜割；有實之於豆者，當夫燕禮之行，庶羞加羞，固必辨其體。若夫日用之常，家人親中饋、操宰制者，安必厚薄之中其度？朝夕之需，庖人掌膳羞、供刀匕者，安能大小之中其程？是割之不正，其常也，亦其偶也，而夫子則不食之矣。蓋聖人從心自有矩，故一食之頃，而不違其則；聖人制事各有方，故一物之供，而亦惡其偏也。

不得其醬，不食

食必有醬。醬乃食之佐，醬亦爲食之本。用之以配乎食，

---

① 底本此字漫漶不清，似作“爛”。

或取其相制，亦或取其相濟，固各有其醬也。醬有調諸鼎以烹飪者，如濡鷄醢醬、濡魚卵醬、濡鱉醢醬是也；有擩諸豆以佐食者，如腶脩蚳醢、脯羹兔醢、麋膚魚醢是也。若夫物之腥而臭者，醬宜用醢，所以柔之也。有時而不備焉，則醢之醬不得矣。物之淡而薄者，醬宜用醢，所以益之也。有時而或缺焉，則醢之醬不得矣。此即食之，夫豈有害於人，而夫子不食也？雖有嘉殽，姑爲置之，可以見聖人節欲之惟嚴；一餐偶缺，聊以全之，又以見聖人教家之必謹，其不苟食又如此。

肉雖多

食必有肉。夫子從大夫之後，亦有食肉之禄。受公養之隆，豈無肉食之頒？故肉其多矣，亦時有者。雖然，食有其主，亦有其佐，肉固爲之佐者也，而何取有肉之如坻？食有所先，亦有所後，肉固爲之後者也，而何貴有肉之如陵？

不使勝食氣

肉雖多，爲之主者，非食氣乎？謂夫子惟其粒食，而不必御乎嘉殽，夫子固不若是矯。謂聖人辨殽之先，早已取乎飯飧，聖人又豈若是貪？蓋稼穡作甘，食之足以益神明之壽。故百昌之中，其品獨貴，殽雖嘉也，貴賤不可以相陵也。黍稷惟馨，食之足以資頤養之用。故百卉之中，其質最純，膏雖潤也，純駁不可以相并也。不使勝食氣焉，夫子所以劑物理之平，而即所以周養生之用也。

唯酒無量

不使勝食氣，是即聖人食肉之量也。稱此而求夫子，亦何在不然乎？而亦有不先立之程，預爲之涯者，則惟酒乎？夫賓主款洽之會，飲少輒醉者，量之限於天也；几筵献酢之際，覆觴爲戒者，量之制於人也。限於天者，以天而勝人；制於人者，亦以人而勝天。學者防患宜嚴，安可不爲之量哉？且夫先王之慮酒禍者周矣，酒正之成要，即以成要爲之量也；酒人之式法，即以式法爲之量也。以至燕飲有禮，而旅酬則立司正，賓出則命奏陔，亦孰非爲之量哉？而夫子則何如者？如有主道乎，而爲之量焉？得毋諷賓以爵止乎？而夫子不然也，盡乎主之道，卜其晝，亦可卜其夜。如有賓道乎，而爲之量焉？又嫌於諷主之酒惡也。而夫子不爾也，盡乎賓之道，飲一斗，亦可飲一石。所謂“無意必固我者”，此可見矣。

不及亂

酒之不可無量者，凡以慮其亂耳，而夫子固未嘗偶有及此者。恭出於安，何至□失其儀？矩從乎心，詎至少昏於□？立監、立史，所以顯戒其亂也，如夫子而監文之設，可以不□；用□①、用□，所以隱防其亂也，如夫子而禁□之戒，可爲徒設矣。其飲之有節如此。

沽酒

酒不及亂，得毋有不必問其所從來乎？設也家無夙醪，而取諸□□，則酒也而爲沽矣。酒必有其等，《内則》所以辨清糟之諸品，有一之未當，則已略也，而出於沽者，固難爲之辨其等。酒必有其材，大酋所以兼秫稻之六物，有一之不良，則不備也，而出於沽者，豈能盡以具其材？

市脯

肉不勝食氣，肉又必審其所從來。夫肉之中，不有脯乎？

① 底本此字漫漶不清，似作“禁”。

脯與脩同，設而治之則爲脩，乾之則爲脯，固有生熟之异。脯與腊同，實而全者爲之腊，析者爲之脯，又有巨細之殊。猶是脯也，不有出於市者乎？士庶不特殺，則當庖厨，偶缺於供，而謀諸屠門，亦所甚便也。然而一臠無多，人正得乘其便而欺之。惟君給於鮮，則當貳膳，偶有不備，而載匕列肆，夫亦其常也。然而緩急時有，人正得以其常而搀之。是故脯而原其所始，其等各异矣。或爲上殺，或爲中殺，或爲下殺，而貪夫求售，則不難爲之易其等。脯而辨其所用，其物不同矣。或則以鹿，或則以麋，或則以麕，而鮑肆掩惡，則不難爲之變其物。

不食

二者均爲夫子所不食也。文有云："酒脯出於沽市，人將有疑心焉。"夫子以至誠待人，而使物進於前，意其爲然，又意其或未必然，則是因口腹之微，而時蓄疑以相待也。何如置之不食，而人與我兩無所猜乎？人將有幸心焉。夫子以至慎養身，而使物列於側，見爲有損，又冀其萬一無損，則是舉軀命所關，而姑儌幸以輕試也，何如毅然不食，而物與身一無所妨乎？

不撤薑食

夫子養生之嚴也，大抵不食之數，多於所食。乃亦有不第食之，而且常食之者，則薑食是也。夫薑，葷之類也。膳於君者用葷矣，夜止卧者進葷矣。他如草木之滋，薑與蓼而同味；調和之法，薑與桂而并用。故《内則》之三十有一物，而以薑終之也。然則薑，人之所共用者也，豈第夫子爲然哉？然人第用之於暫時，而未必用之於時時也。惟我夫子，則見其不撤焉。蓋其味則辛者也，辛者至剛之味，可以除幽滯，而邪穢因之而去。其性則温者也，温者純陽之氣，可以養榮衛，而神明由此以開。是故人之有所癖好也，大抵以其味之美耳。若夫薑之味，非可以爲美也，而不撤焉，不可爲之癖好。人之有所偏嗜也，大抵以其物之异耳。若夫薑之物，非可以爲异也，而不撤焉，不可爲之偏嗜。夫子之養生何其周也！○薑味辛，微温，久服去臭氣，通神明。辛得天地之義，故足以去穢惡；温得天地之仁，故足以通明。

不多食

夫子於所不食者，固防之惟嚴，即於所當食者，亦豈有多求之心哉？蓋食期適可，多則無厭，是失儀也；多則已甚，是失養也。夫子之食，即精而細、正而備者，亦適可而止，無貪心也。當食者不去，可食者不厭，而未嘗多也。惟理是從，所欲不存也。其食之有節如此。○此節食之有節，總結上文。章中多就不食之類而言，其當食者未之及。蓋當食而食，原無可説。但人或多食，故祇以“不多食”一句了云。

祭於公

夫子於飲食之節，謹之詳矣，而又有可類志者，不觀其祭於公乎？其爲外祭歟則郊，爲大享以騂犧，《詩》咏之矣。外此而魯史所紀，書望者三，書雩者六十有一。凡在臣工，孰不有事於燔燎升香之時，而效乎駿奔？其爲内祭歟則禘，爲重牲用白牡，《傳》稱之矣。外此而《春秋》所記，言蒸嘗者三，言大事者一。曾孫主鬯，莫不執事於迎牲贊幣之際，而相乎肆祀。祭以神道，事之則有薦腥之禮。當夫鸞刀用割，夫子亦當從太宰之後，而贊夫牲事，所謂“納牲詔於庭，血毛詔於室”者，在此時矣。祭以人道，事之則有薦熟之禮。當夫饔人陳鼎，夫子亦從大夫之列，而佐夫胥牢，所謂“執匕而升鼎，載體而登俎”者，在此時矣。毛六牲而各有所頒，夫子位司寇，則宜奉犬牲；尸飲五而各有所獻，夫子位大夫，則亦受瑶爵，此祭於公之禮也。○《圖考》云：“此句甚懸空。下文占不得，亦離不得，須於牲俎事運典，又須在有意無意之間方得。”

不宿肉

祭於公者，自徹其俎，而君又必歸之以俎，其得肉也，宜也！夫嘉禮之别有六，而脤膰爲大。宰孔賜胙，齊侯謹受之；石尚歸脤，《春秋》謹書之。肉之祭於公者，顧不重哉？牲牢之味，先公已歆饗之，則猶是祭肉也，固不同致福、致膳之常。鸞刀之割，孝孫實躬親焉，則肉之頒於公也，豈猶是賜腥、賜食之文？夫子則拜賜之餘，既正席而先嘗，即均惠而頒賜者，有稍遲焉而不可者，蓋天子諸侯之繹祭，皆於祭之明日行之。祭畢而歸胙焉，是肉之頒於臣下者，已在經宿之後矣。倘謂再越宿而無妨，是慢也，豈夫子而出此哉？骨體有貴賤，前者貴而後者賤，而凛以神明之義，則不宿者，不以貴賤而有殊；牲體有多寡，貴者多而卑者少，而質以尊君之忱，則不宿者，不以多寡而有分。爲人祭曰致福，拜彼嘉貺，而家人婦子，用作分甘之計，此亦情之無可緩者，蓋神惠之宜重也，况出於朝廷之賜乎？倘遲爾匪頒，得毋慢君之惠歟？受君賜者再拜，將其鼎饋，而尊卑老幼，皆榮錫類之恩，此尤誼之在所急者。蓋君命之維尊也，况臨以妥侑之遺乎？苟勿即爲賚予，將無作神之羞歟？即一宿之留，不至於腐敗，而夫子之心，固有不安也。

祭肉不出三日

夫子之祭於家也，夫不亦有肉乎？鼎則五鼎，而殺皆特殺。凡夫豚解之七體，體解之十有一體。當三獻告虔，固以爲奉尸之用，而改饌西北，固未嘗用之以頒賜。牲則少牢，而左體不升，故夫羊肩則七個，豚肩則五個。當祝告禮成，即以爲致膳之借，而有司執事，共得嘗先人之苾芬。是祭肉之必以頒賜也，固與祭於公者同也。然而有可即日行之者，有不可即日行之者。祭有徹俎之文，堂上之俎，佐食徹之，而設於東序矣；堂下之俎，有司徹之，而歸於賓出矣。事即行於登餕之後，禮即見於族燕之先，此肉之可於即日而頒之者也。祭有歸俎之典，獻衆賓則胥俎設於西階，而凡爲有司、陪隸者，均宜波及也；獻内賓則胥俎設於房中，而賚於宗女、宗婦者，或又未偏也。力已竭於質明之行事，禮又煩於當日之儐尸，此肉之不可於即日而輒頒之者也。維時至於次日，而親者、近者無不及之矣；更至於次日，而疏者、遠者亦無不及之矣，則不出三日焉耳。期以三日，雖視不宿者而稍遲乎？而僅逾晝夜，不過停留於三日之内，而膴胖固依然其猶新也。戒以不出三日，雖視不宿者而少緩乎？而方經信宿，必無淹滯於三日之外，而色臭猶依然其未變也。夫子之重祭肉也又如此。

出三日，不食之矣

祭肉之不出三日者，何哉？蓋夫子之意，以爲稍有稽留，而至於出三日，則肉必敗。致之於己，而難以爲辭；受之於人，而不以爲重。將使膴胖之餘體，而爲人所吐弃；燔炙之餘味，而爲人所穢惡，不可食之矣，是褻鬼神先祖之餘也。興念及此，故有緩之須臾而不忍者，此所以不出三日也。其頒賜有當可之施又如此。

食不語

豈惟祭祀至於存心？亦可驗其飲食之節焉。如時而食也，則不與人語也。食有語之時，如啐酒而必告旨、客飧而或致辭是也。食亦有不可語之時，如含哺而必慎其儀、咤食而必戒其羞是也。方其食也，口有事矣。有事者，不遑他事，對人喋喋胡爲者？方其食也，心有存矣。有存者，更無二心，隨人云云何爲者？蓋語自有語之時，而食非語之時也。

寢不言

時當寢也，亦不與人言也。天道有二候，夜則萬物消藏，而時主乎靜。君子有四時，寢則神栖於寤，而時主乎默。蓋言自有言之時，而寢則非言之時也。況言則氣主於發，寢則氣主於斂；言則氣主乎動，寢則氣主乎靜。寢而言也，更非養生之宜乎？○注中范説主理，楊説主氣。范爲優，楊亦不可廢。

雖疏食、菜羹，瓜祭

豈惟存心爲然？至不忘本，亦可驗其飲食之節焉。蓋古人飲食不忘所自，故當食之時有祭焉，以報先嗇、先炊之人。凡祭之名，太祝辨之矣。然禮食之會，盛饌之設，人固慎之。至於疏食、菜羹，人或忽而忘之矣，夫子則必祭焉。蓋以疏食雖薄，而一念何以得此粒食；菜羹雖薄，而一念何以傳此火食。其本有自來乎？而何以忽之，何以忘之？

必齋如也

祭則宜敬。入廟而承祭，未有不敬者。至食時之祭則無主，亦無尸，人不且慢而忽之乎？夫子之祭，則必如見其所祭者，齋如也。是亦與齋戒致宿之心同出一源，而用之有各當者也。蓋夫子至誠無息，而豈有息於舉箸之時？至敬無慢，而豈或懈於終食之際？所謂終食不違者，此也。是則聖人飲食之節，無不中禮如此。順物理之宜協、性命之正，不惟養身，亦以養德。

何莫非道之所在哉？〇必祭，明夫子無不祭之食也；必齋如，明夫子無不敬之祭也。人輕忽疏菜則不祭，祭亦不齋如。常人因物之輕重，以爲敬之輕重，聖人則不因物之大小，以爲敬之大小而已矣。

席不正章

此見聖人心安於正，即一坐亦不苟也。聖人之心，如方者之有矩，員者之有規，自是一定至正之準則。天下之物，有不正者投之，自然不處，豈以大小而异視哉？

席不正，不坐

坐必有席，席固以正爲宜者也。其爲飲食之席而專設，其爲講説之席而對設。當其主人有布席之儀，客有撫席之辭，固未有席之不正者。若夫日用之常，南嚮、北嚮，偶違西上之宜；東嚮、西嚮，偶乖南上之儀，人亦可忽而安之矣。獨是奉席、拚席，猶有其文也；踖席、躐席，且有其戒也。豈席之一有不正，而顧坐而安之也哉？夫子矩生於心者也，故物之不正者投之，而自不安於心；義方於外者也，故事之不正者當之，而自不安於身。其在燕處之會，弟子布席，偶違其方，夫子必命正席焉；旅處之日，主人設席，偶有偏向，夫子必自正席焉。聖人心安於正，雖小而不苟如此！

鄉人章

此記夫子居鄉之事。上條敬老，下條尊神。敬老，則人知高年之宜重；尊神，則人知古禮之當遵，皆以敬行之。俱在“鄉人”字上，見人輕之、我重之之意。

鄉人飲酒

“恂恂”“似不能言”，嘗記孔子之居鄉矣，而又有不盡於是者，試更觀其鄉人飲酒。夫鄉之飲，有於庠者，則以賓賢能也；有於序者，則以正齒位也。在鄉，大夫則三年而一舉，州長則春秋而再舉，□正則一歲而一舉。我魯秉禮之國，其猶行斯禮歟？夫子所以觀於鄉，而嘆王道之易易也。然而非是四者，鄉之人亦未始無飲。其或歲時伏臘，而有此飲歟？則里黨聚處，事等金錢以爲醵，初不至拜。至拜、洗，有其文，五豆、六豆有其等也，概之一飲酒而已矣。其或吉日嘉會，而有是飲歟？則觥籌交錯，可歌兔首以言歡，又不必爲主。爲饌，有其儀，謀賓、謀介，重其禮也，統之一鄉人飲酒而已矣。例之以賓賢能之飲，其禮則已略擬之；以正齒位之飲，其事則已褻矣。

杖者出

當斯時也，群賢畢集，而衆人之所异而矚之者，不有杖者乎？肆筵設席之時，群然奉爲上賓者，此杖者也；舉爵稱觥之餘，群然酌以上尊者，此杖者也。夫杖者而何以遽出哉？以情而言，人當遲暮之年，恒樂與人爲伍。今者歲時之暇，幸與童冠數輩接膝言歡，雖已不勝杯酌，亦願少爲留戀也，則欲出而不能遽出者，情也。以勢而言，人當衰老之日，業已吾力已衰。今者獻酬之會，雖欲少盡款洽，不醉無歸，早以頻爲欠伸，無能稍俟須臾也，則不欲出而不能不出者，又勢也。

斯出矣

杖者出矣，夫子何如乎？夫鄉飲酒之禮，朝不廢朝，夕不廢夕，以故工告樂備，遂出。主人之出也，有定時矣。賓出，奏《陔》以送賓之出也。有常儀矣，若夫兹之飲酒也。夫誰爲出之節哉？然而夫子之出，則不啻爲之節也。何以節之？即以杖者之出爲其節。夫少年之情，每易脱略，一遇杖者，遂覺其志之不適，而出在杖者之先者有矣。而子不敢也，覺半生周流，幸得與一二老成，暫事杯酌，則稱觴介壽，以燕樂之，正其時矣。其出也，安得於杖者而或先歟？抑朋儕之輩，每多狎侮，一遇杖者，遂至其情之不暢，而出在杖者之後者有矣。而子不忍也，念□[①]年就衰，不能俟執燭夜飲，携手同歸，則危持顛杖以引翼之，賴有人矣。其出也，安得於杖者而或後歟？斯出矣，其居鄉而敬高年也如此！

鄉人儺

先王慮愆陽伏□[②]，其□[③]厲之氣，中於人而爲灾也，於是掌以方伯，率以□隸，□攘而祓除之，而儺以行焉。仲秋之儺，以達秋氣，惟天子得以行之。季春之儺，以畢春氣，侯國亦行之。至於季冬，命有司大儺，則下及庶人皆行之。鄉人之儺，其在斯時歟？此一儺也，在鄉人亦第歲舉爲常，而莫識此禮之何爲而設；此一儺也，在鄉人不過聚族爲樂，而共謂斯事之僅以相戲。然試思之，事莫重於古法，儺實與迎猫祭虎，同爲吹豳熄蜡之遺意，故觀於此，而猶見古法之留焉；事莫尊於王制，儺實與堂贈招弭，同爲神道設教之大端，故觀於此，而又見王制之遵焉。

朝服而立於阼階

儺雖近於戲，而夫子則致其敬以臨之矣，蓋欲救陰陽之沴，

---

① 底本此字漫漶不清，似作“暮”。

② 底本此字漫漶不清，似作“陰”。

③ 底本此字漫漶不清，從下文“盖欲救陰陽之沴”來看，當作“沴”。

必至誠以將之，而氣化乃自導於和；欲大燮理之用，必嚴恪以臨之，而祲氣無以乘其隙，子於是服朝服焉。朝服者，大夫朝之服，亦祭之服也。服之者，蓋以君臨之以親臨之義也。尊鄉人，即以尊神也，且於是立阼階焉。阼階者，主人自由之階，亦答賓之階也。立之者，蓋以主道自盡，以賓道處神之義也。重鄉人，即以重禮也。蓋夫子以敬臨之，而鄉人始知尊王制、重古禮，而不敢以儺爲戲矣。其尊神以尊古禮也如此。

問人章

此記夫子與人交之誠。上節重拜送，下節重拜受。

問人於他邦

夫子歷聘時，嘗與列國之卿大夫交。齊有平仲，吴有季札，周有老聃、萇宏，衛有伯玉、鱃由。迨至還轅息轍，兩地相隔，而其人已爲他邦之人矣。斯時也，爲吾之於友計，好古者何，敏求者何，欲爲曲道其素心，不能不借一簡之殷勤；爲友之於吾計，寡過者何，進德者何，欲爲盡悉其素履，更不能不借一介之往復。問人於他邦，烏容已哉？雲山間隔，與其人之相去者，地亦遠矣。然而天涯各别，幣書可以通之，則合兩地爲一地，而不啻眉宇之可接者，賴此問矣。風雨久違，與其人之相别者，時或遥矣。然而見聞莫接，介紹可以達之，則述往時於今時，而不難謦欬之相聞者，亦在此問矣。

再拜而送之

問人於他邦，此固未見吾友也，獨有使者在耳，將何以致其敬哉？然而夫子斯時，一若使未行而神已注，一若音未通而意已孚，則再拜而送之矣。聞之《禮》："君言至，使者歸，則拜送於門外；使人於君所，則必朝服而命之，南面再拜送。”此臣子之於君則然，而不可以例之朋友。且朋友之相拜者亦有之，大夫、士相見，主人敬客則先拜客，客敬主人則先拜主人，而不可以例之使者。而夫子之必送使、必再拜而送使者，則何以故？蓋以我之往見乎友也，當東階左還，賓必再拜以答之矣。今者幣書遥達，而契闊之情，即不啻己之身履其庭，恍乎笑語之可通，則對使一如對友也，而能無下拜？以友之來見乎我也，當門西出迎，主必再拜以迓之矣。今者介紹遠出，而神明之通，即不啻友之惠然肯來，儼乎几席之相達，則見使一如見友也，而敢不重拜？由是使者已至，則升堂致命，友必再拜而承其命之辱。今之拜而送也，似先我友而致其入門之拜。使者將反，則授書還答，友必再拜而送使於門。兹之拜而送也，如代吾友而致其敬使之拜。夫子之問人也，何其誠歟！豈以在遠而廢敬乎？

康子饋藥

有問則必有饋，不書者，義不在乎饋也。然而當時固有饋於夫子者矣。《魯論》不嘗記康子饋藥乎？夫子之歸魯也，康子實召之。康子於夫子，其有繾綣之情乎？特惜問政患盗，雖良言無以去其疾；田賦諮訪，即善醫何以受其益？兹之饋也，或猶虚文之羈縻已耳，而亦不必然也。假刀圭之品，以爲調劑之方，亦冀損其疾而遄其喜也。殷殷之意，以視公養之饋，致於衛侯；蒸豚之饋，來於陽貨，固有獨厚者矣。特是藥之施，因乎疾者也。陰陽寒暑之各殊，康子其果能審於疾者乎？兹則不聞其以疾問也，而藥何以饋？藥之味，調於醫者也。君臣佐使之异宜，康子其果能調於醫者乎？今乃不聞其以醫來也，而藥何以饋？然則康子以藥饋也，其心非不厚也，而其事則非禮矣。

拜而受之

夫子將何以處此饋乎?《禮》:"大夫有賜,士拜受。"敵者不在,拜於其室。人以饋來,未有不拜受者矣。特是事有常變,禮有异同,不可概以相繩也。人之以藥饋也,非其事與禮之變而异者歟?夫子果何以處此饋乎?將謂藥必慎施,則疾爲宜謹,何妨對使者而敬以謝之?將謂病已小愈,則藥爲無用,何難對使者而固以辭之?然而不可也,何也?以朋友之交而故逆之,是爲不情;以長者之賜而必却之,是爲無禮,夫子豈其然哉?惟是銘感之意誠於中,斯禮恭之貌形於外。聖人無不愛之人,而因人之愛己,則更以致其愛。其拜也,禮將而意彌殷矣。聖人無不敬之人,而因人之敬己,則愈以盡其敬。其拜也,貌恭而心益摯矣。夫子之與人交,雖詞令未伸,一拜受而已達,其誠也又如此矣。

曰:"丘未達,不敢嘗。"

拜受矣,盡其禮矣,又必有拜受之辭焉。《禮》:"凡受人饋者,不虛其饋。"故車馬則乘以拜,衣服則服以拜,飲食則必嘗以拜。而藥物則有异,惟其必達也,而後可以嘗之也。假令未達焉,而輕以疾試,則或以妨乎己之生;假令未達焉,而輕以弃擲,則又以虛乎人之賜,其將何以對乎使哉?意惟是以心却之,而以他辭飾之,對使者曰:"某受賜,將退而嘗之,以卒大夫之貺。"既不失在己謹疾之意,亦不排乎大夫饋藥之情,庶幾兩全無害者乎?君子曰:"隱情避嫌。"是一言一動,無非虛僞之念,將交道而有□[①]心矣。子則直告之,曰"丘未達,不敢嘗",蓋無往非誠意之流通也已。

---

① 底本此字漫漶不清,似作"市"。

鄉黨句解　卷四

廄焚章

此見聖人之愛物有等，仁心所施，自然有等，全在倉卒未及計較時看。

廄焚

君子之營宫室也，廄與庫，并在宗廟之後。天子之廄則十二閑，邦國則六閑。夫子，大夫也，廄則宜四閑。掌之校人，副以皂隸、輿圖，所謂“義不徒行”者，恃有此矣。一日者，而忽以廄焚聞。夫桓宫、僖宫之焚也，在哀之三年；雉門、兩觀之焚也，在定之三年。他如司鐸之火、亳社之灾，《春秋》皆特書之，所以謹非常也。若兹之廄焚也，非其變之小者乎？而書之，何故？蓋焚在廄，則可虞者第在廄，而赫赫炎炎之勢，不至一炬而焦土。書焚者之惟廄，幸之也。然廄而焚，則可虞者人，不第在廄，而嘻嘻出出之象，方且虐熑之方揚。書廄之已爲焚，又危之也。吾黨於此倉皇之際，正可以觀夫子矣。

子退朝

當斯時，子猶在朝也，雖已有赫赫炎炎、烈焰蔽天之象，見於朝間者耶？朝禮未終，不敢退。或亦有紛紛藉藉、喧傳道路之言，聞於朝外者耶？公事未畢，不敢退。已而子退朝矣，雖已聞其事，而始聞之，則知之未審也；雖已見其事，而方見之，則知之未詳也。

曰："傷人乎？"

夫廄豈人處之地哉？廄而焚，即有傷焉，亦未必其在人也。他人當此，所急欲一詢者，亦或不必在人也。即因此通彼，亦不過兼及乎人也，而子則獨以傷人致詢矣。斯人吾與者，聖人之情，第當境有專屬，或亦有旁及，亦人之恒情也。而子之念，切於愛人者，覺人之傷最可慮也，而不禁迫欲相宣矣。中國一人者，聖人之量，第當禍非專及，則心將稍緩，亦斯人之同心也。而子之志，專於愛人者，覺人之傷甚可虞也，而不禁矢口先之矣。其或幸而人之無傷歟？則事可喜，而當其矢口方殷，衹此驚顧難安之情。其或不幸而人之不免於傷歟？則情可悲，而當夫入門陳辭，早有徬徨若失之意。

不問馬

廄焚，而子有傷人之問，豈必以人之適在廄哉？在廄者，非馬乎？廄焚而傷人，事之偶；廄焚而傷馬，勢之常。他人當此，有不問馬者乎？有問人而不繼即問馬者乎？夫問馬而不及人，是第知有馬，而不知有人也；問人而即繼及於馬，是知有人，而不能不問於馬也。以是而觀我夫子，則大有异者。其當時過追思之餘，或亦念及於馬，而悲其當日之几罹於危，爲之惋惜而悼嘆，而當其事，固不以此而分其念也。抑當時移境遷之會，或亦思及於馬，而幸其前此之已免於禍，爲之瞻顧而色喜，而當其時，又未始以此而歧其情也。蓋當子之問也，或告之曰某某者傷矣，則咨嗟痛悼之不暇，而何暇問馬？抑子之問也，或告之曰人之無差也，則欣喜慶幸之不遑，而何遑問馬？要之，非聖人第愛人而不愛馬也，惻隱之發，於人獨切，於物稍緩，仁也，義也，皆理也，而夫子固無容心也。○夫子當日，但說“傷人乎”一句，何嘗曰“我不問馬”。記者看出夫子貴人賤畜之意，故以此句足之，蓋仁民愛物，自有等殺。人見厩焚，便從厩上着意，故惟恐馬之傷；聖人却從“焚”字上動心，故惟恐人之傷耳。注補云：“非不愛馬，然惟恐傷人之意多，故不暇問。”真見得聖心之等殺。

君賜章

此見聖人事君之禮，雖細節亦無不謹也，當以“禮”字作骨。章中所記，《禮》有不盡載者，然自聖人行出便是禮，所謂“亡於《禮》者”之“禮”也，其動也中。首節受君賜之禮，次節侍君食之禮，三節承君視之禮，四節奉君召之禮。聖人朝常大禮，已見《入公門章》。此祇就君前飲食起居，無往不敬，不以常變而有殊，益見聖人中禮之妙，正記者善觀聖人處。

君賜食

食，熟食也，凡食之熟者，皆是也。君之於臣，有常賜，有特賜。常賜有定，特賜則無定者也。一日者，君賜食矣，其充庖之餘乎？其烹飪之新乎？是皆未可知。要之，則君之惠也。年至七十，亦有貳膳之文，然臣之羹，不如君之羹。位在大夫，亦有三閣之藏，然家之膳，不如君之膳。其爲果食歟？芝栭菱椇，大夫燕食所不能備也，有以賜之，而棗蒸栗擇，一味亦必分甘。其爲火食歟？□麋鮮羽，大夫□膳所不能□也，有以賜之，而鱉醢□①羹，一鼎亦可共饗。殺胾本無多，而命自天家，則不得視之爲常品。鼎肉亦無幾，而饋自臺官，則不宜等之於褻味。

必正席，先嘗之

夫君之以食賜也，亦曰不腆之味，願與大夫共嘗之耳。維是夫子拜受之，後雖餕餘不祭，□嘗□獻諸寢廟，而君羹親嘗，然後分甘於家人。其嘗之乎？其先嘗之乎？君之賜，如是爲不虛矣。獨是食必有席，□②雖無不正乎？而寡食之常，殺左羹右，猶是陳饋之恒儀；膾外醬内，不過婦子之勸餐，不必有布席、徹席之文，即不必有正席之儀矣。使第如寡食之常，以食君之食也，無乃□③於慢乎？子則必正席、必先嘗之焉。席不正不坐者，夫子也，况食君之餘乎？故必正之焉。是其敷几筵也，而恍對黼扆；處家□④也，而儼共朝廷。君雖不之見也，而不啻天威之咫尺也已。其尊君之賜如此。○先嘗之，是不敢虛其賜；正席先嘗，是不敢慢其賜，尤重不敢慢。一邊、不薦，與頒賜俱輕，祇重如對君上。受君賜之禮，《玉藻》："君賜車馬，乘以拜賜；衣服，服以拜賜。"又曰："君賜，擄掌致諸地。"又曰："酒肉之賜，弗再拜。"按，此節所言，皆酒肉之賜，可無再拜。當受賜之時，亦必稽首再拜，擄掌致諸地，此受賜之常儀也。人之受君賜者，不過如此而已矣。而夫子則拜受之，後更無不曲盡其敬如此，所謂"亡於禮者"之"禮"也，可以補《禮

① 底本此字漫漶不清，似作"竈"。
② 底本此字漫漶不清，似作"席"。
③ 底本此字漫漶不清，似作"鄰"。
④ 底本此字漫漶不清，似作"庭"

經》之缺，而爲受君賜之則矣。

君賜腥

君又嘗賜之腥矣，其全體歟？其膴胖歟？其已體解節析歟？物有定味，而腥則無定味。蓋惟甘可以受和，而醯醢鹽梅，惟其所施而各得。味有定用，而腥則無定用。蓋鼎烹未巽以火，而煎熬燔炙，惟其所成而咸宜。人君日舉有特殺，日食、朔月、月半，有常供矣。今之所賜者，其取諸此乎？則是鸞刀初啓，味未調於烹人，物已給於臣家，所謂及其新而用之者也。國君無事則歲三田，上殺、中殺、下殺，有常制矣。今之所賜者，其取諸此乎？則是一臠方割，寡君未嘗其美，大夫已充其庖，所謂及其鮮而用之者也。禮之有饗也，體薦則以腥矣，而兹則割烹有待，不必出於致饗之時；賓之有饋也，鼎牢則有腥矣，而兹特庶鮮有饋，未嘗因於致饔之文，恩更隆於賜食矣。

必熟而薦之

腥，則非餕餘可知。然以賜食之禮例之，腥亦猶之熟也。其或加烹飪，而肆筵以飽君貺，分甘以待下流，與賜食者從同乎？而夫子又有以處之矣。且夫人臣之受賜於君也，祖、父亦共之矣。故賜之爵命則受策，而釋奠於禰；賜之車服則拜受，而陳之於廟。生則養，没則祭，皆榮君賜以及其親之道也。今之賜腥也，既非餕餘之遺，而敢不令祖父共饗，大君之貺歟？必熟而薦之，烏容已乎？蓋祭必有其時，而薦不必因其時也。念髫齡失怙，不及寢門之侍養，今幸以特殺之鮮，分自君庖，雖不必春祠、夏禴之以其時乎，而一臠之味，有餘榮矣。祭必有其物，而薦不必備其物也。念列邦歷聘，每虚霜露之悲愴，今幸以公家之牢，加諸燔炙，雖不必少牢、五鼎之具其物乎，而恍惚以交，神居歆矣。惟是既薦之後，亦必親嘗；親嘗之後，亦可分甘，則其與賜食之禮同然者也，可勿復書矣。其榮君之賜如此。

君賜生

君又嘗賜之以生矣。蓋食之賜也，已加鼎烹，則易歸腐敗，故操醬而獻，不如牽餼而往也。腥之賜也，稍停庋閣，則易變色臭，故盛簝以將，不如執經以陳也。大夫之有田禄者，四時致享，亦備犧牲。然彼特民間之供，而此則天家之頒也。大夫之爲賓介也，大札致餼，亦具牽牢。然彼爲异國之饋，而此則我后之貺也。君苟不欲留其生，命膳夫殺而腥之可也，乃左牽右牽之餘，若不忍遽加諸刀匕，此一賜也，可以見吾君好生之意。君苟不欲存其生，命庖人熟而獻之可也，乃執紖執靮之下，若不忍驟供諸鼎烹，此一賜也，可以見吾君大生之德。蓋較之賜食、賜腥，恩更隆矣。○《家語》："伯魚生，魯昭公以鯉魚賜孔子。孔子榮君之賜，因名子曰鯉，字伯魚。"此亦君賜生之事。

必畜之

以夫子受食、受腥之禮例之，則殺而烹之，以薦祖考；饌而設之，以嘗君貺，可因類而相通矣。而夫子則又有以處此者，蓋君之以生賜，原欲其生之也。彼世之好生戒殺，姑息爲愛，因爲有仁而無義，而不可例之於君之賜也。鷄豚不□，孳息無多，因爲侵利而漁民，亦不得概之於君之賜也。必畜之，夫子蓋有不容已者也。其或當饗祀也，殺而陳之可也，非然者，且遲久之，君仁亦與之日引而日長；如其有燕享也，殺而獻之可也，非然者，且稽留之，君惠亦與之耳聞而目見，其仁君之賜也如此。若此者，所賜不同，而敬则惟一。食之以禮，祭之以禮，畜之以禮，無非因君貺之，及而見其盡禮之思。所賜既殊，而所處亦别，恩以逮下，孝以奉先，仁以育物。雖同一敬君之忱，而各有中節之妙。〇三“必”字單看、排看、互看，俱有義在。單看者，賜以君重也。排看者，食與腥與生，各致其敬也。互看者，所賜既殊，而所處亦异，隨時而中也。要皆以敬君也。

侍食於君

君固嘗賜夫子以食矣，然此固君惠之逮於臣家，而非受賜於君之前也。且賜食於君前者亦有之，《禮》云賜果懷核、賜餘寫器，凡皆以尊臨卑之體，所以全乎其爲臣而已矣。若夫公食大夫之禮，則先事有宿，及事有戒。不以同姓爲賓，而以异姓爲賓；不以卿爲賓，而以大夫爲賓。雖我國之臣，亦皆以客禮待之，固與賜食之禮异矣。然此皆不爲之侍食於君也，何也？全乎君臣，而兼乎賓主者，其在侍食之時乎？蓋天子諸侯，皆有侍食之人。王朝則膳夫，侯國則宰夫。兹則特記侍食，則侍食者，無宰夫矣。宰夫何以不侍食？蓋有宰夫，則食主於爲君；無宰夫，則食若爲臣設。君之意，凡欲以客待之耳。然而饌不特設先事，無命戒之文，則又不以客待之，而以臣待之也。故曰全乎君臣，而兼乎賓主者，在此時矣。要之，迹雖疑於賓主，分實凛乎君臣。凛天威於咫尺，固不同朝食曰饔、夕食曰飧之常；對至尊於堂陛，又不等侍於長者、侍於先生之列。

君祭，先飯

夫食必有祭，祭各有等。其爲敵體者歟？則客先祭。其爲降等者歟？則客後祭。若夫臣之於君則不然，若賜食而君客之，則亦祭，然必待君之命然後祭。若當君祭而亦祭，是儼然以客禮自處也；即當君祭之後，而待命祭焉，是亦以客禮自處也，烏乎敢哉？夫祭必有授祭之人，侯國則宰夫，是授祭之後，則品嘗食焉，固其職也。若臣侍食，則俟君之食而食可也，奚爲乎先飯？然或宰夫不設，則侍食者可以代之矣。代之，則君祭，而已可不祭矣。故夫君命祭而已先飯，所以自同於宰夫也。君不命祭而亦先飯，又所以自遠於客禮也。夫亦曰辭乎爲客之禮，安乎爲臣之義，其視常禮不益加謹歟？

疾，君視之

夫子時或有疾。在《禮》："大夫有疾，君視之無算。"然此爲君臣之同德者言之，而不可例之後世之君臣也。乃一日者，君來視之，其情已切，其禮已隆矣。

東首

斯時也，子將欲稽首以迎於門外，固有所難；强欲伏首以覿於階下，亦有所不能。維是寢於北牖下者，而遷之南牖下，使我君得以南面臨之，以表尊君之意焉已矣。而伏枕而卧者，首固不能起矣。《禮》："君子之寢，恒東首，固有定方矣。"然請衽何趾，亦可有時而隨其所便。至於君視之，首固不可易其方矣。蓋東者，生氣之方也，於卦爲離，於日爲朝，於時爲春，於德爲仁。首向乎此，以受生氣之意，况乎有疾而君視之，固以欲其生也，而可不東首哉？

加朝服，施紳

大夫入朝之日，則衣必朝服，帶必垂紳，常儀也，而疾則不能矣。使於此而褻服以見君，雖君有股肱一體之愛，不加苛責，而質之臣子之心，固有歉然難安者。爰爲加朝服焉，雖當寢息呻吟之下，若欲整盛服将朝之儀，且爲拖紳焉；雖在衾裯卧擁之餘，若欲修磬折垂佩之容，其不以疾而廢禮如此。

君命召，不俟駕行矣[1]

子爲大夫時，或有君命召之，蓋以其官召之也。命稍緩，則以一節，一節則宜趨。命苟急，則以二節，二節則宜走。倘於是而猶俟駕焉，是不念君之俟於堂、俟於階，而謂可慢其步也；亦不恤君之俟於門、俟於屏，而謂可安無躁也。夫子不然，其不俟駕也，依然是"父召，無諾；先生召，無諾"之義。其不俟駕而行也，猶循乎"在官不俟屨，在外不俟車"之常。急君之命，不以勞而廢禮如此。○此節奉君召之禮，《玉藻》："凡君召以三節。二節以走，一節以趨。在官不俟屨，在外不俟車。"官，朝廷治事處；外，其家及官府也。○《曲禮》："君命召，雖賤人，大夫、士必自御之。"

朋友章

此記夫子交友之義，當殯而殯，義也；當饋而饋，亦義也。義所當爲，不可辭；義所當受，不必拜。《問人章》見交友之誠，此見交友之義。

朋友死，無所歸

同志爲友，同道爲朋。其或不幸而死，既無父族之親以主之，又無母族、妻族之旁親以主之，是無所歸矣。

---

① 按，通行本《論語》此條下皆有"入太廟，每事問"句，底本無，當屬刊刻時脱漏所致。

曰："於我殯。"

朋友既無親屬可歸，則所恃者，朋友矣。苟不任其責，則轉於溝壑而已。子即自任，曰："此皆於我乎殯殮之。"生同道，而死相恤，其處友之變如此。

朋友之饋

人之以物與人也，上於下曰賜、曰賚，下於上曰貢、曰獻。同等相與，則曰饋。朋友相重以道，即相通以財，其有饋也，固其常也。其或朋友之貧歟？則我有饋於友，而友不必有饋於我，而固不以無饋而加疏；其或朋友之富歟？則我無饋於友，而友必有饋於我，而亦不以有饋而益密。蓋業已朋友矣，爵禄可以相讓，而饋其小焉者也；患難可以相共，而饋其常焉者也。吾黨正欲以此觀夫子矣。

雖車馬，非祭肉，不拜

朋友以義爲重。朋友之饋，均可受之而不拜者也。其不拜也，輕乎物，正以重乎友也，義固如是也。故有不可不拜者，則惟友之以祭肉饋也。其爲祔□之祭歟？則使者致命曰："某有奠事於其皇考，某子。"其爲春秋之祭歟？則使者致命曰："某有祀事於其皇祖，某子。"雖朋友之饋，無不稱其先人以告。友之祖、父，若以匹敵，即爲我之祖、父也，敢不下拜？自是而外，皆不拜。豈第弓劍、苞苴、簞笥之常，即至牽馬而執靮以將，陳車而脱綏以獻，非不盛禮，然以視乎祭肉，則不同矣。假令於此而拜焉，是重乎財而不重乎友也。彼友之無車馬與共者，將不得稱知己乎？故雖車馬也，而非祭肉也，亦猶是往來之常焉已矣，豈必拜而受之也哉？若此者，凡皆所以重乎友也。其交際合義如此。○此節正義，在車馬不拜，以友之所重，在義不在財。車馬是財，故不拜。祭肉則拜，正以形車馬之不拜。重不拜，上敬其祖考，同於己親。是説所以拜之故，却正説所以非此不拜之故。賓主須要認分明。

寢不章

此記聖人容貌之變。“寢”與“居”，就静時説，是敬以處己，以下俱就動時説。“齊衰”三節，是敬以接人。末節是敬以事天，蓋聖人與天爲一。天之體，不變者也；天之用，則至變者也。故聖人静與天居，動與天游，其容貌之變，有不期然而然者。

寢不尸

夫子盛德之容，無不隨時而各中。即如一寢也，栖情管簟，可以自適矣。然適益求適，則肌膚筋骸，絶無檢束之意；嚮晦晏息，所以養安也，然安而又安，則手足股肱，幾成冥頑之器。是其栖遲偃仰之態，直如尸焉，夫子不然也。寢，陰時也。凡陽處乎嬴，而陰處乎縮，此天行自然之運也。聖人之寢，豈有意爲矜持哉？而體氣自舒，神氣自凝，官骸之順正，不惟其嬴而惟其縮者，亦協乎天行之運焉已矣。寢，静象也。凡動者常舒，而静者常斂，此人事自然之宜也。聖人之寢，又豈有心爲□制哉？而夢魂甚安，體魂常定，衾裯之卧擁，不惟其舒而惟其斂者，亦順乎人事之宜焉已矣。蓋夫子清明在躬，故怠肆之形，不戒而自遠；志氣如神，故惰慢之氣，不屏而自除。其不尸也，豈有所惡而始然哉？

居不容

夫子不有家居時乎？寢則在夜也，居則在晝也。閒居之時，無事乎齊遫而惕慄也；燕居之地，無取乎嚴威而儼恪也。所謂家居無容者，其在斯乎？獨是恒惰多逸志，固縱恣而逾其閑；壯士好飾貌，又務謹而拂其和。夫子不然，内而庭幃之地，則見其申申如，無不從容而自適也；外而鄉黨之間，則見其恂恂如，無不温恭而自如也。雖中規中矩之素，步趨亦自有恒經，而矜持胥泯，隨在皆渾化之境，所謂“恭而安”者，此也。有嚴有翼之神，齊居亦何殊廣衆？而優游自適，咸以化拘迫之迹，所謂“履而泰”者，此也。夫子容貌之變，於此已見矣。〇容儀，謂奉祭祀、見賓客之容貌，威儀也。然居家自有居家之儀容，所謂“申申夭夭”是也。寢所以養安，易於放肆也。放肆則氣散而神不聚。居所以自如，無事容儀也。容儀則體拘而氣不舒，皆非養心之道也。〇此二句亦相因，蓋常人之情，夜則過而縱之，晝則放而僻焉；晝或操之過苦，夜則弛之必甚，此亦相因也。〇《少儀》：“寢則坐而將命。”《曲禮》：“寢毋伏。”

見齊衰者，雖狎必變

不尸、不容，子之處靜時如此。至於動而與物相接，則有所見矣。有如齊疏之被體，衰麻之在身，是其人之可哀者也，在斯人也。若苴若枲之貌，當創鉅痛深之日，無非戚慘之容也，所謂“纍纍顛顛”者，在斯時矣。夫子見之，惻然而動於念，即惕然而動乎容。其素所敬禮之人，固哀其所生之不辰矣，即所狎而輕之者，亦爲之改容；其素所親愛之人，固駭其忽然而有此矣，即令狎而鄙之者，亦爲之滋悲。是其哀痛之心動於中，而容貌之變如此。

見冕者與瞽者

若朱袚、榮錫、垂旒而遂延者，是爲冕者；離象、無照、去眸而廢明者，是爲瞽者。是二者，其得於天者，一爲天命之厠，一爲天刑之加，固不侔也。其遇於人，一爲人之所榮，一爲人之所辱，亦相反也。然其爲世所不多有之人則同，子不已見之乎？

雖褻，必以貌

冕者，人之所當尊；瞽者，人之所宜矜。夫子見之，則肅然於其冕也，尊其爵之貴，仰其德之隆，固必改容而爲禮；亦惻然於其瞽也，悲其人之廢，傷其體之殘，亦必變容而加敬。其在朝祭之時，固必以貌也，即當燕閒之日，亦有體貌威嚴之重；其在禮法之地，固必以貌也，即當平居之餘，亦有震動恪恭之容。是其敬憫之心動於中，而容貌之必變如此。

凶服者，式之

不以狎與褻而廢敬，夫子之容貌，於平時而有然矣。雖然，又有見於在車之時者。如凶服者之纍然在戚也，乃人子之大變，子也乘車見之，則必式焉，蓋哀心動而爲敬心也。

式負版者

古者司民掌萬民之數，天府掌民數之藏。及三年大比，司寇則獻民數於天子，邦國亦上圖籍於王朝，於是乎有負版者。夫子在車而見之，則必式焉。蓋以人爲萬物之靈，民爲王者之天也，夫子蓋有幸之之意焉。後世之民數亦孔艱矣，狹隘酷烈之餘，猶有若稚、若壯、若頒白者之在兹版也，固皇天之所覆育而憖遺，而能不幸之歟？有憫之之意焉。後世之民生亦甚悴矣，饑饉夭札之餘，必多爲鰥、爲寡、爲疲癃者之在兹版也，固聖王之所哀矜而振恤，而能不憫之歟？○夫子重民之意，在“人爲萬物之靈，民爲王者之天”上看。注“王拜受之，況其下者敢不敬”，是推説。○《周禮》：地圖分掌於諸官。至於民數，則鄉士掌鄉數，遂士掌遂數，縣士掌縣數。男子生八月，而登生齒之數，皆書於版，司民掌登萬民。三年大比，司寇孟冬祀，司民獻民數於王，王拜受之，登於天府。而又内史、司會、冢宰貳之，小司徒稽之。以制國用，則國用之豊耗繫於此；以贊王治，則王治之興廢關於此。其受也，如受賢能之書；其登也，如登獄訟之中；其藏也，如宗器之珍。則負版之重，非老安少懷、痌瘝在抱者所必欽哉！

有盛饌，必變色而作

夫子容貌之變，又有見於當食之時者。如有人設盛饌以進者，饋設有禮，則其儀盛也；殽核必備，則其物盛也。物以達情，此其恭敬之心，即寓於盛饌之中；禮以儀心，此其誠慤之意，又見於盛饌之外。夫子何以處此哉？夫客非降等則當食，無執以興辭之文。既食，無徹以出授之儀，意夫子於此，亦惟坐而祭食、坐而遍殽、坐而飯飧已耳。然夫子作矣，且必變色而作矣，蓋怵然動於心，即忽然見於面。主人以禮感，夫子以誠敬。應其禮，非徒以其饌也。○主敬客，故設盛饌；客敬主，故必變色而作，若不敢當也。恬然處之，則爲不敬、不知禮矣。

迅雷風烈必變

孔子容貌之變，又有見於事天之際者。即如雷，天之義氣也，雷以動之，象夫豫也；風，天之游氣也，風以散之，惟其和也。至於雷而迅，風而烈，則夫[1]之變其常者也，子亦必變其常容，而肅恭以對之，敬天之怒也。蓋聖人與天合德，天變於上，聖

① 按，“夫”，當作“天”，形近而訛。

人變於下，有不容已者，是容貌之變，又於敬天而見之矣。

升車章

此記夫子升車之容。上條是初升車時，有敬容；下條是在車中時，無失容。無失容，亦敬也。

升車，必正立執綏

大夫得乘車，視瞻所係，不敢忽也。蓋乘車之儀，僕者授綏，乘車者立於後，遂執綏以升。夫子固與人同也，獨是執綏，人所同，而立未必正也。蓋手與綏方交，足與車未接，其事甚遽，其時至暫，人多易而忽之。夫子執綏之時，必正以立焉。稍一執耳，少頃即釋。釋而未釋之時，亦暫履而不易其方。暫一立耳，少遲即升。升而未升之際，亦舉足而不逾乎矩，亦如平時之立則如齊、立則如山者，無少殊也。非心體無不正而志意肅恭者，何以能此？○立，立於車下也。車從後升，升車執綏，人之所同，重在正立上。范注："君子莊敬無所不在，升車則見於此也。"妙甚！蓋聖人本無不敬，特見於此耳。若於升車時求肅恭，則非"必"字之義矣。

車中

及升而在車中也。

不内顧

瞻視有常，首不回顧，頭容直也。

不疾言

言語必慎，口不疾言，聲容靜也。

不親指

凭軾端拱，手不親指，手容恭也。○内顧、疾言、親指，全是自己失容。聖人非有意於整容，至惑人一層，衹帶說。

色斯章

此見君子知幾之哲，重二“時”字。色舉、翔集，即得時處。下雌雉之息於山梁，時乎集而集也；三嗅而作，時乎舉而舉也。故引以爲徵，記此於《鄉黨》之末，見孔子言貌、衣食、日用、交接，以及用舍行藏之大、仕止久速之宜，無非時中之道，而無意必固我於其間也。

色斯舉矣

《魯論》於《鄉黨》一書，記夫子之日用動靜，詳哉，其言之矣！若夫用舍行藏之大、仕止久速之道，悉數之，不能終也。然而明言莫能罄者，一觸目而若可會心，乃不禁憬然而遐思，睪然而高望，曰形上之道，即寓於形下之器。一仰觀俯察焉，隨在而可見也，而不觀夫鳥乎？其超然而遠引也，非舉者幾耶？然果何以舉？則色斯舉矣。方其色之未形，人固相忘於鳥，鳥亦相忘於人，而固共游於渾穆之天。及其色之始呈，人方相猜於鳥，鳥亦相猜於人，而得不預爲遠引之計？寂與感，相乘者也。鳥之舉，其由寂而感之機乎？色欲來，而鳥已往感，而遂通者即遲之須臾而不可得。靜與動，相因者也。鳥之舉，其由靜而動之象乎？色方至，而鳥已遐動，而無方者欲緩之頃刻而莫能待。

翔而後集

鳥之倦飛，思還也，其集者幾耶？然固不遽爲集也。而不見夫鳥之翔乎？蓋勞而求逸，鳥亦猶夫人情也。然意迫於苟就，即爲禍機之所伏也。動而思靜，鳥亦豈獨無意乎？然情急於求安，即爲衅□[①]□□乘也。於是回翔審顧，防千慮之一失者，盡在欲集未集之頃；顧瞻徘徊，必萬全而無害者，早周於方集未集之先，則翔也而後集矣。蓋雖無知之物，而猶能審機也如此，非所謂有合於時宜者耶？○“色斯舉矣”，便見其見幾而作；“翔而後集”，便見其審擇所處。舉曰“斯舉”，集曰“後集”，言舉之至速，而集之甚難也，此中正有觀變審幾妙用處。○記者懸空立此二語，是先經起義法。觀下文，雌雉之在山梁即是集，三嗅之作便是舉。方其集也，夫子所以有此“山梁”之感也；及其作也，雖聖人亦惡乎知其所止哉？首二句驀然突起，上下節正在即離斷續間，使人自會。邢疏竟以此爲“言孔子審去就”，未免死於句下。言外領之可也。○此節色舉、翔集，即指雌雉言，但不可直露，下文乃引雉以證之。山梁之時，必是翔而後集。共之而作，則又色斯舉矣。

曰：“山梁雌雉

昔夫子嘗游□山梁之上矣，有以觸於目，而因感於心，曰：“彼山梁之上，夫不有雌雉也耶？”山梁不僅一雌雉，乃有雌雉，即若必宜居於山梁也。雌雉不必常處於山梁，即若必宜居此山梁也。

時哉，時哉

斯雉也，不知山梁之間有何可樂，而飲啄於斯，偏覺所處之甚寬；抑不知山梁之外復何可栖，而將迎不事，更覺當境之甚適。時哉時哉，可止而止。則與山梁同其安静，而非滯於止可游而游。則爲山梁，見其幽閒，而非留意於游。動於天機，

① 底本此字漫漶不清，似作“隙”

而不知其所以然；適其故常，而不知其誰爲使。當其可，合其宜。將來者，不必期；已往者，不必留，雉其亦樂而忘情者哉？當前者，有其地；未至者，有其所，雉其亦安而自得者哉？

子路共之

子之嘆雉也，不僅嘆雉也，而子路乃泥雉以求之，維時共而向之，若欲求夫子之所謂“時”，階於雌雉而得之。非不謂嗜學也，然而已有其迹也，則色已動矣。色動者，非有心而見幾者，不無意矣。

三嗅而作

子路之共，第以夫子“時哉”之嘆而嚮之耳，豈有他意哉？然而機之方動，而雉已若迎之於機先，則見戛然長鳴，三嗅而作矣。蓋時乎集而集者，亦時乎舉而舉矣。甚矣，“時”之爲義大矣哉！我夫子所謂“時止則止，時行則行，動静不失其時”者，其在斯乎！其在斯乎？時哉！

附　録

道光《重修平度州志》卷十九《國朝人物·王宗嶽傳》

宗嶽，字卓五，家貧，刻志勵學，善屬文，重氣誼，不苟然諾。計偕西上，夢一長官拜之，儒服都雅。宗嶽詢所自，曰："吾海陽鞠塏。"因出所携猪首、鯉魚，命烹以佐酒，曰："與君有世好，有所托，不必明言。"遂寤。既而榜發得解。見同榜第五名海陽鞠延澤，以夢告延澤。曰："吾伯也，由編修提督廣西學政。"獨不解夢中所托。次春，試於禮部，順天同科舉人鞠廣慶，塏子也，未入闈，卒於京。宗嶽爲告同鄉，醵資歸其櫬焉。宗嶽著有《鄉黨彙解》《三禮集解》。未仕，卒。